AF150106

DANIEL
ANDRES

FEUERLILIE
und
FINGERHUT

Ein Leben auf Probe

novum pro

Dieses Buch ist auch als
e-book
erhältlich.

www.novumverlag.com

Bibliografische Information
der Deutschen Nationalbibliothek:

Die Deutsche Nationalbibliothek
verzeichnet diese Publikation in
der Deutschen Nationalbibliografie.
Detaillierte bibliografische Daten
sind im Internet über
http://www.d-nb.de abrufbar.

© 2023 novum Verlag

ISBN 978-3-99131-422-6
Lektorat: Caroline Siewert
Umschlagfoto:
Peter.wey | Dreamstime.com
Umschlaggestaltung, Layout & Satz:
novum Verlag

www.novumverlag.com

Climate neutral
Print product
ClimatePartner.com/16547-2201-1002

INHALTSVERZEICHNIS

VORWORT

Es war nicht einfach, dieses Buch zu schreiben. Der Mensch, dessen Leben ich hier beschreiben möchte, ist einfach verschwunden. Ohne die leiseste Vorankündigung. Von einer Reise nicht zurückgekehrt. Er ist an einem frühen Nachmittag im Spätsommer in Samedan in den Zug gestiegen und nie zu Hause angekommen. Ab hier fehlt jede Spur. Ist er irgendwo ausgestiegen, verunglückt, hat er, einer plötzlichen Eingebung folgend, in Zürich einen anderen Zug genommen als den nach Hause oder gar in Zürich ein Flugzeug bestiegen?

Bis jetzt hat es niemand herausgefunden. Es ist nun schon mehrere Jahre her und die Suche nach ihm wurde längst eingestellt.

Ich habe mit seiner Tochter lange Gespräche geführt, die ihn zuletzt ins Engadin begleitet hatte und bei der er vorher eine Woche lang gelebt und Gespräche geführt, mit der anderen, seiner älteren Tochter, Ausflüge unternommen hat. Wir haben zusammen in seinem Computer unter der Datei „Notizen und Fragmente" viele Texte gefunden, die wir hier verwenden konnten. Einige dieser Texte sind eine Art Tagebucheinträge, andere sind literarische oder „philosophische" Versuche, die Einblick in sein Denken, seine Vorstellungen, seine Hoffnungen und auch Enttäuschungen geben. Ich habe versucht, daraus seine Lebensgeschichte, mit Ausnahme der frühen Jugend, die er ja selbst in einem kurzen Roman beschrieben hat, zu rekonstruieren und seinem Wesen so nah wie möglich zu kommen.

Er wollte immer, so sagte er „Fußspuren auf der Milchstraße" hinterlassen. Irgendwann, vielleicht gerade aufgrund der vielen Gespräche mit seinen Töchtern, wurde ihm bewusst, dass alles nutzlos sei. Es gelang ihm einfach nicht, auf irgendeinem Gebiet hervorzutreten. „Mister Nobody" hatte ihn einmal eine Zeitung betitelt, als er als Politiker eine Rolle zu spielen versuchte, auch dies ohne Erfolg. So fühlte er sich, ein Niemand, ein Nichts, das auch ohne Aufsehen und ohne eine Spur zu hinterlassen abtreten konnte. Ob er einem Unfall zum Opfer gefallen ist, sich selbst umbrachte oder irgendwo abgeschieden und unbekannt weiterlebt, ist daher nicht einmal von Belang. Ich bin seinen Spuren, so gut es ging, nachgegangen, habe in Texten und Erinnerungen gestöbert, mit Freunden und Verwandten gesprochen, ich habe ihn ja selbst lange genug gekannt, um hier ein Porträt zu versuchen. Ein Versuch, einem spurlos Verschwundenen doch noch Spuren zu geben, sein Leben, so gut es eben ging, nachzuzeichnen.

ERSTES BUCH

Der letzte Besuch bei seiner Tochter Andrea lag schon wieder anderthalb Jahre zurück. Sie wohnte mit ihren zwei Buben, neun und zwölf Jahre alt, in einem Tessiner Dorf über dem Luganersee. Damals hatte sie an einem sonnigen Spätnachmittag im Februar vorgeschlagen, in der Nähe eine uralte Kapelle zu besuchen. Sie stiegen in den Wagen und fuhren auf kurviger Straße nach Rovio, dem Nachbardorf. Von der neueren großen Dorfkirche aus dem 17. Jahrhundert führt ein kleiner Weg auf einen Hügel, darauf steht ganz allein die von außen unscheinbare, dem San Vigilio geweihte, romanische Kapelle. Im Innern barg sie byzantinisch inspirierte Fresken aus dem frühen 13. Jahrhundert mit dem Christus, der Madonna und den Aposteln. Blickte man vom kleinen Schiff durch die südliche Tür hinaus, so erschien in den Strahlen der sinkenden Sonne auf dem Hügel unweit Melano die Wallfahrtsstätte Madonna del Castelletto. Lange vor den Christen hatten die Römer und vor ihnen Kelten und andere Völker und Kulturen auf genau denselben Hügeln ihre Heiligtümer errichtet.

Gegenüber erhob sich der Monte San Giorgio. „Ist es nicht erstaunlich", meinte Andrea, die Biologin, „dass die Versteinerungen von Sauriern in diesem Berg gar nicht von hier, sondern von irgendwo in Zentralafrika stammen und in Jahrmillionen hierher verschoben wurden?" Die afrikanische und die europäische Platte treffen etwas weiter nördlich, am Lago Maggiore, aufeinander. Die Alpen wachsen, geschoben von den Erdplatten, immer noch. Irgendwann, so sagen Geologen, werden der afrikanische und der europäische Kontinent zusammengewachsen sein.

Ihn hatte schon seit längerem fasziniert, die Geschichte nicht als eine Abfolge von Epochen zu betrachten, sondern wie ein tektonisches Gebilde, in dem Schichten an die Oberfläche gelangen, um dann wieder im Innern der Erde zu verschwinden, aber dann anderswo wieder aufzutauchen.

Der Gedanke, dass keine Epoche einfach abgeschlossen und durch eine andere abgelöst wurde, reizte ihn zu Gedankenspielen. Religionen, Philosophien und Weltanschauungen stülpten sich über frühere Religionen und Weltanschauungen, die in anderer Form weiterlebten und weiterleben. Revolutionen stürzen einen Teil der früheren Zustände, andere Anschauungen bleiben und kommen sogar oft wieder an die Macht. Schon das Alte Testament ist voll von Erzählungen, die aus sumerischer, babylonischer oder ägyptischer Kultur stammen. Im Christentum lebt jüdische Geschichte weiter, der römische Katholizismus hat heidnische Anschauungen aller „bekehrten" Völker übernommen. Die Französische Revolution hat Europa nachhaltig verändert, aber vorrevolutionäre Zustände wurden in der Restauration wieder hergestellt, später wieder umgestürzt, leben aber in bestimmten Gesellschaftsschichten oder regional weiter. Mit der russischen Revolution war es ähnlich und es ist nicht anzunehmen, dass die Ereignisse von 1989 diejenigen von 1918 mit all den zugrunde liegenden Ideen einfach für immer auslöschen werden. Gedanken leben in den Hirnen weiter, beeinflussen das Tun und Beeinflussen neue Gedanken, ohne dass es den Menschen bewusst zu sein braucht.

Und gibt es nicht selbst in der Erdgeschichte das Phänomen, dass fossile Formen des Lebens neben neueren Formen der Evolution bis heute überleben?

Und ist nicht auch das Leben des einzelnen Menschen ein Übereinanderschichten von Sedimenten, von Ablagerungen aus den einzelnen Lebensabschnitten, die manchmal im Unbewussten wie verschollen sind und plötzlich wieder an die Oberfläche treten und ihre Wirkung entfalten können?

Einige Jahre zuvor, während des Essens nach der Beerdigung einer seiner älteren Schwestern, war es ihm aufgegangen. Er war der Jüngste der Familie mit dreizehn Kindern. Vater und Mutter waren längst gestorben, die Gräber bereits aufgehoben. Er wusste nicht einmal, wohin der Grabstein der Mutter geraten war. Vermutlich zertrümmert und entsorgt. Wenn jetzt Jahr für Jahr eines seiner Geschwister starb, bliebe er eines Tages allein zurück. Vorausgesetzt, ihn ereilte nicht ein Unfall oder eine Krankheit, die ihn vorzeitig dahinraffte. Er würde an allen Bestattungen seiner zwölf Geschwister und natürlich auch ihrer Ehegatten teilnehmen. Teilnehmen müssen.

Nicht unmittelbar, aber nach einiger Zeit, hatte ihn der Gedanke, dass seine Geschwister in den nächsten Jahren nach und nach sterben würden, wieder an seine eigene Familie geschmiedet, an die kleine Familie, die er gegründet hatte, als er ein Vierteljahrhundert alt war, und die nach zwei Jahren bereits in die Brüche gegangen war. Hier erlebte er nicht ein langsames Zuendegehen, sondern das Weiterleben in Kindern und Kindeskindern.

Jetzt war Sommer. Ein sehr heißer Sommer. Von der Terrasse vor der Wohnung seiner Tochter Andrea, mitten im Tessiner Dorf, wo die Tochter lebte und arbeitete, hatte er einen Ausblick auf die Nordflanke des Monte Generoso, aber auch in die Nachbargärten, auf die Dorfkirche und in die Wohnung des jungen Paars, das gleich darunter wohnte. Lehnte er sich leicht nach vorn, sah er senkrecht auf den abendlich gedeckten Tisch. Der junge, sportlich muskulöse Ehemann war vor einer Viertelstunde mit dem Motorrad von Lugano her nach Hause gebraust. Er hatte sich bereits in eine sommerlich leichte Freizeitkleidung gestürzt und ließ sich von der Gattin bedienen. „Richtiger kleiner Macho", bemerkte Manuel. „Keine Angst", lachte Andrea, „die Frau weiß sich schon zu behaupten."

Vorher hatte Erika, seine Ex-Gattin, angerufen. Sie rief oft mehrere Male am Tag an, und die Tochter erfand allerlei Ausreden, um die Mutter abzuschütteln, ohne sie zu verletzen.
Er hatte zwar geglaubt, Andrea ärgere sich auch über ihre Mutter, die, obwohl fast gleich alt wie Manuel, aussah wie ein altes Hutzelweibchen. „Ja", meinte Andrea, „ich sage ihr auch, sie

soll nicht so vornübergebeugt gehen, aber das machen wohl auch die Medikamente, die sie seit Jahrzehnten einnehmen muss."

Aber Andrea schätzte es, wenn sie mit Arbeit überhäuft oder tagelang beruflich abwesend war, dass Erika ab und zu hierher fuhr, um nach den Kindern zu schauen.

„Und eigentlich", fügte sie an, „hat Erika einen ganz skurrilen, trockenen Humor, sie kann sich ganz gut über sich selbst lustig machen oder die Marotten anderer Leute so treffend nachahmen, dass wir uns schon gekugelt haben vor Lachen. Und die langen Zugfahrten ins Tessin scheint sie richtig zu genießen."

Erstaunlich, dachte Manuel. Er war aber ganz froh, dass es Erika vielleicht weniger schlecht ging, als er befürchtet hatte.

Er selber hatte sich gut gehalten. Viele Leute schätzten ihn um Jahre jünger ein, als er wirklich war. Das machte vielleicht der dichte Haarschopf, obwohl das Grau nicht zu übersehen war, auch die für sein Alter glatte, fast jugendliche Haut. Da und dort schmerzte es je nach Wetter mehr oder weniger in den Gelenken oder den Muskeln, das Herz stach schon seit zwanzig Jahren und die Bronchien waren durch jahrelanges Rauchen immer noch entzündet, obwohl er vor fünf Jahren mit dem Rauchen wieder aufgehört hatte. Alkohol genoss er in beinahe homöopathischen Dosen, „lieber teuren Wein und dafür wenig, als billigen Fusel", pflegte er zu sagen.

Mit der Scheidung hatte sein erstes Leben ein Ende gefunden. Der Versuch, auf geradem und direktem Weg über eine Ausbildung zu einem Ziel und auf eine Karriereleiter zu gelangen, war damit auch gescheitert. Jetzt begannen die steilen und schmalen Serpentinen, auf denen man ausrutschen und in die Tiefe stürzen konnte. Vielleicht hatte sein Scheitern schon vorher begonnen, wenn er sich richtig besann. Vielleicht damit, dass seine Neigung zu jungen Männern in der Öffentlichkeit durchsickerte. Womit sich eine Unsicherheit, die er schon immer, wenn auch fast unmerklich, wahrnahm, stärker bemerkbar machte. Es wurde schwieriger für ihn, sich durchzusetzen.

Im Rückblick wurde ihm bewusst, wie verletzlich er schon immer gewesen war, wie stark Kritik ihn beeinflusste und so verunsicherte, dass er oft frühzeitig aufgab und sich zurückzog, anstatt sich an einem Vorhaben festzukrallen.

Er war auf Drängen seiner Lehrer, vor allem des Musiklehrers in der Schule, ins Lehrerseminar in Bern eingetreten. Eigentlich hätte er lieber gleich das Konservatorium besucht, wo er die Aufnahmeprüfung für ein Geigenstudium auch bestanden hatte. Doch nun wurde er Volksschullehrer. Er war als erster seiner Kollegen am Seminar an eine Klasse gewählt worden und zwar gleich in seiner Heimatstadt, wo man doch sonst üblicherweise die ersten Sporen als Schulmeister in abgelegenen Dörfern auf dem Lande verdiente. Er hatte schon während der Seminarzeit am Berner Konservatorium Unterricht in Harmonielehre und Komposition bei einem bedeutenden Professor genossen, vor welchem er fast unendlichen Respekt hatte. Er unterrichtete fünf Jahre lang ein volles Pensum an einer Quartierschule seiner Stadt und studierte gleichzeitig in Bern Orgel und Musiktheorie, beides im Hauptfach. Der Kammerchor, welcher von einem einige Jahre älteren Jugendfreund geleitet wurde, hatte bereits eine Kantate aus seiner Feder aufgeführt, welche der Kompositionslehrer als „vollkommen gelungen" bezeichnet hatte. Das Konzert wurde vom Radio aufgezeichnet und einige Wochen später gesendet. Da wähnte er sich bereits auf der Straße des Erfolgs.

Lehrerkollegen und Studienkollegen sahen in ihm einen fleißigen, arbeitsbesessenen, zuverlässigen, hoffnungsvollen jungen Mann mit vielversprechender Zukunft. Er war befreundet mit den Kapellmeistern des städtischen Theaters und verbrachte trotz großem Arbeitspensum etliche Zeit im Café Odeon, wo sich außer Uhrenhändlern und anderen Geschäftsleuten der Bahnhofstraße auch Künstler und die sich für intellektuell haltende Jugend aufhielten.

Er hatte auch die militärischen Schulen durchlaufen und war Leutnant der Artillerie geworden.

Er hätte wissen müssen, dass es mit der Heirat mit Erika nicht gut enden würde.

Im Lehrerseminar gab es im Internat andeutungsweise sexuelle Spielchen in den Gemeinschaftszimmern. Ach, das Übliche in geschlechtergetrennten Bildungsstätten. Es entwickelte sich gar eine schüchterne Verliebtheit zu einem kleinen, schlanken, hübschen, nicht unklugen und nicht unmusikalischen Bergler. In den engen Zellen unter dem riesigen Walmdach des alten Internatsgebäudes, wo man Klavier übte, kam man sich näher, als die züchtigen Regeln des Instituts erlaubten. Doch das ergab sich alles mit der Zeit und vor allem mit dem Umzug nach Bern, wo die auswärtigen Schüler private Zimmer bezogen und wo mehrere Schüler und Studenten im Haus über einer Milchhandlung wohnten. Die Witwe des verstorbenen Milchhändlers führte den Betrieb weiter und vermietete das ganze Haus an Schüler und Studenten. Eine italienische Köchin besorgte den Haushalt. Zu den Mahlzeiten stießen noch weitere junge Kostgänger an den Tisch im ersten Stock der Pension.

Das letzte Seminarjahr war reich befrachtet. Im Sommer wurde er für ein halbes Jahr in einem Dorf an einer Oberschule eingesetzt. Es herrschte Lehrermangel und die Seminaristen mussten verwaiste Stellen in den Dörfern besetzen. Neben dem Unterricht in einem abgelegenen Tal – man erreichte es von der kleinen Stadt, in der der Schnellzug anhielt, mit dem Fahrrad quer durch einen großen Wald oder mit einem verlotterten Bähnchen auf krummen Schienen – besuchte er in der Hauptstadt jeden Mittwoch die Orgelstunde und den Kompositionsunterricht. Und dazu wurde er angefragt, ob er die Einstudierung einer musikalischen Komödie in einem Kleintheater an der Kramgasse übernehmen mochte. Selbstverständlich sagte er zu und wähnte sich mit einem Bein in einer Theaterkarriere. Dreimal die Woche fuhr er nach Bern und brachte den Schauspielern ihre Lieder bei, war später bei den Bühnenproben dabei, probte mit einer kleinen Instrumentengruppe und die Premiere rückte näher.

Inzwischen war der sommerliche Einsatz an der Dorfschule zu Ende gegangen und er besuchte das letzte Semester im Seminar. Am Tag der Premiere hätte er mit seiner Klasse auf eine hochoffizielle Kunstreise nach Florenz fahren sollen. Die Tätigkeit am Kleintheater war aber ohne Einwilligung der Schule erfolgt, und so gab es zusätzlich ein Theater an der Schule. Der Direktor sah jedoch gnädigerweise und mit einem Augenzwinkern ein, dass er die Premiere der Komödie nicht wegen einer Schulreise platzen lassen konnte und dispensierte den Schüler von der Kunstreise.

Er liebte die Psychologiestunden mit dem Direktor. Ein unkonventioneller Herr, unverheiratet, dem Whisky zugetan, wie man zu wissen glaubte, der es liebte, seine Schüler ganz leicht zu provozieren. Die Lektionen fanden am späten Nachmittag am Ende des Schultages statt und gingen meist über zwei Stunden ohne Pause, wenn der Dozent gerade in Fahrt war. Er hatte Manuel als Schülervertreter im zweiten Jahr bereits eine Studienwoche gewährt, damals, im ehemaligen Fechthaus, das mit dem Gärtnerhaus den Platz vor dem Konviktsgebäude säumte. Der Direktor bewohnte es ganz allein und empfing abends den sich geschmeichelt fühlenden Jüngling (früher hätte man Zögling gesagt) bei sich. Der Vorschlag war von einem Schüler der obersten Klasse gekommen, Manuel vertrat ihn gegenüber dem Direktor und erhielt schließlich grünes Licht. Die Schüler konnten unter sich Gruppen bilden und sich eine Woche vor den Sommerferien einem einzigen frei gewählten Thema widmen. Manuel fuhr mit vier Kameraden ins Maggiatal im Tessin. Sie schlugen an einem Bach neben dem Dorf Maggia die Zelte auf und studierten dort das Verhalten von Schlangen und Eidechsen. Ein Kenner der Echsen, der in der Nähe wohnte und den Labors in Basel anscheinend Schlangengift lieferte, zeigte ihnen die Orte, an denen man Smaragdeidechsen, Zornnattern und Ringelnattern auffinden konnte. Weiter oben im Tal hätte er sie im Umgang mit Vipern vertraut machen wollen, aber dieser Ausflug fiel wegen regnerischem Wetter buchstäblich ins Wasser.

In einer der Psychologielektionen vertrat der Direktor die Meinung, Künstler dürften sich nicht vom materiellen Erfolg leiten lassen, das sei Gift für ihre künstlerische Entwicklung. Von dieser Ansicht ließ sich Manuel wohl zu wörtlich leiten. Er begegnete dem Direktor später einmal in einem feinen Restaurant in Mammern am Bodensee, wohin er als Offiziersschüler mit den Aspirantenkameraden zu einem schicken Abendessen gefahren war, später in einer Altstadtbar, weil sich der Direktor in eine auch als Kulturjournalistin tätige Lehrerin verliebt hatte und in ihrer Gesellschaft in der Bar die Abende mit Whisky verbrachte, bevor er wenige Jahre später viel zu früh an einem Herzinfarkt verschied.

Die musikalische Komödie wurde ein Erfolg. Sogar mehrere seiner Seminarlehrer klopften ihm nach der Vorstellung auf die Schultern und fanden die Vorstellung „zauberhaft". Sie hatten sich vorher geärgert über die Selbstherrlichkeit des Schülers, welcher ohne zu fragen musikalische Verpflichtungen eingegangen war.

Gastspiele am Städtebundtheater in Solothurn, Biel und Burgdorf waren vorgesehen. Doch schon bei der ersten Fahrt nach Solothurn für eine sonntägliche Nachmittagsvorstellung hörte er im Autoradio die Mitteilung, die Vorstellung sei abgesagt. Aus technischen Gründen, hieß es. In Wahrheit waren zu wenig Karten im Vorverkauf abgesetzt worden.

Es war der Oktober 1956. In Ungarn waren die Russen einmarschiert, zwischen Ägypten, Israel, Frankreich und England herrschte die brenzlige Krise um den von Ägypten verstaatlichten Suezkanal. Obwohl die Schulleitung es ungern sah, aber nicht verbieten konnte, hatten die Schüler an Demonstrationen gegen die russischen Unterdrücker der freiheitsdurstigen Ungarn teilgenommen und zum ersten Mal in ihrem Leben Tränengas gerochen und sich heiser geschrien. Er hatte sich danach in einem Studentenkomitee engagiert, das sich an Hilfsaktionen für Flüchtlinge beteiligte, die zu Zehntausenden aus Ungarn in die Schweiz strömten und dort voller Bewunderung aufgenommen

wurden. Kleidersammlungen wurden organisiert und Geld ge-
spendet. Er hatte mit Beratung von Musiklehrern ein Konzert
organisiert, an welchem ein Orchester aus Schülern verschiede-
ner Gymnasien und Seminarien vor viel Publikum in der französischen Kirche in Bern Konzerte von Händel und Vivaldi,
aber auch Volksliedbearbeitungen von Belá Bartók spielte und
den Erlös den Flüchtlingen zukommen ließ. Ein damals noch
junger Musiklehrer am Mädchenseminar leitete das Konzert.

Die Leute hatten wiederum Angst vor einem Weltkrieg und
die Neunzehnjährigen machten sich auf eine vorzeitige Einbe-
rufung gefasst. Viele erwarteten und hofften auf ein Eingreifen der Amerikaner in Budapest. Doch die Amerikaner wollten
sich nicht mit den Russen anlegen und beschränkten sich auf
verbale Proteste. Das atomare Gleichgewicht des Schreckens im
Kalten Krieg wirkte sich spürbar aus.

Sein Musikprofessor hielt am Seminar einen Vortrag über die
Geschichte Ungarns, der Geschichtslehrer hielt einen abendli-
chen Vortrag über die politischen Verhältnisse im Nahen Osten
mit den willkürlichen Grenzziehungen durch die Kolonialmäch-
te Frankreich und Großbritannien. Es war eine bewegte Zeit.

In einer Volksschulklasse mit über dreißig Schülern zu unterrichten, ist anstrengend. Nachmittags nach vier, wenn er bei Mutter
zuhause den Tee trank, war Manuel jeweils vollkommen ausge-
brannt, als er seine erste volle Stelle bekleidete. Fast jeden Tag
stieg er nach der Schule in den Zug nach Bern zum Unterricht
in Solfège, Formenlehre, Kontrapunkt, Musikgeschichte, Pädagogik, Partiturspiel und natürlich Orgel, Klavier und Komposition. Er hätte auch rhythmische Gymnastik, Orgelbau, Akustik und Hymnologie, dazu Chorgesang besuchen müssen, doch
zu allem fehlte die Zeit und so schwänzte er einige Fächer. Und
dem Herrn Professor musste er auch eigene Kompositionen vor-
legen, die manchmal gelungen, ab und zu aber auch missraten
waren und den Professor zu Stirnrunzeln veranlassten. Und
dann musste mühevoll gewerkelt werden, um ein misslunge-
nes Werklein zu einem halbwegs gelungenen umzuschreiben.

In den Ferien leitete er auch noch Schullager, man halste ihm alles auf, was den älteren Kollegen zuwider war, er unternahm lange Wanderungen mit den Schülern in der Gegend von Gstaad, bestieg waghalsig mit zwei älteren Schülern der obersten Klasse das Rublihorn, einen Felsgipfel bei Saanen.

Er tat Verrücktes.

Mit dem älteren Bruder überquerte er an einem Nachmittag den Lötschenpass von Kandersteg aus und noch am gleichen Abend erreichten sie eine Alp auf halbem Weg in den hintersten Teil des Lötschentales. Ein Jahr später überquerte er mit Bruder und einem befreundeten Paar zuerst den Petersgrat und dann von der Fafleralp aus bei Schneefall und im dichten Nebel den Beichgrat und stieg auf der anderen Seite auf den Oberen Aletschgletscher ab und latschte mit nassen Füssen zur Aletschhütte und am dritten Tag wanderten sie, jetzt bei Sonnenschein, über den Gletscher hinab nach Belalp und bis nach Brig.

Auf dem Beichpass ahnte er, wie es sein muss, zu erfrieren. Gar nicht so schlimm. Man spürt einfach nichts mehr. Zum Beispiel die Hände, wenn man die Handschuhe zuhause vergessen hat und die Finger allmählich am Stahl des Gletscherpickels festfrieren. Und einem das schnurzegal ist.

Auch schon früher hatte er mit Freunden lange Bergwanderungen unternommen und die kleinen Gipfel rings um Zermatt bestiegen, das Ryffelhorn, das Oberrothorn, das Untere Gabelhorn. Die Krönung, die Besteigung des Matterhorns, schafften sie nicht. Beim Aufstieg zur Hörnlihütte am Vortag zog gegen Abend ein Gewitter auf. Etwas unterhalb der Hütte knisterte es in der Luft, Donner widerhallte von den Bergwänden und sie erreichten die Hütte schließlich bei Schneefall. Am andern Morgen lag eine frische Schneedecke auf der Bergpyramide. Der Bergführer hatte sie schon um drei Uhr nachts benachrichtigt, dass aus dem Aufstieg nichts würde.

Sie stiegen nach Zermatt ab, suchten ein Kino auf und schauten sich „The Benny Goodman-Story" an. Anschließend kehrten sie in einer kleinen Konditorei ein, saßen am Fenster, aßen Patisserie und schauten den Leuten zu, die draußen im Regen vorbei spazierten.

Warum zog es ihn in die Berge und in die Lüfte? Er wäre auch gerne Pilot oder zumindest Segelflieger geworden. Er träumte oft, er stünde auf einem vereisten Berg und betrachte unter sich eine grüne Landschaft, zu der hinab in die vegetativen Gefilde er jedoch nicht gelangen konnte. Oder er träumte, er wandere durch einen grünen Wald, worauf es zu schneien beginne und die ersten Bäume umstürzten, so dass er den Wald fluchtartig verlassen müsse. Er konnte die Träume wohl deuten, mit dem grünen Wald als sinnlicher Welt, die vom Schneefall erstarrte und zugedeckt wurde oder wie er von den sinnlichen Wünschen abgeschnitten war, wenn er von vereistem Berg hinunter auf die grünen Fluren blickte.

Als sie das Untere Gabelhorn bei Zermatt bestiegen, wählten sie auf der Karte eine Route, ohne ihren Führer zu fragen. Sie machten sozusagen eine Erstbesteigung der Nordwand, ohne zu wissen, dass auf der Südseite eine viel begangene Kletterroute bestand. Die entdeckten sie dann beim Abstieg. Erst viele Jahre später erfuhr er, dass sich die Kameraden voll auf seine Führung verlassen hatten. Dabei fühlte er sich selbst gar nicht sicher. Beim Aufstieg waren sie etwas unterhalb des Gipfels seitwärts auf ein Schneefeld ausgewichen. Unter einer zentimeterdünnen Schneedecke lag blankes Eis. Wäre Manuel, der die Seilschaft anführte, ausgeglitten, hätte er alle drei Kameraden mehrere hundert Meter auf den tiefer liegenden Gletscher mitgerissen. Er befahl, mit äußerster Vorsicht wieder den festen Fels unter den Füßen zu erreichen. Die Gefährten hatten volles Vertrauen in ihn.

Sie hatten den Gipfel erst abends um sieben erreicht und stiegen beim Eindunkeln ab. Die eindrückliche Aussicht auf die Nordwand des Matterhorns und die Viertausender Oberes Gabelhorn, Schneekuppe, Zinalrothorn, Weißhorn und auf der gegenüberliegenden Seite das Monte-Rosa-Massiv konnten sie nur kurz genießen. Die einbrechende Dunkelheit mahnte zur Eile. Unterhalb des Felsgipfels gerieten sie in eine Geröllhalde, auf welcher sie mit den großen Felsblöcken talwärts surften. In der halben Dunkelheit der einbrechenden Nacht schlugen die Geröllstücke eindrucksvolle Funken.

Viel später las er mal, wie sich die prominenten Komponisten György Ligeti und György Kurtág zehn Jahre vor ihm beim gleichen Professor, doch damals an der Budapester Musikakademie, vorstellten. Mit Furcht und Respekt vor dem Ehrfurcht gebietenden Professor und Komponisten. Genauso gestaltete sich die erste Begegnung mit dem Kompositionslehrer im Treppenhaus des Berner Konservatoriums.

Die Begegnung war telefonisch verabredet auf Anraten des Geigenlehrers im Seminar, der schon mehrere Werke von Sandor Veress mit seinem Kammerorchester aufgeführt hatte. Es war sprichwörtlich, dass Veress fast immer zu spät kam und seine Schüler oft halbstundenlang vor dem verschlossenen Unterrichtszimmer warten ließ. In der Nähe, über einer Käsehandlung an der Gerechtigkeitsgasse, hatte er sein Kompositionsstudio, wo Manuel während der Ferien auch ab und zu zum Unterricht aufgeboten war. Es musste wohl schwierig gewesen sein für Veress, während der Kompositionsarbeit rechtzeitig sein Studio zu verlassen, um am Konservatorium auch Anfängern und an Theorie wenig interessierten Schülern Harmonielehre oder Formenlehre beizubringen.

Als der Professor endlich die Treppe hochstieg, wurde sein künftiger Schüler eher kleinlaut. „Sie wollen Komposition studieren?" Ein scharfer, aber nicht unfreundlicher, klarer Blick unter hoher Stirn und bereits schlohweißem dichtem Haar. „Herr Müller hat Sie mir empfohlen, und ich glaube, das kann schon gut kommen." Sie verabredeten die erste Unterrichtsstunde und damit war die erste Begegnung zu Ende.

Ein seltsames Gefühl für den Achtzehnjährigen, von einem bereits international anerkannten Komponisten als Schüler angenommen zu werden. Veress war 1948 aus Ungarn in die Schweiz emigriert. In Budapest war er nach einem Studium bei Belá Bartók und Zoltán Kodály wissenschaftlicher Mitarbeiter von Bartók und an der Musikakademie der Nachfolger von Kodály als Professor für Komposition gewesen.

Manuel wollte ein fortschrittlicher Volksschullehrer sein und er studierte Bücher mit neuer Didaktik und führte auch neue Lernmethoden ein. Er studierte auch Bücher zu Psychologie und Pädagogik. Und jeden Morgen sang er mit der Klasse eine Viertel- oder eine halbe Stunde, bevor er zu mündlichen Rechenübungen überging. Er unterrichtete völlig allein in einem noch unfertigen neuen Schulhaus und wurde weder beaufsichtigt noch von schlechten Gewohnheiten der älteren Lehrerkollegen beeinflusst.

Er hatte einige aufgeweckte Knaben und Mädchen in der Klasse, erstaunlicherweise auch in den beiden Nachfolgeklassen. Junge Menschen, von denen einige später trotz eher kleinem Bildungsrucksack steile Erfolgstreppen hochstiegen.

Zum Abschluss des sechsten Schuljahres gab er mit seiner Klasse in der alten Quartierkirche, die in einem Friedhof hinter dem Schulhaus stand, ein kleines Konzert, das einem Musikkritiker auffiel, weil die Schüler absolut rein und mit klaren Stimmen wie aus einer Kehle sangen.

Eines Vormittags klopfte es an der Schulzimmertür. Eine ältere Kollegin stand draußen und teilte ihm mit, seine Mutter sei gestorben, eine Schwester habe soeben ins Schulhaus angerufen.

Das war er also, der unvorstellbare Moment, vor dem er sich seit Jahren gefürchtet hatte. Mutter gestorben. Fassungslosigkeit. Er ließ den Tränen ihren Lauf. Die Kollegin ging ins Klassenzimmer und beauftragte die Kinder, sich selbst mit Rechenaufgaben zu beschäftigen.

Mutter war vor einer Woche in die Privatklinik eingeliefert worden. Gallensteine hatten auf der Heimfahrt von einer „Wilhelm Tell"-Aufführung in Interlaken Koliken ausgelöst. Die Ärzte fanden eine Operation wegen der Herzschwäche zu riskant, behandelten die Frau mit Medikamenten und wollten sie an diesem Montagmorgen nach Hause entlassen. Am Sonntag zuvor war er noch im Spital zu Besuch gewesen. Er hatte eine zuversichtliche Mutter angetroffen. Alles würde gut. Und am folgenden Morgen traute sie sich zu, allein aufzustehen, ihr wurde unwohl, sie fiel zu Boden, das Pflegepersonal bemerkte sie zu spät, versuchte es mit Beatmung. Mutter starb an Herzversagen.

Die Tage waren mühsam und anstrengend. Viele Kondolenzbesuche. Die ganze Verwandtschaft, Brüder, Schwestern und ihre Kinder. Briefe schreiben, Adressen suchen, Essen zubereiten für die Gäste. Täglicher Besuch in der Abdankungshalle. Die Trauerfeier war einfach. Prediger Murr von der freien Gemeinde, der die Eltern angehörten, hielt die Predigt und würdigte die einfache, tapfere, auf Gott vertrauende Frau.

Er war erstaunt, wer alles zur Abdankung erschien: Architekt und Baumeister des Hauses, das die Eltern einst bauen ließen, Vertreter der Bank, Geschäftsleute, die Mutter war eine sehr angesehene Person gewesen. Weinkrampf am offenen Grab. Ein wunderbarer Herbsttag. Vom Friedhof aus sah man die Bergkette in buntester herbstlicher Farbenpracht leuchten. Und dies bereits im September. Der Föhn herrschte seit Tagen, er war am Herztod der Mutter wohl nicht unschuldig. Und der Sommer war sehr heiß und trocken gewesen.

Erika hatte er einige Monate zuvor kennengelernt. Sie sang in einem kleinen Chor, den er leitete. Sie kam aus Norddeutschland, war Kunsthandwerkerin, kunstfertig und mit gutem Geschmack, aber wenig gebildet und von etwas einfachem Gemüt. Beide fanden, sie passten zusammen.

Der Tod der Mutter band ihn noch stärker an Erika. Aber er hatte auch beschlossen, den Schuldienst aufzugeben und sich ganz dem Musikstudium zu verschreiben. Die ersten Diplome hatte er bereits geschafft und nun wollte er frei sein, um sich der Komposition und der Vorbereitung auf ein Orgel-Konzertdiplom zu widmen.

Er hatte kein Einkommen. Waghalsig hatte er auf jede Sicherheit verzichtet. Er hatte an seinen Seminardirektor gedacht und wollte den Schuldienst aufgeben, bevor es ihm mit dem beträchtlichen Einkommen zu behaglich wurde. Ab und zu wurde er für kurze Stellvertretungen angefragt. Mit Freunden wirkte er an einem Kabarett mit, er schrieb Lieder und spielte Klavier. Ein Skandal erschütterte wieder einmal das sich sonst gern progressiv gebärdende Provinznest. An einer Skulpturenausstellung im Freien war ein liegender nackter Frauentorso ausgestellt worden und erregte aufs heftigste sittenstrenge Bürger und die bürgerliche Lokalpresse. In einem Song nahmen die jungen Kabarettisten die an sich völlig unnötige Empörung auf die Schippe und ernteten damit ihrerseits sowohl Beifall wie bösartige Angriffe.

Die Freunde überließen ihm die Einnahmen der Vorstellungen, womit er zeitweise knapp überleben konnte.

Und genau in dieser Zeit wurde Erika schwanger. Himmel, und jetzt? Das Studium aufgeben und sich als Volksschullehrer wieder dem Geldverdienst widmen? Die Schwiegermutter, eigentlich eine kluge und gebildete Frau aus wohlhabendem ostpreussischem Geschlecht, das durch den Krieg alles verloren hatte, hätte es so gewollt.

Ein Türchen tat sich auf, indem er eine Langzeitstellvertretung für den städtischen Obermusikdirektor als Musiklehrer am Progymnasium erhielt. Ein Teilpensum, das den allernötigsten Bedarf für Wohnungsmiete und Essen knapp deckte.

In diesem Winterhalbjahr kam die ältere Tochter Veronika zur Welt. Die Lage wurde dadurch keineswegs einfacher, zumal Erika nervös wurde. Sie wollte eine gute Mutter sein und geriet ob dem kleinsten Zwischenfall in Panik. Er war durch seine Nichten und Neffen an Kleinstkinder gewöhnt und ließ sich nicht aus der Ruhe bringen. „Dir ist ja alles egal, selbst, wenn unser Kind umkäme", fauchte ihn Erika an, wenn er einfach Ruhe bewahren wollte.

Während Erika nach der Geburt im Spital weilte, ging er abends aus und traf Freunde in den Bars der Altstadt. Seit der Heirat war er eher häuslich geworden und abends zuhause geblieben. An Karfreitagen besuchte er seit einigen Jahren die Konzerte im Berner Münster, die sein verehrter Seminarmusiklehrer leitete. Dieses Jahr fand er an diesem heiligen Tag ganz wider jede Erwartung eine Bar offen, voller junger fröhlicher Leute, die sich skrupellos betranken. Die jungen Leute waren schön und sinnlich. Mit jedem Glas Wein, später mit jedem Whisky, erschienen sie ihm sinnlicher und aufreizender.

Er hatte einige brave Jahre als Schulmeister, Kirchenmusiker und Armeeoffizier hinter sich. Mit den Freunden vom Kabarett ging man nach den Vorstellungen noch einen trinken, aber spätestens bei Wirtschaftsschluss trat man den Weg nach Hause an. Höchstens hatte er die verschiedenen Kneipen der Altstadt mit ihrer jeweiligen Gästefauna besser kennengelernt. Das Theatercafé, das „Burg", die Zunfthäuser „zu Pfistern" und „zum Pfauen", die Pablo-Bar, die der schrullige Architekt, der tagsüber im Café Odeon saß, für die junge Barmaid Jessica vor kurzem eingerichtet hatte.

Nun war eine Schleuse geöffnet. Und eine uralte Sehnsucht schlich sich zurück. Es war absurd. Im Sommer, im Strandbad, hätte er unzählige schöne junge, gebräunte Körper mit blonden Härchen im Nacken und auf dem Rücken betrachten können. Es kam ihm aber vor, als wüsste er nicht mehr, wie ein schön gebauter Jünglingskörper aussieht. Er hatte unbeschreiblichen Hunger und Durst nach der Schönheit und der Wärme eines Körpers, eines jungen männlichen Körpers, und er hatte keine Ahnung, wie man sich dem Objekt seiner Sehnsüchte nähern könnte.

Er liebte Erika noch immer. Er liebte die kleine Tochter Veronika. Kinder hatte er sich eigentlich immer gewünscht. Aber die sexuelle Verbindung mit Erika wurde allmählich zur lästigen Pflicht. Sie ahnte, dass etwas nicht mehr war wie früher. Er traf ehemalige Schüler, die nun im frischen Jünglingsalter waren und die nun auch in den Bars der Altstadt verkehrten. Er nahm sie nach ausgedehnten Saufabenden mit nach Hause. Er konnte der Versuchung nicht widerstehen, ihren Körper zu berühren, wenn sie im narkotischen Vollrausch in seiner Wohnung einschliefen. Sie aßen mit der Familie das Frühstück, am Morgen danach. Langsam wurde Erika eifersüchtig. Stärker noch, als sie in seinen Büchern und Heften auch Fotos von halbnackten Jungen fand, die er heimlich über einen einschlägigen Verlag bestellt hatte. Sie begann zu sticheln.

Er dachte, es sei vorübergehend. Er musste etwas nachholen, das in der Jugendzeit unvollständig geblieben war. Dann wäre es wieder gut. Dachte er. Ein Psychiater, den er noch vor der Heirat für einige Sitzungen aufgesucht hatte, bestätigte ihm, er sei nicht schwul. Der Philhellene, der auf Kunstreisen nach Griechenland als Führer auftrat, meinte, einen schönen Körper zu betrachten und Wohlgefallen daran zu finden, sei unverdächtig, ja, gehöre zum Leben eines Kreativen. Er empfahl ihm die Lektüre des „Gastmahls" von Platon.

Er suchte einen jungen Freund, einen, der seine Gefühle und Gelüste erwidern konnte. Seine Annäherungen aber waren unbeholfen, ungeschickt. Über ein braves und unendlich vorsichtiges Klub-Heftchen lernte er Schwule kennen, die einen Partner suchten. Es war doch nicht das, was er suchte. Jede Begegnung eigentlich eine Enttäuschung.

Erika wurde ein zweites Mal schwanger. Sie hatte es gewollt und alle Vorsichtsmaßnahmen außer Acht gelassen. Die Entfremdung nahm trotzdem zu. Erika hatte gehofft, ihren Mann durch ein zweites Kind wieder an sich zu binden. Er aber sah, dass es immer sinnloser wurde, obwohl alle Verrenkungen, einen jungen, männlichen Partner zu finden, genauso fruchtlos waren.

Dabei war er immer noch voll im Musikstudium. Musste Fugen schreiben, fast täglich in die Kirche an die Orgel zum Üben. Er unterrichtete mittlerweile an einer Privatschule ein Teilpensum, die halbjährige Stellvertretung am Progymnasium war abgelaufen. Zwölf bis sechzehn Lektionen die Woche in einer Klasse, die zwischen zwölf und fünfzehn Knaben und Mädchen zählte. Sechstes Schuljahr. Vorbereitung war wenig nötig, Korrekturen konnten meist während des Unterrichts vorgenommen werden.

Die Stelle war schlecht bezahlt, ließ aber genug Zeit. Und dann begann er ja auch, für das linke Lokalblättchen Opern- und

Konzertkritiken zu schreiben. Die „Volkszeitung" hatte einen Alleinredakteur, der zuweilen sogar im Nebenamt arbeitete, ab morgens vier oder abends bis in die frühen Morgenstunden. Die Sekretärin ging zu Vereinsanlässen und schrieb Berichte darüber, freie Mitarbeiter, meist Studenten oder junge Idealisten, schrieben für wenig Geld über Sport, Film, Theater, Musik und gestalteten aufmüpfige und angriffige Jugendseiten, worin sie eher ermuntert denn zurückgepfiffen wurden.

Durch die Arbeit bei der Zeitung lernte Manuel neue junge Leute kennen. Einen blutjungen, kaum zwanzigjährigen MG-Fahrer, der in der Stadt durch hektische Aktivität auffiel und der, nach Anfängen als Filmkritiker und Produzent erster kleiner Filme mit jungen Einheimischen, noch fast als Praktikant bei der linken Lokalzeitung die volle Redaktionsverantwortung übernommen hatte.

Ein junger Lehrerkollege, Herbert, schrieb ebenfalls Filmkritiken, war aber auch belesen, und zwar vor allem in neuer deutscher Literatur. Der kannte und besprach mit anderen Junglehrern im Café Odeon Bücher von Günther Grass, Uwe Johnson, Max Frisch, und sie lasen die damalige „Zürcher Woche", waren Bewunderer des griffig angriffigen Chefredakteurs Roman Brodmann und von Werner Wollenberger, der freche Kabaretttexte schrieb und später die Chefredaktion der linksliberalen Wochenzeitung übernahm.

Das war eine andere Generation. Die demontierten die romantisch idealistische Einstellung ihres nur wenige Jahre älteren Kollegen gnadenlos. Da herrschte oft auch blanker Zynismus in den lästerlichen Gesprächen im Odeon. Ein Zynismus, den er erst lesen lernen musste, weil er nicht meinte, was Worte sagten, sondern auf einer zweiten Ebene angesiedelt war, auf welcher er sich nicht, noch nicht, heimisch fühlte.

Es waren gleichzeitig die verlässlichsten Freunde, vor allem Herbert samt seiner unbeschwert lebenslustigen jungen Frau Dora, der die meisten Kabaretttexte schrieb, welche der

Musikstudent vertonte. Aber auch Toni, genannt der kleine Riese, mit seiner einfachen, aber sehr aufgeschlossenen Frau Luise und Nicolas, der „große Riese". Beide „Riesen" trugen denselben Familiennamen, der eine war aber hünenhaft kräftig und wurde deshalb oft auch als plump und weniger intelligent eingestuft, in Wahrheit war er eher zu sensibel, der andere war klein und schmächtig, aber ein scharfsinniges und rhetorisch gewandtes Bürschchen. Da war noch ein feingliedrig feinsinniger Künstler, der auch schon dünnstrichige Karikaturen an ein bekanntes Satireblatt, das „Pardon", verkaufen konnte und mit seiner minimalistischen Kunst später internationale Karriere machte.

Im „Odeon" traf er morgens vor halb zehn bei Cappuccio Grande Tazza und süßen Croissants den Kapellmeister des Theaters, Frank Egermann, musikalischer Leiter mit dem „Gesicht eines Pfannkuchens mit Rosinenaugen", wie sein Vize Armin Jordan lästerte. Dieser, ein junger Dirigent, der am Theater seine ersten Sporen verdiente, war rasch beliebter und erfolgreicher als sein Chef und dirigierte im Sommer die äußerst populären Freiluftkonzerte im Park. Über Zürich und Basel machte er steil Karriere und wurde später Chefdirigent des „Orchestre de la Suisse romande", also in dritter oder vierter Reihenfolge Nachfolger seines verehrten Vorbildes Ernest Ansermet.

Im „Odeon" traf man auch den Architekten Boubou, stets Ausschau nach jungen Frauen haltend, aber auch schon leicht Angejahrte nicht verachtend. Man raunte ohnehin, er sei impotent und begnüge sich als lüsterner Voyeur, wenn sich die Frauen in seinem Haus in einem Badezimmer auszogen, das er über einen raffiniert angebrachten Spiegel von seinem Bett aus überblicken konnte.

Da war ein groß gewachsener und knochiger Bildhauer und Philosoph, den niemand in der Stadt ernst zu nehmen schien, der aber mit Geistesgrößen in Paris und anderswo verkehrte, genauso wie der städtische Musikdirektor, der über seine Frau, eine Bildhauerin aus Paris, Bekanntschaften mit Künstlern und Literaten in Frankreich pflegte. Das erfuhr Manuel erst zwei Jahrzehnte später, als er die Bibliotheken aus den Nachlässen der beiden aufkaufte und darin die Spuren ihres geistigen Umgangs fand.

Auch über den Damenfriseur, der gegenüber seinen Salon hatte, munkelte man, zuerst nur, weil er einen speziellen Kaffee mit doppelter Rahmportion in einem Silberkännchen, das nur ihm vorbehalten war, erhielt, später, als er verhaftet worden war, weil man ihm sexuellen Missbrauch von kleinen Mädchen vorhielt. Er starb nicht lange nach seiner Entlassung aus dem Gefängnis, ob aus Scham und Gram oder weil er sich das Leben nahm, wurde nie ganz klar.

Bei all diesen Erinnerungen saß Manuel immer noch auf der Terrasse vor der Wohnung seiner Tochter. Die Sonne, unsichtbar hinter dem Haus, war wohl am Untergehen, beschien aber noch mit letzten Strahlen den Kirchturm zur Linken. Hinter ihm Frauenstimmen, ein angenehmer Singsang im italienischen Dialekt. Zwei Frauen unterhielten sich über ihre Pflanzen auf einer Terrasse, die erhöht über dem kleinen Dorfplatz lag. Es war ein ehemals wohl vornehmes Haus mit Wandmalereien in der geräumigen Eingangshalle, wie es einige gab in dem Dorfe, in einer Gegend, wo früher nicht bloß der Handel, sondern vor allem der Schmuggel über die nahe Grenze geblüht hatte.

Veronika war aus Israel, wo sie seit fast zwanzig Jahren lebte und längst zur Staatsbürgerin geworden war, im Urlaub zu ihrer jüngeren Schwester Andrea gekommen und fragte in der Tür zur Küche, ob er einen heißen Tee wolle. Trotz der immer noch warmen Temperatur am frühen Abend nach einem heißen Tropentag war ein Tee aus frischen Minzblättern, die etwas kärglich auf der Terrasse gediehen, der beste Durstlöscher.

Andrea war noch nicht von ihrer Arbeit nach Hause zurückgekehrt und ihre beiden Buben weilten noch beim Vater, der einige Häuser entfernt allein wohnte, seit sich Andrea von ihm getrennt hatte.

Er hätte seinen Töchtern und vor allem den Buben der Jüngeren, die Ältere war ledig geblieben, ein unbeschwertes Leben in einer heilen Familie gegönnt.

Aber schon bei einem Besuch vor Jahren kam in ihm die Ahnung auf, dass da bereits Risse vorhanden waren. Dann hatte Andrea ihren Mann Lukas und das Dorf im Tessin verlassen und war ins Südtirol zu einem ehemaligen Studienkollegen gefahren, der bereits vier Kinder von einer früheren Partnerin hatte, die Andrea jetzt auch noch versorgen musste.

Aber auch dieser Ausflug ging gründlich schief. Weinend hatte sie im Frühsommer am Telefon gehangen und dem Großvater ihrer Buben geklagt, dass sie allein für die Bedürfnisse der Familie aufkommen müsse und dabei noch Schläge bekomme und auch ihr älterer Sohn vom Stiefvater geschlagen werde.

„Lass dir nichts gefallen", hatte ihr der Vater geraten und so hatte sie ihre Buben ins Auto gepackt und sich wieder ins Tessiner Dorf geflüchtet, wo sie aber nicht mehr im Hause ihres Ehemannes wohnen mochte, sondern sich unweit eine Wohnung mietete.

Zu allem musste sie ihrem Mann, mit dem sie immer noch verheiratet war, gestehen, dass der zweite Sohn nicht von ihm stamme, sondern von dem jetzt als Scheusal erlebten Studienkollegen, den sie schon immer geliebt hatte und immer noch liebte, hätte er sich ihr gegenüber nicht so gemein verhalten.

Der Tee wurde serviert und Manuel süßte ihn mit Kandiszucker, während sich Veronika für einen Augenblick ihm gegenüber an den Tisch setzte. Inzwischen war Andrea eingetroffen, die Kinder hatten sich auch nach Hause getrollt und Andrea begann in der Küche mit der Zubereitung eines einfachen Mahls.

Veronika hatte ihren Vater am Bahnhof von Lugano abgeholt. Aus der Unterführung hatte er oben an der Treppe eine weiße Gestalt gesehen, ein mädchenhaftes Wesen mit langen wehenden blonden Haaren in einem weißen, sommerlichen Kleid, das die gebräunten Schultern freiließe. Erst beim Aufstieg auf der

Treppe wurde er gewiss, dass es seine Tochter war, die er seit mindestens fünf oder sechs Jahren nicht gesehen hatte, weil sie nur im Abstand von mehreren Jahren in ihre frühere Heimat zurückkehrte.

Sie stiegen zusammen die steile *Via Cattedrale* hinab, die vom Bahnhof in die Altstadt hinunterführte, zuerst durch einen kleinen Park mit südlichen Bäumen, an der *Cattedrale San Lorenzo* vorbei, dann eine schmale steile Gasse hinunter. Auf der linken Seite eine kleine, mit alten Möbeln ausgestattete Cafeteria, wo sie schon mal zu einem ersten Espresso einkehrten.

Es war meist die erste Einkehr, wenn er in Lugano eintraf. Schon mit Andrea und ihren Kindern hatte er dort einige Monate zuvor Eis gegessen und auch später, als er zu einem Festival der Pianistin Martha Argerich nach Lugano fuhr, hatte er sich dort vor dem Konzert mit einem leichten Teller verköstigt.

Nun war er für einige Tage ins Tessin gefahren, weil er seine ältere Tochter wiedersehen wollte und weil er am Tag zuvor seinen Hund hatte einschläfern lassen und in der Trauer Abstand von den Ereignissen brauchte, die doch recht unvermittelt über ihn hereingefallen waren.

Noch die Woche zuvor hatte er mit dem Hund und einem jüngeren Freund in Verbier geweilt, alle Tage die Konzerte eines klassischen Musikfestivals mit bekannten Weltstars, darunter auch wieder die Argerich, besucht.

Der Hund hatte zwar bereits täglich Medikamente gebraucht, war aber munter und tollte während der Wanderungen über Alpweiden vergnügt in den kleinen Bergbächen herum. Er hatte einen Tumor am rechten Fußgelenk, ein histiozytäres Sarkom, das Manuel für teures Geld im Tierspital Zürich mit Bestrahlungen und Chemotherapie behandeln ließ. Herr und Hund waren zuversichtlich, dass sie den Krebs besiegen würden.

Zu Beginn der Ferien in Verbier stellte er eine fast faustgroße Geschwulst an der rechten Schulter von Shiva, so hieß die Hündin, fest, dachte an ein Oedem und wollte nach dem dreiwöchigen Aufenthalt in Verbier ohnehin ins Tierspital, um Medikamente für die Chemotherapie zu holen. Bei der Gelegenheit würde sich auch das Oedem abklären lassen.

Die Tierärztin berichtete mit besorgtem Gesicht, es handle sich um genau denselben bösartigen Tumor wie am Fußgelenk. Trotzdem wurde beschlossen, die Therapie fortzusetzen, auch wenn der Erfolg nun ziemlich fraglich geworden war.

Am Montag darauf wollte die Hündin morgens nicht aufstehen und ließ sich fast nur mit etwas Gewalt bewegen, hinauszugehen. Sie machte einen niedergeschlagenen Eindruck. Manuel rief den Tierarzt an, dieser, um den Tumor wissend, meinte, er sei bereit, Shiva zu erlösen, wenn Manuel dies wünsche. Er fuhr sofort im Taxi zum Arzt, welcher dem Tier zuerst eine Beruhigungsspritze und dann die tödliche Injektion verabreichte.

Shiva starb mit einem Seufzer, Manuel verließ den Arzt und war wie betäubt. Er ließ seinen Tränen auch draußen auf der Straße den Kanal entlang ihren Lauf, setzte sich den ganzen Nachmittag auf die Terrasse der Altstadtbeiz, wo er meist allein war und wenn sich jemand zu ihm setzte, so sprachen sie über Unverfängliches.

Shiva war während der Krankheit immer anhänglicher geworden. Es entstand eine innige Beziehung zwischen Herr und Hund, die keiner Worte bedurfte. Er lernte in diesem Jahr seit dem ersten Auftreten des Tumors viel über Verständnis und stillschweigendes Vertrauen zwischen Wesen.

Zweifel hatten Manuel im Nachhinein befallen. War er nicht zu voreilig gewesen? Hatte er sich nicht vom Tierarzt beeinflussen lassen, der sofort von „Erlösen" sprach? Vielleicht hätte sich Shiva erneut erholt, sie war ja immer zu Beginn einer Chemotherapie erschöpft gewesen, hatte aber jeweils auch für die Ärztin in der Onkologieabteilung der Tierklinik erstaunlich rasch den Mangel an weißen Blutkörperchen wieder wett gemacht.

Mit diesen Gedanken im Kopf hatte er sich am andern Morgen in den Zug gesetzt und war nach Lugano gefahren, um seine ältere Tochter zu treffen, die nach Jahren wieder einmal in die Schweiz gekommen war. Oben an der Treppe erwartete die weißgekleidete Fee ihren Vater, der aus dem Dunkel der Unterführung unter den Gleisen hinaufstieg.

Sie hatten den Nachmittag in Lugano verbracht, waren durch die Gassen der Altstadt geschlendert, entlang der Uferpromenade, hatten da und dort ein Eis genossen oder einen Espresso in einem der Straßencafés. Sie sprachen über Allgemeines, über Gesundheit, auch ein wenig über Geld, über die Kinder der Schwester und natürlich über den Hund. Veronika hatte aus Israel ihren einjährigen Golden Retriever mitgebracht, ein schönes Tier, das vom ersten Augenblick an zutraulich zu Manuel war.

Mit Veronika musste man im Gespräch Vorsicht walten lassen. Sie war ein intelligentes, aber schwieriges Kind gewesen, renitent und aggressiv gegen ihre psychisch angeschlagene Mutter, so dass das Sozialamt einmal den Beschluss fasste, das Mädchen in ein katholisches Internat in der Innerschweiz zu stecken. Protest des Vaters, der eigentlich zu Erziehungsfragen, obwohl ausgebildeter Pädagoge, nie beigezogen wurde. Ein Brief an den Direktor der Sozialfürsorge, dessen persönlicher Mitarbeiter Manuel gewesen war, als dieser noch als städtischer Baudirektor geamtet hatte, genügte, um den Beschluss umzustoßen. Die Vorsteherin der Jugendbetreuung war damals ziemlich sauer gewesen, dass sich Manuel über ihren Kopf hinweg an den Direktor gewandt hatte. Aber wozu hat man schließlich Freunde in hohen politischen Ämtern?

Veronika hatte einige Ähnlichkeiten mit ihrem Vater, einen sturen Kopf, wenn sie sich durchsetzen wollte und einen Hang zur Rechthaberei in politischen Diskussionen. Und solche Diskussionen lagen in der Luft zwischen ihm, dem überzeugten Gegner der israelischen Politik gegenüber den Palästinensern, und ihr, der Bewohnerin von Tel Aviv und israelischen Staatsbürgerin.

Sie war zwar mit der Politik der Regierung Sharon, die zu der Zeit in Israel gerade den Ton angab, überhaupt nicht einverstanden, aber ab einem bestimmten, aber nicht genau bestimmbaren Punkt drang die Solidarität mit ihrer zweiten Heimat durch und dann blockte sie die Diskussion ab mit dem Argument: „Wer nicht dort lebt und täglich erlebt, wie es zu und her geht, kann die Lage gar nicht beurteilen." Vorerst klammerten sie die Politik aus und sprachen über Unverfängliches, über Musik, über die Heimatstadt, über ihren Kindergarten, den sie in Tel Aviv leitete, und über den Transport ihres Hundes im Flugzeug von Tel Aviv nach Zürich.

Gegen Abend hatten sie den Zug genommen, nach wenigen Stationen in Richtung Chiasso stiegen sie aufs Postauto um, das sie ins erhöht in einem Talkessel gelegene Dorf brachte, in dem Andrea wohnte.

Andrea war überaus beschäftigt und hatte kaum Zeit für Ausflüge. Sie musste in kurzer Zeit eine ganze Reihe von Berichten abliefern, die sie als selbstständig arbeitende Biologin für Gemeinden in Graubündner Tälern verfasste. Es ging um die Nutzung von Alpweiden, um extensive oder intensive Nutzung, mit welchen Vieharten in welcher Zahl die Alpen bestoßen werden konnten und ähnliche Dinge. Dazu mussten vorab Inventare erstellt werden mit Pflanzenarten, seltenen und häufigen, und den damit ökologisch verbundenen Vögeln, Schmetterlingen und anderen Insekten und Kleinlebewesen. Eine spannende Arbeit zuerst im Felde und dann am Computer. Der Plotter druckte große Karten im Maßstab 1:10 000 der Talschaften aus. Eine Arbeit, die Manuel ebenfalls interessierte und über welche er gerne mit seiner Tochter sprach. Nun hatte sie aber keine Zeit. Die beiden Buben waren mal für ein paar Tage bei einer Tante, dann wiederum beim Vater, hatten das Wochenende mit dem Vater auf einer nahen Alp bei einem kleinen Fest verbracht.

Zeit und Ewigkeit. Über dreizehn Milliarden Erdenjahre alt soll unser Universum sein. Das Universum, in dem wir auf einem Staubkorn, ja nicht mal auf einem Staubkorn, auf einem Nichts, unser Leben von achtzig Jahren verbringen. Auf dem, oder wohl besser: im Monte San Giorgio, den man von Rovio und von Carona aus sieht, wurden Versteinerungen von Sauriern und Fischen gefunden, die vor über 400 Millionen Jahren in einer Lagune gelebt haben. Die Erde ist nicht bloß Bestandteil eines Sonnensystems, wie wir seit Kopernikus, also seit einem halben Jahrtausend, wissen. Das Sonnensystem ist Teil einer Galaxie und von solchen Galaxien gibt es wiederum Milliarden. Die am weitesten Entfernten hat man in dreizehneinhalb Milliarden Lichtjahren Distanz gefunden. Ein paar Milliarden Jahre vergehen noch, bis unsere Sonne erlöscht oder explodiert oder von einem schwarzen Loch aufgesogen wird. Und wer weiß, ob unser Universum das einzige ist, ob nicht andere Universen, ähnlich Riesen-Monster-Galaxien, verteilt sind in der Unendlichkeit und ab und zu findet ein Urknall statt und ab und zu stirbt ein Universum, ohne dass wir davon etwas mitkriegen.

In Momenten vor dem Einschlafen hatte Manuel manchmal kleine Visionen. Auch tiefe Einsichten in unvorstellbare Zusammenhänge, die ihm meist wieder entschwanden. Er versuchte gar nicht, sie im Gedächtnis zurückzuhalten. Er meinte, auch ohne bewusste Erinnerung wären sie für immer Bestandteil seiner Erfahrung. Er war überrascht, dass er allein durch Nachdenken einige Dinge herausgefunden hatte, die er später durch wissenschaftliche Diskussionen im Fernsehen und durch Bücher bestätigt erhielt. Er hatte ja in Physik und Mathematik nie geglänzt, er interessierte sich mehr für das Grundsätzliche, die Formeln für die Berechnung der Details überließ er lieber den Fachleuten. Aber so etwas wie Erkenntnis schien doch durch bloßes Nachdenken möglich.

Die kopernikanische Wende hatte das Leben der Menschen verändert. Nicht unmittelbar im 16. Jahrhundert, sondern allmählich bis heute und trotz Abwehr der Kirche. Wie würde ein neues Bewusstsein des Kosmischen unsere nahe Welt verändern? Schon nur der immer plausiblere Gedanken, dass die irdische Menschheit wohl endgültig nicht die allein mögliche Art von Leben und von Bewusstheit sein dürfte, müsste ja einiges an Einstellungen zu andern Planetenbewohnern aller Arten verändern.

Viel zu spüren ist zwar nicht. Menschen führen sich weiter als Herren über andere Menschen, als Herren über die Natur, Tiere, Pflanzen, Berge, Meere auf, als ob sie nicht wüssten, dass ihr Erdendasein als Individuum ein Klacks, die Geschichte der Menschheit kaum ein Lidschlag, die Geschichte der Erde und unseres Sonnensystems das einmalige Fortschreiten des Sekundenzeigers auf der großen Weltenuhr darstellt.

Der Mensch ist nicht viel weiter als die Primaten, von denen er einmal abstammte. Er baut Flugzeuge, Raketen und Computer, aber er hat das Verständnis für seine Einbettung in der kurzen Evolution verloren. Sein Hund Shiva und jedes Tier hat mehr begriffen vom Aufgehobensein im Leben und Sterben als die meisten Menschen, die sich um den morgigen Tag Sorgen machen. Und, so befürchtete Manuel, die Entwicklung läuft im Guten und im Schlechten parallel. So viele technische Erfindungen gemacht wurden, um das Leben der Menschen zu erleichtern, so viele wurden auch gleichzeitig immer gemacht, um Leben auszulöschen und Menschen zu vernichten. So viel Philosophien und Religionen und Oratorien und Sinfonien und Bilder und Bauwerke entstanden, die den Menschen vom rein materiell und nach physikalischen Gesetzen funktionierenden Zellhaufen befreien sollten, so viel Niedertracht und grauenhafter Wahnwitz entstand parallel dazu in Köpfen, um die Freiheit zu zerstören und den Mitmenschen und der Kreatur aller Würde zu berauben. Der Geist wird missbraucht, um Menschen und Tiere auf rein physikalische Vorgänge zu reduzieren.

Dabei wurden diese Themen bereits im 18. Jahrhundert und schon im alten Hellas heftig und ausführlich unter Gelehrten, Philosophen und Literaten diskutiert.

„Es kommt mir vor", sagte Manuel, „als hätten diese Diskurse nie stattgefunden. Hört man heutige Politiker und Wirtschaftsführer an, so haben die eine naiv materialistische und utilitaristische Auffassung von der Gesellschaft, dass man sich im frühen 17. Jahrhundert in England wähnt. Aber diese Leute haben offenbar überhaupt nichts gelesen und gelernt, tun aber, als sei ihre Meinung ein sicheres Rezept."

Manche behaupten auch, dass die Welt seit dem Urknall nach rein materiellen Gesetzen regiert wird und auch die Entwicklung von lebenden Organismen bis hin zur Entwicklung eines fühlenden, aber auch kritisch fragenden Bewusstseins ein nach Gesetzen der Evolution ablaufender Prozess ist.

War die Materie klug genug, sich in der ersten Milliardstelsekunde nach dem Urknall selbst die Gesetze zu geben, die sie für die folgenden Milliarden von Jahren benötigte? Und wer stellte die Uhr, nach welcher der Countdown vor dem Urknall berechnet wurde? Und wieso ist ein Grundgesetz der Evolution die Entwicklung aus der Abhängigkeit zu immer mehr Freiheit und bis zur freien Entscheidung über sich selbst und sein eigenes Leben? Warum entwickelte die „Materie" ein Bewusstsein ihrer selbst? Zufall oder Absicht? Und wenn nicht Zufall, warum und wessen Absicht?

Und noch eine ganz bescheidene Frage: Wieso hatten die ältesten Kulturen die schlüssigsten, wenn auch oft in Mythen verschlüsselten, Antworten auf solche Fragen? Und wieso hat das gewalttätigste Tier auf Erden die Führung über die Evolution, zumindest scheinbar, übernommen, und wieso haben die gewalttätigsten Kulturen die friedlichen alle ausgerottet und wieso leben wir in einer Zeit, in der die gewalttätigste Kultur vom Endsieg und vom ewigen Frieden dank endgültigem Herrschaftsmonopol träumt?

Nein, Manuel glaubte, die Erkenntnis beinahe als Evidenz „beweisen" zu können, dass die Richtung der Entwicklung der Materie bis hin zum Entstehen von Leben und von einem Bewusstsein schon vor dem Urknall bestimmt gewesen sein musste. Dabei war er aber durchaus kein Kreationist, die biblische Schöpfungsgeschichte ist ja ein schöner Mythos, wie viele Geschichten aus ältesten Zeiten. Der Versuch, die Welt zu erklären und die Anstrengung, sich einen einzigen Gott zu erschaffen, der für alles verantwortlich ist.

Aber nun leben wir in einer Zeit, in welcher der reine materialistische Glaube die Oberhand hat. In einer Zeit, in der vor allem das ökonomische Denken vom reinen Materialismus beherrscht wird und man mit ökonomischen Ideologien bestrebt ist, das ganze Leben, die Gesellschaft und den Einzelnen auf ökonomische Theorien zu beschränken, das „Geistige", das „Seelische", die Kunst, die Kreativität wie vor dreihundert Jahren auch schon einmal auf physiologische Funktionen und ihren evolutionären Nutzen zu reduzieren.

Das kann gesellschaftlich nicht gut herauskommen, davon war Manuel überzeugt. Aber auch die Politik bewegt sich zurzeit auf einem derart tiefen politphilosophischen Niveau, dass sie für differenziertere Gedankengänge gar nicht zugänglich ist. Das erfüllte Manuel mit tiefem Pessimismus, aber genau deswegen hatte er sich auf die Kreativität verlegt. Das Schaffen von unnützen Kunstwerken, von Musik, sollte ein Gegengewicht, eine Gegeninstanz gegen den herrschenden Utilitarismus bilden. Mehr vermochte er nicht.

Im Tessin, genauer auf dem Monte Ceneri, hatte er vor fast fünfzig Jahren seine Rekrutenschule durchlaufen. Er war nicht gerne eingerückt, hatte vorher mit Dienstverweigerung geliebäugelt, aber doch nicht gewagt, denn seine frisch angetretene Lehrerstelle wäre akut gefährdet gewesen und er wäre im Gefängnis gelandet.

Die Schweiz hatte sich immer mit ihrer Meinungsfreiheit gebrüstet. Aber sogar ein vorsichtiger Manuel musste erfahren, dass abweichende Meinungen und abweichende Lebenshaltungen mit Entzug des Brotkorbes geahndet wurden. Schriftsteller wurden zu Staatsfeinden erklärt und konnten nicht mehr journalistisch arbeiten, Lehrer verloren ihre Stelle, Pfarrer wurden abgewählt, Soldaten und Offiziere eingesperrt, ein Bundesrat wollte noch in den Sechzigerjahren „alles Unschweizerische ausmerzen". Linientreue war auch in der helvetischen Demokratie gefordert. Und wer auf den Widerspruch hinwies, bewies gleichzeitig sein strafwürdiges Abweichlertum.

Er erinnerte sich gut an den Einrückungstag. Schon ab Olten sammelten sich junge Männer im Zug, man kam ins Gespräch, es entwickelten sich erste Beziehungen, auch noch beim lockeren Marsch von der Station Rivera-Bironico auf die Passhöhe des Monte Ceneri.

Gleich wurde man wieder auseinandergerissen und neu eingeteilt in der großen Motorfahrzeughalle der Kaserne. Eigentlich war er als Telefonsoldat ausgehoben worden, nach dem Appell fand er sich als Vermessersoldat in einer Gruppe von Architektur- und Bauingenieurstudenten wieder.

Er wollte nun den Dienst möglichst schmerzlos hinter sich bringen. Drill, Gewehrgriff und Ausrüstungsinspektionen waren ein Gräuel. Die kindische Behandlung durch Vorgesetzte für „Bürger in Uniform" eigentlich eine Ungeheuerlichkeit, der man bloß mit Lächerlichkeit entgegentreten konnte. Der Fachunterricht in Vermessungstechnik dagegen war interessant, die Fachübungen zuerst in Kasernennähe, später immer weiter draußen in überwältigend schöner Tessiner Landschaft, ein Genuss.

Er wäre jetzt gerne wieder mal an den Origlio-See gefahren. Damals eine idyllische Landschaft mit alten Häusern, an deren Dachunterseite im Herbst Maiskolben und Tabakblätter zum Trocknen hingen. Heute soll die Gegend zum Villenvorort von Lugano verkommen sein, völlig zersiedelt und überbaut.

Da behielt er lieber die prächtigen Herbsttage in Erinnerung, als er mit seiner kleinen Gruppe übungshalber mit Theodolit, rotweißem Messstab und Messband durch Rebberge und Obsthaine strich. Fast am Schluss der Rekrutenschule, nachdem er stellvertretend eine Gruppe geführt hatte, wurde er zur eigenen Überraschung für die Offiziersschule vorgeschlagen.

Zuerst musste er zwar Korporal werden, aber weil er direkt nominiert war, brauchte er den Unteroffiziersgrad nur zur Hälfte abzuverdienen. Das geschah in Sitten im Wallis im folgenden Sommer. Bei Dauerregen durchlief er die Unteroffiziersschule in Frauenfeld, lernte dabei neue Kameraden kennen, mit denen gemeinsam er auch in Sitten einrückte.

Später kam die Offiziersschule in Frauenfeld dazu. Eine Zeit, an die er sich nicht ungern erinnerte. Fahrschule auf al ten Dodges und Jeeps, technischer Dienst mit Funk und Telefon, taktische Übungen in Zweierpatrouillen mit je einem Jeep quer durchs Zürcher Oberland, das Tösstal und den Thurgau. Sportliche Wettkämpfe, vor allem Orientierungsläufe in den Hügeln rund um Frauenfeld, wo man mit der Zeit jeden Waldwinkel und jeden Feldweg kannte.

Ein ehemaliger Kamerad aus der Unteroffiziersschule hatte seine Offiziersschule bereits hinter sich und wirkte nun als Schleifmeister. Ein kleiner drahtiger Luzerner, der an der Hochschule Astronomie studierte. Seltsamerweise bekam Manuel mitsamt seinen Kameraden Spaß am Drill. Mit genagelten Schuhen über den Betonplatz striemen, dass Funken stieben, im Eiltempo von zwei Glied auf Viererkolonne umstellen, jeder wß den kürzesten Weg und den nächsten Ort, wo er stehen wrd. Nach anstrengendem Tag vor dem inneren Dienst war eine Viertelstunde Schliff, sie nannten es Ballett, wie eine Erfrischung. Und als Rekrut hatte man genau dasselbe dermaßen verabscheut.

Kleine sadistische Spiele, nur so zum Spaß, heckten sie mit dem pädagogisch doch so fortschrittlichen Chefinstruktor in der anschließenden Rekrutenschule, in der sie als Leutnant dienten, aus. Beim Hauptverlesen irgendeinen Rekruten, der einen Knopf an der Kleidung nicht nach Vorschrift geschlossen hatte, oder wegen einer anderen Kleinigkeit, direkt in den Arrest abführen lassen. Nicht oft, aber von Zeit zu Zeit mit einem Augenzwinkern, und niemand begehrte auf. Geduldete Initiationsspiele auf Kosten Schwächerer.

Den Leutnant verdiente er sich wieder in Sitten als Vermessungsoffizier ab. In den Schulen war er brillant gewesen, er hatte sich in Frauenfeld sogar den Respekt des Klasseninstruktors als Komponist erworben.

Er hatte kaum zu fragen gewagt, war dann doch zum Instruktor gegangen, um ihm zu sagen, dass am Berner Konservatorium eine Sonatine für Flöte und Klavier an einem Kompositionsabend der Schüler von Professor Veress aufgeführt würde.

Er hatte erwartet, dass der Instruktor mit einem Lächeln darüber hinweggehen würde, doch dieser meinte: „Da müssen Sie doch hingehen, zwei Tage Urlaub haben Sie auf jeden Fall."

Nun, als Vermessungsoffizier, war er nicht besonders tüchtig, ihm fehlte im Gegensatz zu den Architekten, Bau- oder Vermessungsingenieuren einfach die Erfahrung und Routine im Umgang mit den präzisen Instrumenten.

Die Geschütze schossen daneben, wenn sein Zug Messergebnisse abgeliefert hatte. Aber er lernte im Pfynwald jeden Pfad und jede Lichtung und die wilde Rhone bei Salgesch kennen und die Rebberge um Sitten herum und die Walliser Leute. Das Wallis im Februar morgens um fünf, wenn er die Wache kontrollieren musste und vor der ersten Morgendämmerung die Schneegipfel ringsum im Nachthimmel leuchteten. Eine magische Stunde.

Militärdienst war längst passé für ihn. Nach einigen Kursen, zuletzt in einem westschweizer Artillerieregiment als Kommandant einer Stabsbatterie, wurde er freigestellt, weil er sich aus beruflichen Gründen weigerte, den Hauptmannsrang abzuverdienen. Vielleicht hatten die Vorgesetzten auch endlich mal einen Blick in seine Akte des Geheimdienstes geworfen, wo er sicherlich als subversiver Linker eingetragen war.

Durch die vielen Beförderungsdienste hatte auch sein Musikstudium damals gelitten. Statt locker sein Orgeldiplom in drei oder vier Jahren zu erwerben, brauchte er fünf Jahre. Und als er das Diplom hatte, schien ihm, er könne und wisse nicht viel mehr als vor dem Studium. Die Theoriefächer waren ihm leichtgefallen, in Musikdiktat, in Formenlehre, in Pädagogik kam er mühelos voran. Kontrapunkt und Komposition waren anstrengender. An heißen Sommertagen, zumal mit einer Stirnhöhlenentzündung, die Jahr für Jahr ausbrach, zuhause Fugen und Kanons zu schreiben, war mühselig, aber nötig, um den Zeitverlust durch die vielen Militärdiensttage aufzuholen.

Komponieren wurde plötzlich zur mühsamen Pflicht, wobei er immer mehr den Eindruck gewann, er übe sich in vergangenen Techniken, während draußen in der Welt in der musikalischen Avantgarde Dinge vor sich gingen, die er nur sehr teilweise verstand.

Schon die seriellen Techniken der Darmstädter Schule waren ihm lange rätselhaft, bis er durch Bücher und Schriften der jungen Komponisten unabhängig vom regulären Kompositionsunterricht sich diese Techniken aneignete.

Learning by doing. Permutationen. Kombinationen. Umkehrung, Krebs, Krebsumkehrung, das kannte er vom klassischen Kontrapunkt, das lag nahe, dies auf serielle Techniken anzuwenden. In seiner Stadt führten junge Musiker seine Stücke auf.

Er hatte den Mut, aus jungen Musikern ein Ensemble zusammenzustellen und damit Werke von Sandor Veress, Mathias Seiber, Willy Burkhard und ein eigenes Werk, sein bisher fortgeschrittenstes, aufzuführen. Die Transylvanischen Tänze von Veress waren dirigiertechnisch schon knifflig mit vielen Taktwechseln, aber er bestand die Herausforderung. Der junge Kapellmeister des Theaters, Armin Jordan, spielte bei dieser Gelegenheit Glockenspiel (bloß ungefähr, er hatte sich nicht die Mühe genommen, zu üben), Sandor Veress war zum Konzert von Bern angereist.

Anschließend traf man sich im Odeon, der Chefdirigent des Theaters lobte anerkennend, wie er in seinem Stück schon ganz professionell eine brenzlige Situation gerettet habe.

Das ermutigte. Er bildete offiziell ein kleines Kammerorchester, das erste Berufsorchester neben dem kleinen Theaterorchester seiner Stadt. Es bestand zwar vor allem aus fortgeschrittenen Studenten, aber doch auch aus einigen jungen Berufsmusikern.

Er war aber bereits wieder zu optimistisch. Nach einem Eröffnungskonzert mit Barockmusik wagte er ein Konzert mit vorwiegend zeitgenössischer Musik, das nur wenige Besucher anzog. Ein Mozart-Abend mit dem Geiger Hansheinz Schneeberger war wiederum ein Bombenerfolg. Und erstmals hatten Bläser des Theaterorchesters mitgewirkt. Er plante eine regelmäßige Zusammenarbeit zwischen Kammerorchester und Theaterorchester.

Doch ein geringfügiges Defizit am Ende der ersten Saison und eine Kürzung der städtischen Beiträge aus Spargründen löschte das hoffnungsvolle Lichtlein aus. Sein Komitee wollte sich nicht mit Schulden herumschlagen und sein Patronatskomitee aus bekannten lokalen Politikern erwies sich als bloße Dekoration ohne praktischen Nutzen.

Man konnte bis zur völligen Dunkelheit auf der Terrasse verweilen, Veronika hatte Kerzen angezündet. Die Abende waren warm und angenehm, man war froh, wenn sich nach der Hitze des Tages ein leises Lüftchen erhob.

In der Weinflasche war noch ein Rest des einheimischen Merlot, den Manuel in kleinen Schlucken genoss. Im Zimmer hatte sich Andrea an den Computer gesetzt und arbeitete an der Aufarbeitung ihrer tagsüber gesammelten Informationen. Veronika beschäftigte sich mit den Buben, die sich zum Schlafen bereit machten. Er konnte sich – ohne Musik, ohne Lektüre – im Lehnstuhl völlig entspannen.

Seltsamerweise hatte er sich in Kasernen während der militärischen Schulen wohlgefühlt. Ganz im Gegensatz zum Internat, das er in den ersten zwei Jahren der Lehrerausbildung besuchen musste. Er, der es von zuhause gewohnt war, sich frei zu bewegen und abends auszugehen, wie und wann es ihm beliebte, musste sich in eine strikte Hausordnung fügen, mit mehreren Gleichaltrigen ein Zimmer teilen, wobei die Herkunft so verschieden war, dass sich erst nach Monaten die Unterschiede glätteten und man sich, wie Tiere in einem gemeinsamen Käfig, aneinander gewöhnte. Wer ins Konzert nach Bern wollte, musste um eine Ausgangsbewilligung ersuchen, die höchstens ein bis zwei Mal im Quartal erteilt wurde. Dabei wurde auch ein bisschen Zensur geübt und ihm der Besuch der Oper „Der Prozess" von Gottfried von Einem nach dem Roman von Franz Kafka kurzerhand verboten. Zu destruktiv. „Wenn sich das Stück durchsetzt, könnt ihr es ja in einigen Jahren immer noch anschauen." Es herrschte eine altbernische konservative Meinung im Konvikt.

In Mathematik hatte er plötzlich Mühe. Zahlenlehre war ihm zu abstrakt. Das kam ihm nun seltsam vor. Statt sich auf Prüfungen vorzubereiten, las er während der vorgeschriebenen Aufgabenzeit Thomas Mann. Zuerst den „Tonio Kröger" und „Tod in Venedig", dann den „Doktor Faustus". Sein ehemaliger Musiklehrer an der Sekundarschule hatte ihm die Bücher zugesteckt. Hugo von Hofmannsthal las er im Krankenzimmer während einer Grippe. Die kleinen Dramen. „Der Tor und der Tod", „Das Bergwerk von Falun". Er spielte auch den Tod im Schülertheater, ein Mitschüler, der sich später als Betreiber eines Kleintheaters und als Chansonsänger einen Namen machte, spielte den Toren.

Für Vergehen wie nächtliches Umhertreiben anstelle des vorgeschriebenen Schlafs oder Rauchen außerhalb der erlaubten Zonen und Zeiten wurde man bestraft: Jäten des großen Schulgartens oder Reinigen des runden Schwimmbeckens, das aus dem 19. Jahrhundert stammte und als Umkleideraum einen halbrunden griechischen Säulengang hatte, der von Zypressen gesäumt war.

Zweimal war er ins Provisorium, einen Schulausschluss auf Bewährung, versetzt worden. Im ersten Jahr, weil er dem Selbstbildnis von Albrecht Dürer, das als Kunstdruck im Zimmer hing, einen Schnurrbart hinzugemalt hatte. Im dritten Jahr, weil er, statt zwei Chemielektionen zu besuchen, im Klassenzimmer bezifferte Bässe ausgesetzt hatte, eine schriftliche Übung für die bevorstehende Harmonielehre-Lektion.

Mit der Zeit und nach einigen Kämpfen mit Lehrern und Mitschülern stellte sich auch ein wenig Geborgenheit in der Gemeinschaft ein.

Im ersten Jahr wollte Manuel mehrere Male aus der Schule austreten. Besonders dringlich wurde der Wunsch, als er für ein Schülerfest eine „Operette" komponiert hatte, die bei den

Musiklehrern ohne Glanz und Gloria durchfiel, schlimmer, ihm heftige Vorwürfe einbrachte. Der Violinlehrer und Dirigent Müller nahm sich den Schüler vor und statt wie andere Musiklehrer bloß auf ihn einzudreschen, fand er, ein Unterricht in Komposition sei nun langsam dringend, ob er genug begabt sei, das werde sich dann noch zeigen. Gleichzeitig überredete Müller den Schüler, in der Schule zu bleiben. Wenn er sich anstrenge, erhalte er auch hier guten Musikunterricht und verliere seine Zeit nicht.

Man konnte ihm nicht vorwerfen, er mache sich das Leben einfach. Immer hatte er sich für Vorträge die schwierigsten Themen und die dicksten Bücher vorgenommen: Mohammed, Calvin und Napoleon als Themen für Vorträge in Geschichte, den „Simplicius Simplicissimus", die „Aeneis" und Carl Spittelers „Prometheus und Epimetheus" für Vorträge im Fach Deutsch.

Er war weit und breit der Einzige, der in der Bibliothek nach Robert Walser verlangte. Walser lebte 1955 noch in der Klinik von Herisau, als Manuel „Jakob von Gunten" las. Der Deutschlehrer, der auch die Bibliothek besorgte, vergoss beinahe eine Träne, weil es noch wenigstens einen Schüler gab, der sich für Walser interessierte.

Und den besten Aufsatz in Französisch lieferte er ab, als er von Dostojewski „Der Idiot" las. Er verbrachte eine winterliche Ferienwoche allein in Bern –, wieder einmal eine der Exerzitien im Ertragen von Einsamkeit – er fühlte die Einsamkeit immer stärker hochsteigen, las und ging in der nächtlich nebligen Stadt spazieren. Den Spaziergang beschrieb er nach den Ferien in einem Aufsatz und erhielt zum ersten Mal ein richtiges Lob vom Französischlehrer.

Zwei Vorkommnisse hatten Manuel auch fürs spätere Leben geprägt. Im ersten Jahr wagte er, vor versammelter Klasse gegenüber einem noch jüngeren Deutschlehrer offene Kritik an dessen Unterrichtsmethoden. In der folgenden Nacht erlitt der gesundheitlich nicht sehr robuste Mann einen Hirnschlag, musste für einige Monate aussetzen und war, als er den Unterricht wieder aufnahm, immer noch sprachbehindert. Trotzdem entwickelte sich etwas wie Freundschaft zwischen kritischem Schüler und verletzlichem Lehrer.

Und der Lehrer stand dem Schüler im nächsten Konflikt bei. Manuel war gegen Ende des ersten Seminarjahrs zum Präsidenten der Schülerschaft gewählt worden. Er hatte den Ehrgeiz, etwas wie eine Schülerrepublik im Internat zu entwickeln. Die Verhandlungen mit der Internatsleitung über eine Verfassung der Schülerschaft verliefen zäh und endeten mit einem Kompromiss. Umso mehr fühlte sich Manuel verpflichtet, die errungenen Freiheiten der Schüler zu verteidigen, obwohl auch innerhalb der Schülerschaft manches nicht reibungslos funktionierte, teilweise mangels Reife der jungen Amtsträger. Es kam im Herbst zum Konflikt. Die Schülerschaft trat in einem Klassenzimmer zusammen und beschloss Kampfmaßnahmen. Der junge Deutschlehrer hatte zufällig in der Bibliothek nebenan alles mitgehört und versprach unter vier Augen dem Schülerpräsidenten Unterstützung.

Fortan hatte Manuel einen Spion und Verbündeten in der Lehrerkonferenz. Auch der Mathematiklehrer und Stellvertreter des Internatsleiters erschien eines Morgens unvermutet am Arbeitsplatz Manuels, überreichte ihm ein Buch von Albert Schweitzer und ermutigte ihn so nur leicht verschlüsselt, den Kampf fortzusetzen. Manuel und die Schülerschaft forderten die Entlassung des Internatsleiters. Der Konflikt zog sich hin. Internatsleiter und Lehrerschaft, im Hintergrund die Aufsichtsbehörde, spielten auf Zeit. Schließlich war Manuel zermürbt, er trat zurück, die Verfassung wurde ersatzlos aufgehoben.

Aus der Auseinandersetzung hatte sich eines in Manuels Bewusstsein hineingekerbt. Hinter jedem Konflikt stehen Menschen mit Existenzängsten. Der Internatsleiter hatte eine Familie mit mehreren Söhnen. Er hatte sich vom Volksschullehrer zum Leiter des Internats einer staatlichen Mittelschule emporgearbeitet, unterrichtete auch wenige Fächer wie Gesang und Werkunterricht im ersten Jahr. Seine Entlassung hätte einen sozialen Abstieg bedeutet.

Sein Leben lang war Manuel in Konfliktsituationen von nun an zurückhaltend und zog sich eher heraus, als dass er von Anderen Opfer forderte.

Der Sommer 1954 war kalt und nass gewesen. Im Juni musste das große Internatsgebäude noch geheizt werden. Er durfte im geheizten Musiksaal auf dem großen Flügel das Klavierkonzert in Es-Dur KV 482 von Mozart üben. Es brauchte für fast alles eine Bewilligung in diesem Haus. Zu Beginn hatten ihm Violin- und Klavierlehrer bedeutet, dass seine bisherige Ausbildung nicht seriös genug sei, er musste auf beiden Instrumenten fast von vorn beginnen. Er holte aber schnell wieder auf. Und so legte ihm der Klavierlehrer schon nach einem Jahr das Klavierkonzert von Mozart vor.

Andere Geigenlehrer setzten ihn als Begleiter für ihre fortgeschrittenen Schüler ein. So begleitete er fast alle Violinsonaten von Mozart und auch die beiden ersten Sonaten von Brahms. Im Violinunterricht spielte er immer häufiger die Bratsche in Sonaten von Milhaud und Hindemith oder die transkribierten Cellosuiten von Bach. An der Abschlussfeier führte er mit dem Schulorchester das Violakonzert von Telemann auf und erntete dafür spontan Lob vom sonst so strengen Orgellehrer.

Eine Schulreise unmittelbar vor den Sommerferien führte statt über den verschneiten Sustenpass und eine Gletschertour ins Göschenertal mit der Bahn über Luzern nach Locarno. Großer Rausch in einem Grotto bei Arcegno. Die Jungs kannten ihre Grenzen beim Genuss von *Vino Nostrano* noch nicht.

In den Ferien gleich danach fand er Arbeit bei einem Bauern im östlichen Stadtteil. Mit dem Pferdefuhrwerk auf den Markt, Schweine füttern, Gemüsesetzlinge pikieren, in aller Herrgottsfrühe frisch gemähtes Gras auf den Wagen laden. Anschließend gab es fettige, aber wunderbar duftende Rösti zum Frühstück. Es war während der Arbeitszeit auf dem Hof für zwei Wochen schön und heiß geworden. Abends sank er bei Sonnenuntergang todmüde ins Bett in seinem Knechtengaden unter dem Scheunendach.

Vor der Erntearbeit flüchtete er sich auf eine Reise in die Provence. Per Autostopp. Arnold Kübler hatte in der Zeitschrift „DU" Frankreich beschrieben, auf Reisen zu Fuß und mit der Chance, von einem Wagen ein Stück weit mitgenommen zu werden. Der Bruder war mit Autostopp in Paris gewesen.

In der Schweiz begann es wieder zu regnen. Die erste Nacht verbrachte er unter einer Brücke nahe Genf, kurz nach der Grenze. Am zweiten Tag traf er an der Straße kurz nach Bellegarde einen gleichaltrigen Zürcher. Bis Lyon trampten sie gemeinsam. Er übernachtete in einer Aprikosenplantage nahe Vienne, der Zürcher war in Lyon zurückgeblieben. Bei Tagesanbruch stand er wieder an der Straße. Schon nahm ihn ein jüngerer Mann in seinem Renault mit Heckmotor mit. Mit quietschenden Reifen rasten sie durch die Dörfer und Städtchen auf der *Route Nationale* an der Rhone entlang. Am Eingang von Avignon ließ ihn der geschäftige Renaultfahrer stehen. Nach einer kurzen Besichtigung des Papstpalastes von außen stand er wieder an der Straße Richtung Marseille. Der junge Zürcher von gestern hielt in einem Lieferwagen an mit einem älteren Fahrer, der die ganze Nacht gefahren war und mittags das Schiff nach Algier erreichen wollte.

Von Marseille nach Toulon. Ohne den Zürcher, der war in Marseille wegen der Nutten geblieben. Im Hafen von Toulon lagen noch versenkte Kriegsschiffe. Am selben Abend zurück nach Avignon.

Übernachten bei pfeifendem Mistral im Vorgarten eines unbewohnten Hauses. Über Arles am nächsten Tag nach *Sainte Marie de la Mer*, dem eigentlichen Ziel der Reise. In der *Camargue* sah er die Flamingos, sogar einige Pferde, wie auch die befestigte Kirche von *Sainte Marie*, wo im Frühling alljährlich eine Zigeunerprozession stattfand. Jetzt im Sommer hielten sich bloß Touristen auf.

Manuel wollte zu Fuß durch die Camargue wandern. Ein junger Franzose wollte sich anschließen, begann aber, Manuel zu beschimpfen, als er den deutschen Akzent wahrnahm. „Ich bin Schweizer", beschwichtigte Manuel. Der Junge beruhigte sich, aber die Lust an der Wanderung war weg.

Drei Tage später war Manuel wieder zu Hause. Mitten in der Nacht traf er ein und wurde von Mutter mit Tee bewirtet.

Die letzte Nacht hatte er in Bellegarde verbracht, die einzige Nacht der Reise in einem Zimmer. Es war ein Dienstbotenzimmer einer Kneipe. Die Wirtin hatte ihm für wenig Geld ein *Cassecroûte* gebracht und ihm für zehn Francs das Zimmer des Kellners überlassen, der an diesem Tag abwesend war. Es roch nach schmutziger Wäsche, doch draußen regnete es, und obwohl es August war, eindeutig zu kalt, um unter Brücken zu schlafen.

Auf der Terrasse war es endgültig Nacht geworden. Stille ringsum. Wie spät mochte es sein? Andrea saß wohl noch am Computer. Veronika hatte die Kinder längst zu Bett gebracht und ließ ihren Vater draußen seinen Gedanken nachhängen.

Die beiden Töchter waren gemeinsam in einer Großfamilie etwas außerhalb der Stadt aufgewachsen, nachdem die Abschiebung ins Innerschweizer Internat vom Tisch war. Dort wurde Manuel gelegentlich eingeladen. Zur Konfirmation der Älteren bereitete er für die ganze Familie einen prachtvoll geratenen Englischen Rostbraten zu.

Als die Kinder noch kleiner waren, in den Jahren nach der Scheidung, hatte er längere Zeit jeden Sonntag mit ihnen verbracht. Die Mutter war immer dabei, weil sie beinahe hysterisch Angst hatte, die Töchter dem Vater allein zu überlassen. Er war auch an Weihnachten und anderen Festen bei den Töchtern und ihrer Mutter. Die Mädchen hatten so, wenigstens als sie noch klein waren, den Eindruck, der Vater sei bloß arbeitshalber wochentags abwesend und drängten ab und zu, er solle doch auch wieder mal zu Hause schlafen.

Sie waren fast eine Familie, auch nach der Scheidung, und unternahmen Ausflüge mit dem Schiff oder in einen nahen Kleinzoo. Der Vater hatte sogar ein paar wenige Male mit der Mutter geschlafen und man dachte daran, vielleicht doch wieder in einer gemeinsamen Wohnung zu leben. Doch die Scheidungswunden waren nicht verheilt, und er fürchtete sich davor, seine Unabhängigkeit und Freiheit ein zweites Mal aufzugeben.

Bei Herbert und seiner Frau hatte sich Erika damals beschwert und ihren Mann grässlich verunglimpft. Auch bei einem Bruder und der Schwägerin war er wegen seiner sexuellen Wünsche angeschwärzt worden. Wünsche wie ein bisschen Oralsex, die damals blankes Entsetzen hervorriefen, einige Jahre später bereits als völlig verständlich und legitim galten. Etwas unglücklich standen die beiden zwischen den immer stärker auseinander driftenden Ehepartnern. Dass Manuel schwul sein sollte, störte sie eigentlich nicht, bloß, dass daraus ein Konflikt entstand, den sie ja auch nicht lösen konnten.

Erika hatte sich schließlich entschlossen, die Scheidung einzureichen. Insgeheim hatte sie gehofft, Manuel mit Druck zur Vernunft zu zwingen und die Ehe so zu erhalten. Er aber reagierte auf den Druck verstockt. Er hatte zwar keinen Geliebten und keinen engen Freund, doch wenn es sein musste, dann entschied er sich trotzig nach dem Motto „einsam, aber frei".

Die Dinge nahmen ihren Lauf. Erika erhielt einen noch jungen, wenig erfahrenen Pflichtanwalt zugesprochen, der vor Gericht den Scheidungsgegner nach Kräften anzuschwärzen versuchte. Doch selbst der Gerichtspräsident, ein Sozialist, der auch die Artikel des Angeschuldigten in der Zeitung las, wusste es besser. Er wusste, dass Manuel nicht „Abend für Abend" in schwulen Kreisen verkehrte und dort für Alkohol sein ganzes Geld ausgab. Und schließlich ergab sich, dass sich die Schuldfrage gar nicht stellte, denn ein homosexueller Seitensprung galt nach Praxis des Bundesgerichts nicht als Ehebruch. So wurde die Ehe wegen unheilbarer Zerrüttung und also ohne Schuldzuweisung geschieden.

Bei der Scheidungsverhandlung hatte Erika geweint. Sie hatte die Scheidung erzwungen und war nun die Unglückliche. Zusammen verließen sie das Gerichtsgebäude. Draußen trennten sie sich. Manuel eilte ins Café Odeon. Dort wurde er mit Whisky empfangen. Es war kurz vor Mittag und es war ihm überhaupt nicht zum Feiern zumute. Die jungen Lehrerkollegen und die Kellner feierten seine neu gewonnene Freiheit. Die Feier ging nahtlos in den Abend über und endete irgendwann nach Mitternacht.

Es war die Frau mit den Kindern, die aus der gemeinsamen Wohnung auszog, weil sie über das Sozialamt eine preiswerte Wohnung vermittelt erhielt. Manuel konnte die Wohnung aus seinem kleinen Gehalt, von dem er jetzt noch Alimente hätte abliefern sollen, nicht bezahlen und fand über einen ehemaligen Schulkameraden, dessen Mutter in der Altstadt ein Haus besaß, eine spottbillige, aber auch fast unvorstellbar einfache Bleibe. Ein Zimmer, eine Küche mit bloß kaltem Wasser, ein Gasherd, kein Kühlschrank, weder Dusche noch Bad, die Toilette gemeinsam mit dem Nachbarn auf dem Geschoss und stets verschmutzt, heizen konnte man mit einem alten Ofen, für den Manuel im Konsumladen Briketts holte, aber nur, wenn er dafür auch Geld hatte. Ein Abstieg in jeder Hinsicht.

ZWEITES BUCH

Nicht bloß mehrere Leben im Nacheinander, auch gleichzeitig. Vom Doppelleben weiß man, es hat einen anrüchigen Geschmack. Ein Leben im Licht, ein Leben im Dunkeln.

Ein Mensch, Manuel, lebte jetzt mit seinen Töchtern in der Gegenwart und wühlte gleichzeitig in entfernten Winkeln der Vergangenheit. Er erlebte die Gegenwart mit Menschen seiner Umgebung, aus Fernsehen, Zeitungen und dem Internet. Er las ein Buch zur Erdgeschichte und bewegte sich dort zwischen Präkambrium, Perm und Quartär. Er diskutierte jüngst am Stammtisch über die Fähigkeit der Menschheit, die Beschleunigung der Entwicklung zu bewältigen. Brauchte es die Erfahrung der Älteren, um nicht stets in alte Fehler zu verfallen, oder brauchte es die Unverbrauchtheit junger Generationen, um nicht zu erstarren und um neue Ansätze zu wagen? Was zählt ein Menschenleben angesichts der Menschheitsgeschichte? Was zählt die Menschheitsgeschichte angesichts der Geschichte der Erde oder gar des Universums?

Er ging seinen täglichen Verpflichtungen nach, kaufte Nahrung ein und kochte, schrieb die verlangten Beiträge für die Kulturseite der Zeitung, spielte sonntags die Orgel im Gottesdienst, gab alle paar Wochen ein Konzert und bereitete sich darauf vor. Er organisierte ein großes Konzert mit Orchester, trieb Geld auf, organisierte die Werbung.

Zum Tagesrhythmus des Rentners gehörte der Besuch in der Kneipe, in welcher vornehmlich Drogensüchtige verkehrten. Eine Einrichtung, die Manuel mitbegründet hatte. Er saß vorzugsweise an der Bar im hinteren Teil, trank einen Espresso und wunderte sich immer noch, mit welcher Unverfrorenheit junge und blutjunge Dealer Heroin, Kokain und Schlafmittel anboten. Manche Jungen waren ja hübsch, doch andere sahen ekelhaft krank, innerlich und äußerlich verfault aus. Ein etwa Vierzigjähriger trat zu Manuel. Der greisenhaft fahl Aussehende war vor zwei Jahrzehnten ein netter, gutaussehender Jüngling gewesen. Geblieben sind eine unterwürfige Höflichkeit und eine kulturelle Bildung, mit der er Manuel an vergangene Zeiten erinnert. Tage später setzte sich ein immer noch sehr jugendlich aussehender junger Mann mit Locken und dunkelbraunen Mandelaugen zu Manuel und erinnerte ihn an die Zeit vor zwanzig Jahren, als der damalige Schreinerlehrling mit einem jungen Berufskollegen einen Abend bei Manuel verbracht hatte. Sie hatten mehrere Joints geraucht, Wein getrunken und eine Schallplatte von Charles Ives abgespielt. „The Central Park in the Dark", dirigiert von Michael Tilson Thomas, gefiel zum Erstaunen Manuels den Jungen, so dass sie das Stück gleich mehrmals hintereinander anhörten. Und dieser jetzt auch Vierzigjährige sah fast aus wie damals, immer noch jünglingshaft mit Locken und seinen verführerischen dunklen Augen.

Manche in der Beiz hielten Manuel für einen Alten, der den Drogensüchtigen Tabletten verkaufte oder billige Liebesdienste suchte, andere hielten ihn für eine Art Gassenpriester.

Ihn faszinierte der Wechsel, das Spannungsverhältnis zwischen Mikrokosmos und Makrokosmos. Wie er sein Leben überblickte, könnte man mit der Lupe auch einen Tag untersuchen und über das, was in zwölf Stunden geschieht, gedacht und gesprochen wrd, fünfhundert Seiten schreiben. Joyce hatte es vorgemacht. Alles ist eine Frage der Perspektive und der Nähe oder Entfernung.

Die Ausflüge mit Veronika waren schlecht geplant. Am Tag nach seiner Ankunft stiegen sie morgens ins Postauto, wechselten unten am See in den Zug und stiegen in Lugano-Paradiso aus, um die Seilbahn auf den Monte San Salvatore zu nehmen. Sie fanden die Station nicht auf Anhieb. Als sie ankamen, war die Bahn eben losgefahren und sie hatten nun fast eine Stunde Zeit bis zur nächsten Abfahrt. Sie fanden in der Nähe ein kleines Hotel mit einem hübschen Garten und genossen dort ein zweites Frühstück.

Veronika ging es mies in Israel, sie mochte bloß nicht darüber reden. Erst hinterher erfuhr Manuel, dass Andrea ihre Schwester während der „Ferien" dafür bezahlte, dass sie nach den Kindern schaute und den Haushalt einigermaßen in Schwung hielt. Vor einem Jahr hatte sie ihren Vater angerufen und ihn um Geld gebeten. Zufällig hatte Manuel damals einen größeren Werkbeitrag zugesprochen erhalten und konnte seiner Tochter so tausend Franken überweisen. Vor ein paar Wochen hatte sie wieder angerufen und um tausend Franken gebeten. Aber Manuels Werkbeitrag war längst für Konzerte, Zahnarzt- und Tierarztrechnungen draufgegangen. Er konnte sich knapp die kleine Ferienwohnung in Verbier leisten, und die Reise ins Tessin, die aber auch schon wieder teurer wurde als im Voraus gerechnet.

Veronika war plötzlich ausfällig geworden am Telefon. „Eigentlich hast du mich ja in der Ausbildung nicht stark unterstützt, wir haben von dir kein Geld bekommen, du könntest dich jetzt schon erkenntlicher zeigen", hatte sie fast wütend ins Telefon geschrien. „Ja und ich", erwiderte Manuel auch gereizt, „hat mich jemand unterstützt? Ihr habt beide, deine Schwester und du, jede Ausbildung machen können, ihr wart im Gymnasium, du wolltest allerdings plötzlich aber, unverrückbar wie dein sturer Kopf ist, ins Kindergärtnerinnenseminar. Ich musste alles selbst verdienen. Weißt du, was das heißt, eine volle Lehrerstelle und daneben ein volles Musikstudium und trotzdem nie Geld, ich bekam keine Stipendien, musste Schulgeld bezahlen – gut, ich erhielt eine Ermäßigung – eine Violine, dann ein Klavier abstottern, auswärts essen, die Bahnfahrten bezahlen, Bücher und Noten kaufen, hat mir je jemand geholfen?" Außerdem, dachte er, sei Veronika längst alt genug, um auf eigenen Füßen zu stehen und nicht den Vater und die Schwester um Geld anzugehen. Aber sie war eben stur und wollte dieses Israel nicht verlassen, obschon dort die Wirtschaft am Boden lag, weil dieser Sharon alles Geld der Amerikaner in die Armee steckte und nichts mehr blieb für die Löhne der Kindergärtnerinnen.

Sie hatten sich beide wieder beruhigt. Nach der Scheidung gab es noch Kontakt zwischen Kindern und Vater, aber er merkte jetzt, dass ihre Jugend doch geprägt war vom Leben in der Großfamilie, in der Pflegefamilie und nicht von den spärlichen Besuchen und Begegnungen. Andrea hatte kürzlich mal gesagt, es sei schon wichtig, dass Kinder in Pflegeobhut die Beziehung zu den leiblichen Eltern oder mindestens einem Elternteil aufrechterhielten. Das trage doch zur Verwurzelung bei. Sie schätze es sehr, auch mit den Schwestern Manuels, ihren Tanten, immer wieder Verbindung zu haben, sie habe so vieles über Manuels Familie erfahren.

So wollte Veronika auch heute Dinge wissen aus Manuels Leben, über die sie auch mit der Mutter nie geredet hatte.

„Habt ihr eigentlich gestritten, vor der Scheidung? Wir lebten ja dann in einem östlichen Stadtteil in fürchterlichen Genossenschaftswohnungen und gingen in die Kinderkrippe. Warst du in jener Zeit allein?"

„Ja, gestritten haben wir bis zur Unerträglichkeit", sagte Manuel. „Nie hätte ich mir früher vorstellen können, zu welchen Gemeinheiten, Beleidigungen, zerstörerischen Beschimpfungen man fähig ist. Wir haben uns nicht gehasst, wir dachten sogar zwischendurch immer wieder daran, die Ehe weiterzuführen, wegen euch. Aber Erika konnte auch ganz schön sticheln und mich zur Weißglut bringen, ich verließ einige Male, auch mitten in der Nacht, die Wohnung und lief die drei Kilometer bis ans Seeufer, um nicht tätlich zu werden. Es war schlimm und nicht zum Aushalten.

Dann zog ich in eine kleine alte Wohnung, in welcher vor mir eine alte Frau gewohnt hatte. Es sah trostlos aus, ich habe alles neu gestrichen, pastellgrün den Wandschrank, die Wände weiß, die Türen in der Küche blaugrau mit bordeauxroten Borden. Von hier aus organisierte ich Konzerte meines Kammerorchesters, bis dieses aus finanziellen Gründen auseinanderbrach. Das letzte Konzert fiel auf peinliche Weise ins Wasser. Mit einem Programm, das Leute hätte anziehen sollen, um wieder einen Aufwärtstrend einzuleiten. Es wurde zweimal geprobt, aber es fehlten zwei bis drei Musiker, die Werbung war gar nicht gestartet worden. Es blieb nichts, als das Konzert abzusagen und den jungen Solisten aus Paris mit einer kleinen Abfindung wieder nach Hause zu schicken.

In die Wohnung brachten mir die letzten Schüler die Abschiedsgeschenke, als ich endgültig aufhörte, zu unterrichten. Stell dir die Augen der Zwölfjährigen vor, als sie sahen, wie kümmerlich ihr Lehrer wohnte.

Die Abende verbrachte ich in der Bar bei Jessica. In den Sommerferien hatte ich die Barmaid vertreten und die Stammgäste bedient, an Wochenenden half ich immer noch aus. Mein ehemaliger Musiklehrer an der Sekundarschule machte sich große Sorgen um mich. Ich dachte tatsächlich daran, alles aufzugeben und mein Leben als Barkeeper zu fristen. Ich sollte endlich mein Musikstudium abschließen. Ich hatte mich um ein Stipendium beworben, um mich ungestört ein halbes Jahr lang auf ein Konzertdiplom vorzubereiten. Es war mir verweigert worden. Nun schloss ich endlich das Theorie- und Kompositionsstudium ab. Aus der mehrjährigen Studienzeit hatte ich die Kompositionen beisammen, welche ich zur Prüfung einreichen musste. Aber am Abend vor der mündlichen Prüfung war ich wie immer bis Mitternacht in der Bar. Am folgenden Vormittag schloss ich nicht schlecht ab, aber glänzen tat ich auch nicht, ich versagte in entscheidenden Details. Hätte ich am Tag zuvor noch ein Buch aufgeschlagen, hätte ich mir die peinlichen Lücken erspart.

Die Experten fanden, ich sei in der kompositorischen Entwicklung zu rasch vorangegangen. Das fand ich wiederum lächerlich, denn ich hatte bis zur Prüfung etwa acht Jahre Kompositionsunterricht neben allen Theoriefächern und damit genügend Zeit, mich mit verschiedenen modernen Stilen auseinanderzusetzen, ganz zuerst im Stil von Kodaly und der klassischen Moderne, dann die Bekanntschaft mit der Zwölftontechnik und schließlich mit der Reihentechnik von Webern und dem Serialismus von Boulez. Von ihm las ich noch 1963 ein Buch, das die seriellen Techniken, von denen er sich zu jener Zeit bereits wieder abgewandt hatte, genau beschrieb.

Die Noten waren bloß gut, nicht sehr gut und nicht hervorragend. Eigentlich erwartete man von mir ein Diplom mit Auszeichnung. Ich hatte bloß das Prädikat gut, nicht einmal sehr gut, obwohl Professor Veress immer überall betont hatte, ich sei einer seiner besten Schüler. Und ich habe ihn ja auch noch als Lehrer während anderthalb Jahren vertreten, als er in Baltimore und anschließend in Adelaide eine Gastprofessur innehatte.

Von den Konzerten des Kammerorchesters hatte ich Schulden, die mir niemand abnahm. Ich fand weder eine Stelle als Theorielehrer noch als Orgellehrer, noch ein ausreichend honoriertes Organistenamt. Die Rettung war, in das neue Pressebüro des jungen Redakteurs der inzwischen eingestellten ‚Volkszeitung' einzutreten. So wurde ich halt Berufsjournalist und schrieb fortan über Politik, Wirtschaft und Kultur für die Basler ‚National-Zeitung', welche ihr Einflussgebiet am Jurasüdfuß zu erweitern suchte. Der Chef des Pressebüros sagte später, er habe mich aus der Gosse geholt."

Es war Zeit geworden, die Bähnchenstation ein zweites Mal aufzusuchen. Billette hatten sie bereits zuvor gekauft. Es fuhren nun doch viele Fahrgäste mit, die in der Mittelstation alle ausstiegen. Es dauerte ein Weilchen, bis sie merkten, dass man auf einen zweiten Wagen umzusteigen hatte oder sonst wieder talwärts gefahren wäre. Oben besuchten sie das kleine Museum, wollten eine bescheidene Verpflegung zu sich nehmen, aber da war bloß gedeckt für ein richtiges Mittagsmahl. Vergeblich suchte er Batterien für seinen Fotoapparat.

Der Abstieg in Richtung Carona war beschwerlicher, als er gedacht hatte. Ein steiniger, steiler Weg mit so etwas wie Stufen, aber viel zu hoch, sodass man einen Sprung machen musste.

Ab und zu entdeckten sie Alpenveilchen, die Zyklamen, die er bis dahin nur in gezüchteter Form aus Blumenläden gekannt hatte. Veronika fotografierte die Blümchen, wie er schon in Verbier und einige Monate zuvor am Monte Generoso mit Andrea die Alpenblumen aus nächster Nähe mit der neuen Digitalkamera fotografiert hatte.

Beim steilen Abstieg sprachen sie, wenn auch immer wieder unterbrochen durch Ausflüge ins Veilchengebiet, über das Leben in Tel Aviv, über Krieg und Frieden und sie waren sich weitgehend erstaunlich einig. Veronika berichtete von der schwierigen wirtschaftlichen Situation, die auch ihren Kindergarten betraf, der, wie sie fürchtete, wegen Kürzung der finanziellen Mittel jederzeit geschlossen werden konnte.

Sie erreichten nun den flacheren Teil der Wanderung auf dem Bergrücken und konnten statt hintereinander wieder nebeneinander gehen. Der Hund lief ohne Leine brav neben ihnen her.

„An deine Journalistenzeit kann ich mich erinnern. Wenigstens hattest du damals ein Auto, mit welchem du uns ab und zu abholen kamst", sagte Veronika.

„Ja, und einmal blieb der Karren, kurz nachdem ich dich abgeholt hatte, stehen und es wurde nichts aus dem Ausflug. Weißt du noch? Ich habe meist billige und pannenanfällige Autos besessen."

„Ich war kein schlechter Journalist, obwohl ich mich gelegentlich schämte. Es war ein Beruf, zu dem es damals keine Ausbildung gab. Jeder Trottel konnte sich Journalist nennen, und entsprechend war der Ruf. Klar, dass einige Leute munkelten, ich wäre doch zu Besserem fähig. Es hatte schon immer Leute gegeben, die fanden, ich verzettle mich und vergeude so mein Leben. Aber es gab auch interessante und anspruchsvolle Aufgaben. In der Basler Redaktion schätzte man mich durchaus. Ich wurde zu Interviews geschickt, mit einem Opernregisseur am Genfer ‚Grand Théâtre' da, zu einem Gespräch mit einem Festivaldirektor dort. Ich arbeitete mich in den Konflikt zwischen Jurassiern und Bernern ein, der damals so richtig aufflammte, mit Attentaten auf Armeedepots und Bauernhöfe von Berntreuen. Ich lernte Béguelin und Schaffter, die Separatistenführer, kennen, aber auch die Wortführer der Berntreuen in St. Imier und Tramelan. Ich habe eigentlich viele gute Berichte geschrieben und viele spannende Leute kennengelernt."

Veronica rief den Hund zurück, der sich etwas entfernt hatte. „Da war so etwas wie ein Reitgelände, und der Hund ist allergisch auf Pferde. Aber jetzt ist er an der Leine, da kann nichts passieren", meinte Veronica.

„Gleichzeitig wurde ich ja dann – bloß zum Geldverdienst – mit einem Fernsehteam als Tonoperateur eingesetzt", fuhr Manuel fort. „Mit dem Kameramann zusammen bildete ich das technische Team, ein Reporter besorgte die redaktionelle Aufgabe, machte die Interviews, gestaltete die kleinen Reportagen für die Tagesaktualität. ,Das hättest du besser gemacht', meinte oft der Kameramann, der nicht von Pappe war. Die eingesetzten Reporter waren fast allesamt junge Anfänger, auch wenn einer von ihnen es später zum Direktor der öffentlich-rechtlichen Fernsehanstalt brachte.

Gelegentlich filmten wir, vor allem für das Ressort Kultur, auch größere Beiträge, Porträts von Schriftstellern, Malern, Verlegern. So lernte ich während des Drehs den Schriftsteller Walter Vogt und auch Walter Matthias Diggelmann kennen, Gottfried Honegger, Hans Erni, René Simmen, Egon Ammann. Das waren Leute, von denen einige noch sehr jung waren, jünger als ich, die aber später wichtige Stellungen einnahmen als Kultur- oder Ressortchef beim Fernsehen oder in Verlagen."

„Aber du warst damals noch in unserer Stadt. Später gingst du weg. Warst du immer noch in diesem Pressebüro?"

„Ja, das fand alles innerhalb des Pressebüros statt. Es vergrößerte sich ja bald auch. Da war Mark, den kannte ich schon vorher und der hatte auch schon Einfluss, bevor er ins Büro eintrat. Ich lernte ihn in der Bar kennen, als jungen Schnösel. Er schrieb schon für die Jugendseite der ,Volkszeitung' und besuchte nun ein privates Gymnasium. Eigentlich hatte er Schriftsetzer gelernt, die galten ja schon immer als gescheiter oder fast als verhinderte Intellektuelle. Nur weil sie fehlerfrei Texte setzen können, die sie nicht selbst geschrieben haben", spöttelte Manuel.

„Aber Mark war als Neunzehnjähriger bereits ein scharfsinniger Debattierer. Ich hatte ihn provoziert, indem ich ihm nachwies, dass er ein wichtiges und für die Debatte entscheidendes Buch nicht gelesen habe. Mark holte dies schnellstens auf, hatte aber ein wenig Respekt vor dem zehn Jahre älteren Kollegen gewonnen. Aber eigentlich hatte ich dies als Witz gesagt, denn ich hatte das Buch selbst nicht gelesen. Das gestand ich ihm aber erst viel später."

Alles, was in dieser Zeit ablief, konnte und mochte er Veronika nicht erzählen.

Die Bar war immer noch allabendlicher Treffpunkt, wenn die bisweilen rücksichtslos ausgefüllte Arbeitszeit es zuließ. Da wurde zwar heftig politisch gestritten, aber auch gesoffen, was das Zeug hielt, und mit einem Auge suchte Manuel stets nach Jünglingen, die sich am Ende des Abends in die enge Altstadtwohnung zu einer weiteren Flasche Wein und zu mehr hätten verführen lassen.

Morgens um halb sieben war Antreten im Pressebüro. Bei einem Frühstück wurde der Tag geplant und wurden die Aufträge verteilt. Das Arbeitsende am Abend war völlig offen, es konnte Mitternacht oder später werden, Anspruch auf freie Sonntage oder Kompensation von Überzeit gab es – mindestens in den ersten Jahren – nicht.

Die restliche Zeit bestand darin, Liebe oder zumindest Triebbefriedigung zu finden. Die Trauer der Einsamkeit zu vergessen. Latente Depressionen mit Arbeit zuzudecken.

Im Grunde suchte er Liebe. Er verliebte sich oder besser – er wäre bereit gewesen, sich zu verlieben. Doch, des Öfteren war Liebe im Spiel, richtige, leidenschaftliche oder auch tiefe Liebe, doch eigentlich immer mit dem falschen Subjekt, hoffnungslose Liebe, unglückliche Liebe, unglückselige Liebe, enttäuschte Liebe, vergebliche Suche, selbst wenn die Suche vordergründig erfolgreich schien, scheinbar erfüllte Liebe, die sich doch als Chimäre entpuppte. Sinnlos, aber von Hoffnung erfüllt.

Die Stadt galt damals landesweit als Herd linker Aufrührer. Sie war schon in früheren Jahrhunderten als Ketzerstädtchen denunziert worden. Von hier stammte der bekannteste Militärdienstverweigerer, und Militärdienstverweigerung war für bürgerliche Politiker der Inbegriff von Verrat, defätistischer Gesinnung und Sympathie für die Kommunisten. Der Dienstverweigerer Arthur war schon über fünfzig, immer noch Lehrer und hatte während des Zweiten Weltkrieges, obschon Pazifist und Bewunderer von Jean Jaurés, seine ganzen Diensttage abgedient. Es ging im Krieg auch gegen die Faschisten. In unserer Stadt konnte er seine Lehrerstelle behalten, weil er bei den Sozialdemokraten, die im Stadtparlament die Mehrheit besaßen, viele Bewunderer hatte und auch regelmäßig bei Wahlen die meisten Stimmen holte.

Nun wurde er wegen Verweigerung der letzten Tage als altgedienter Soldat zu einer Gefängnisstrafe verurteilt. Es war eine Demonstration der Solidarität mit den jungen Dienstverweigerern, die zu mehrmonatigen Gefängnisstrafen verurteilt wurden und diese auch absitzen mussten. Wie ein Schwerverbrecher wurde er an einem unbekannten Ort festgehalten. Protestdemonstrationen wurden organisiert. Eine davon im Dorf nahe der Strafanstalt, in der man Arthur vermutete, geriet zum Tumult. Patriotische Fanatiker durchschnitten die Stromkabel der Mikrophone und der Scheinwerfer des Fernsehteams. Den Schriftstellern, die hier vor Fernsehkameras reden wollten, wurde so das Wort entzogen und es fehlte wenig, es wären Schlägereien zwischen Bauern und den linken Intellektuellen ausgebrochen. Das Fernsehen mit unserem Büroboss als Reporter sendete die bedrohliche Lage und die unflätigen Äußerungen der erhitzt erbosten Bauern und das wiederum führte zu einem landesweiten Skandal. Die Bauern und rechtschaffenen Bürger waren empört, dass das angeblich von links unterwanderte Fernsehen ihnen undemokratisches Verhalten vorgeworfen hatte.

Manuel war mit einem befreundeten jungen Offizier mit Transparenten von der Stadt zu dem Dorf, wo die Proteste stattfanden, marschiert.

In der Stadt selbst waren auch politische Wechsel fällig. In der Altstadtbar bei Jessica wurden die Pläne dazu ausgeheckt, Parteimitglieder angeworben, die für eine Mehrheit der Linken innerhalb der Partei sorgen sollten. Die Atomwaffengegner hatten um Arthur den Dienstverweigerer ihren Schwerpunkt, und die Gegner des Vietnamkrieges gruppierten sich um dasselbe Protestzentrum. In diesem Umfeld lernte Manuel die Grundlagen des politischen Handwerks. Zimperlich durfte man nicht sein. Politik ist keine Sonntagsschule, und selbst, wenn man für redliche Ziele kämpft, muss man sich die Hände gelegentlich schmutzig machen. Ein paar gefälschte Wahlzettel waren da eher harmlos, doch Arthur war ein unbedingter und unbeirrbarer Kämpfer für Gewaltlosigkeit.

Die Zeiten waren anders geworden. Die jungen Kollegen störten sich keineswegs mehr am nun offenen Bekenntnis zur homosexuellen Neigung. Sie ermunterten Manuel gar, versuchten höchstens, mit Humor oder einer Prise Zynismus seine Ansprüche an die leibliche Schönheit und das intellektuelle Vermögen seiner Partner zu steigern. Er glaubte, froh sein zu müssen, wenn sich ihm überhaupt jemand anbot, Freunde und selbst Freundinnen versuchten ihm beizubringen, dass er seine Ansprüche höherschrauben müsse.

Aus ferner zeitlicher Perspektive mag es scheinen, er hätte seine Nächte nur mit Sex und mit zahlreichen Partnern ausgefüllt. Nähme man die zeitliche Dimension mit einer Lupe – einer Zeitlupe – auseinander, ergäbe sich, dass der Hunger weit größer war, als was die oft weit auseinander liegenden Liebesmahlzeiten hergaben. Die Räusche mussten seine Einsamkeit und seinen Liebeshunger ausgleichen und zuschütten.

Bald darauf kamen sie bei einer kleinen Kneipe mit traditionellen lokalen Gerichten an, sie heissen Grotto und waren früher die Kühlschränke der Einheimischen. Da wollten sie sich mit Polenta und Brasata, dem einheimischen Braten mit einem Maisgericht, verpflegen.Pech gehabt, an der Gartentür hing ein Schild. Wegen Ferien geschlossen. Die zwei Wanderer verspürten allmählich ein bisschen Hunger, aber es gab noch ein zweites Grotto etwas weiter. Sie nahmen einen Weg durch einen Wald hinter dem Dorf hindurch.

„Gerade die Zeit nach unserer Scheidung war eine wilde Zeit",
nahm Manuel den Faden der Vergangenheit wieder auf. „Eine
Zeit, die man den heutigen Jungen erklären muss, so fern ist
sie. Die Beatles und die Rolling Stones waren auf der Höhe ihrer
großen Erfolge und wurden auch in der Schweiz erst skeptisch,
dann begeistert zur Kenntnis genommen. Miles Davis spielte – aus dem Musikautomaten – mit dünnen Tönen Melodien
von Gershwin, Frank Sinatra sang allabendlich unzählige Male
‚Strangers in the Night'. Nicht nur die pubertären Jungen begannen aus Konventionen auszubrechen. Ich trug in den ersten
Jahren wie meine älteren Kollegen noch Krawatte zum Schulun-
terricht. Plötzlich war das spießig. Dafür trug jedermann Jeans
und die Haare ließ man länger und länger wachsen.

Hast du mal Filme oder Fernsehsendungen aus jener Zeit
gesehen? Da muss man lachen. Plötzlich hatten alle die jungen
Reporter Beatles-Frisuren. Hast du mal gesehen, wie der heutige Fernsehdirektor damals aussah? Von uns Mitgliedern des
Pressebüros gibt es ein Foto aus dieser Zeit, wir stehen auf dem
Balkon des Bürohauses, der Fotograf nahm das Bild von unten
auf. Schrecklich, ich hatte eine dunkle Hornbrille und dazu
schulterlange Haare.

Doch damals war alles Aufbruch. Sexuelle Revolte, Aufstand
gegen die Kriegsgeneration, Verachtung des eben gewonnenen
Wohlstands, Verehrung der Revolutionshelden in Mittel- und
Südamerika, Verdammung des amerikanischen ‚Way of Life'.
John F. Kennedy war ermordet worden, Martin Luther King
und Bob Kennedy ebenfalls. Mao erzählte von den hundert
oder hunderttausend Blumen, US-Präsident Johnson führte
seinen sinnlosen Krieg in Vietnam, in San Francisco tanzten
die Blumenkinder.

Ihr habt das alles nicht so mitbekommen. Zu spät geboren,
grad im Moment, wo sich alles zu ändern begann. Die Fünfzi-
gerjahre waren schon noch engstirnig, mit diesen Vorstellungen von Zucht und Anstand. Obwohl wir sie auch als schritt-
weisen Aufbruch in neuen Wohlstand wahrnahmen. Kollegen
hatten ihren ersten VW-Käfer angeschafft. Rock'n'Roll wur-

de Mode, Elvis Presley berühmt. Was mich nicht berührte, ich hatte gerade – neben alter Musik des Frühbarocks und der Renaissance – den Bebop und den Modern Jazz lieben gelernt. Das Modern Jazz Quartett wie eine Kammermusikformation, der man andächtig lauschte.

In Bern traten die BEE GEES auf. Junge Schnösel. Ich war mit dem Fernsehteam dabei, beim Presseempfang im Hotel Schweizerhof, unten auf der Straße hunderte von Fans, beim Konzert stand ich auf der Bühne der Berner Festhalle. Als Vorgruppe war ‚Procol Harum' aufgetreten. Walter Vogt, den ich ja kurz zuvor während der Dreharbeiten zu einem Fernsehporträt kennengelernt hatte, war mit seinen beiden Buben im Publikum.

Spürst du, wie mir zumute war? Weit weg war plötzlich die Orgel, ganz weit weg die Kirchenmusik."

Sie erreichten das nächste Grotto namens „Pan Perdu" in Carona, das für seine ausgezeichnete Küche weiterum berühmt war, und ließen sich eine Portion *Brasata con Polenta* für beide servieren. Die Bedienung war freundlich, der Kellner brachte ohne Umschweife zwei Gedecke, und der Braten wie die Polenta wurden säuberlich und dekorativ auf zwei Teller verteilt. Dazu tranken sie einen Dreier Merlot.

Veronica lebte nun seit zwanzig Jahren in Israel. Sie leitete einen Kindergarten in Tel Aviv. Sie war auch verantwortlich für die Weiterbildung der Kindergärtnerinnen, sie hatte in Israel Zusatzausbildungen gemacht. Eigentlich glaubte Manuel, sie habe eine gute und gefestigte Stellung. War sie nicht während des ersten Golfkrieges ins Fernsehen gekommen, mit ihren Kindern, die Gasmasken trugen, weil man sich vor den irakischen Skud-Raketen fürchtete?

„Es hat sich in den letzten Jahren viel verändert, der Staat Israel muss überall sparen. Auch bei den Schulen und bei der Weiterbildung. Ich weiß gar nicht, ob ich meinen Kindergarten weiterführen kann, wenn ich zurückkomme", sagte Veronica fast nebenhin über den Tisch. „Es ist ja so etwas wie ein

Experimentier-Kindergarten, der über spezielle Kredite finanziert wird."

„Ich habe mich eigentlich das letzte Mal, als du da warst, über die Fortschrittlichkeit des israelischen Bildungswesens gewundert. Du hast mir von der spielerischen Arbeit am Computer mit den Vier- und Fünfjährigen erzählt", erinnerte Manuel.

Der Brasata war wunderbar, die Polenta auch, genau wie es sich Manuel in einem richtigen Grotto vorgestellt hatte. Dies war aber eigentlich schon ein Gourmetlokal, die Leute kamen von weit her. Da standen mehr Autos mit Zürcher Nummern als solche mit Tessiner Nummern vor dem Haus.

„Ich konnte ein Haus aufbauen", fuhr Veronica fort, „in welchem die Kinder durch Praxis lernen, wir haben einen Garten, in dem wir Blumen und Gemüse pflanzen, wir haben Tiere, Vögel, Kaninchen, mein Hund gehört auch dazu. Die Kinder lernen so neben verschiedensten Fertigkeiten auch soziales Verhalten, Sorgfalt und Rücksicht. Aber vielleicht wird der Kredit für dieses Haus wieder gestrichen, dann weiß ich nicht, ob ich noch eine Stelle habe.

Man verdient ohnehin sehr wenig. Und Frauen noch viel weniger als Männer. Nein, Gleichberechtigung gibt es noch weniger als in der Schweiz. Und eigentlich müssen immer mehrere Mitglieder einer Familie arbeiten, um zu überleben und die Miete zu bezahlen. Als Alleinstehende und erst noch als Frau ist es fast unmöglich, zu überleben."

Sie bezahlten und suchten die Postbusstation. Bis der Bus eintraf, hatten sie Zeit, die Pfarrkirche San Giorgio von innen und außen und auch noch den alten engen Dorfkern von Carona zu fotografieren. In einem kleinen Laden hatte Manuel endlich Batterien für seinen Fotoapparat gefunden. Das Postauto brachte sie wieder nach Paradiso.

Die Gegend leuchtete im weichen Licht der sinkenden Sonne. Dort drüben liegt Montagnola, wo Hesse gelebt hatte. Manuel gelüstete es, in einem der Dörfer des Mendrisiotto oder des Ceresio zu leben. Aber dafür hätte er ein erfolgreicher Künstler sein müssen, der im Alter von Tantiemen leben kann. Er musste immer noch sonntags Orgel spielen und Kritiken für die Zeitung schreiben, um die kümmerliche Altersrente aufzubessern. Und die Luftverschmutzung im Südtessin war sprichwörtlich, kein ideales Klima für einen älteren Herrn mit chronischer Bronchitis.

In Paradiso hatten sie wieder fast eine Stunde Zeit, bis ihr Zug eintraf und gingen in denselben Hotelgarten wie am Morgen. Sie bestellten Eis und Espresso. Der Hund wäre am liebsten ins kleine Badebecken gesprungen.

„Wie ging dann deine Journalistenlaufbahn weiter?", wollte Veronica wissen. „Hast du nicht zeitweise in anderen Städten oder sogar im Ausland gearbeitet?"

„Ja, ihr Kinder wart damals noch klein und wir hatten eigentlich immer weniger Kontakt. Ich arbeitete nun zusätzlich für eine neue, sogenannt gehobene Boulevardzeitung in Zürich. Ich wurde für einen Stage in die Zürcher Redaktion aufgeboten.

Mark hätte nach mir ebenfalls zwei Wochen Redaktionsluft schnuppern sollen. Der hatte aber faule Ausflüchte, sodass ich vier Wochen in Zürich blieb. Es gab etliche interessante Leute in der Redaktion, ganz junge, aber auch schon Ältere, die einen Namen hatten. Werner Wollenberger etwa, den wir vom Cabaret und von der ‚Zürcher Woche' her bewundert hatten. Ich freundete mich mit Walter Matthias Diggelmann an, der Chef des Kulturressorts war, damals erfolgreicher Schriftsteller, aber auch als linker Nestbeschmutzer verschrien.

Fast zur gleichen Zeit hatte ein Kabarettprogramm Premiere, zu dem ich Originallieder und Arrangements beigesteuert hatte. Es war das erste Soloprogramm von Urs, der schon in den Ensembleprogrammen unseres Kabaretts mitgewirkt hatte. Die Lieder wurden in einer Nacht im Aufnahmestudio von Stefan eingespielt. Stefan war Aufnahmeleiter, Schlagzeuger, Gitarrist und Bassist, ich spielte Klavier, Hammondorgel und Blockflöte. Die Spuren, auch der Gesang, wurden einzeln aufgenommen und dann abgemischt. Urs sang bei den Vorstellungen Playback, das war eine Novität im Kabarett. Das Programm ging nach etlichen Vorstellungen in der Heimatstadt auf Tournee.

Ich wirkte im Studio von Stefan von da an bei etlichen Projekten mit, schrieb Arrangements, spielte die Tasteninstrumente und dann erhielt ich auch Aufträge für kleine Filmmusiken, Werbespots, aber auch für einen viertelstündigen Werbefilm. Ich konnte dafür Musiker des Theaters engagieren. Als klassischer Musiker war ich damals gescheitert, hatte alles aufgegeben, nun näherte ich mich über Pop und Kommerz der Musik von einer anderen Seite. Aber ich hätte mich geschämt, mit Weichspülermusik populär zu werden."

Es war Zeit, zur nahe gelegenen Bahnstation aufzubrechen. Nach zwei Stationen stiegen sie schon wieder aus und mussten in Maroggia wiederum fast eine Stunde aufs nächste Postauto warten.

„Im Mai 1968 ging ich nach Paris", fuhr Manuel im Garten des Restaurants gegenüber dem Bahnhof bei einem Bier fort.

Als im Mai 1968 in Paris Studenten demonstrierten, dachte die Redaktion in Zürich zunächst an ein Ereignis, das nach wenigen Tagen vorbei sein werde. Die Polizei schlug die Studenten aber zu brutal nieder, so dass an den folgenden Tagen Protestdemonstrationen gegen die Exzesse der CRS, der Compagnies Républicaines de Sécurité, einer nationalen, militärisch organisierten Sicherheitspolizei, folgten. Nach zwei Tagen Unruhen wollte die Redaktion des Boulevardblattes in Zürich einen Mann vor Ort. Offenbar sprach in Zürich niemand genügend Französisch, so dass man in der zweisprachigen Stadt anfragte und man wurde fündig mit Manuel.

Er wurde für vorerst drei bis vier Tage nach Paris geschickt, stieg innerhalb einer Stunde mit etwas Gepäck in seinen kleinen roten Sportwagen und fuhr am frühen Nachmittag los, erreichte abends um halb zehn Paris. Obwohl er die Stadt nicht kannte, er war vorher nie dort gewesen, fand er mit Hilfe des Zufalls die richtige Autobahnausfahrt bei der *Porte d'Italie*, gelangte zum Bahnhof Austerlitz, besorgte sich dort am Kiosk einen Stadtplan, fuhr ins nahe *Quartier Latin* und fand in einer Seitengasse des *Boulevard Saint Michel*, der *Rue de l'Ancienne Ecole de Médecine*, eine günstige Absteige.

Aus den drei bis vier Tagen wurden dreieinhalb Wochen. Ab dem nächsten Tag hatten sich Proteste und Streiks so ausgeweitet, dass man die Stadt gar nicht mehr verlassen konnte. Kein öffentliches Verkehrsmittel fuhr, es gab kein Benzin, öffentliche Einrichtungen wie Museen, Theater und selbst die Post und die Banken waren geschlossen. Zum Glück gab es die automatische Telefonverbindung ins Ausland, so dass der Kontakt zur Redaktion in Zürich erhalten blieb.

Am ersten Abend besuchte er die nahe *Sorbonne*, dort war in der Aula eine Debatte mit Jean-Paul Sartre im Gang, die er von der obersten Tribüne aus ganz knapp mitverfolgen konnte. Im „*Théâtre de l'Odéon*" fanden gleichzeitig unendliche nächtelange Debatten statt, jede und jeder durfte reden und jeder und jede durfte alles sagen und wurde kaum unterbrochen.

Am kommenden Morgen betrat er das *Select Latin*, ein Café am *Boul' Saint-Mich*, bestellte einen Milchkaffee, einen *Grand Crème*, wie ihn der Kellner unterwies, und las Zeitungen, die er sich am Kiosk gekauft hatte. Anschließend machte er sich auf zum *Hotel de Ville* und besorgte sich einen Presseausweis, der ihn vor Übergriffen der scharfen Polizei CRS schützen sollte.

Er sollte nicht Berichte über aktuelle Ereignisse melden, die holte man sich in Zürich von den internationalen Presseagenturen, aber vor Ort Zeugnisse einholen, Stimmungen einfangen, Reaktionen von Konfliktparteien sammeln. Trotzdem war er in den kommenden Tagen und Nächten fast pausenlos unterwegs. Tagsüber führte er Interviews mit Anführern der Studentenrevolte, mit Führungskräften von Gewerkschaften und linken Parteien, mit Redakteuren der kommunistischen Zeitung „*L'Humanité*", er besuchte Fabriken, die Renault-Werkstätten in *Billancourt* und sprach mit Streikposten und Arbeitern. Er spendete Blut für bei den Demonstrationen verletzte Studenten, erhielt dafür ein Schinken-Sandwich und erstauntes Lob von Studierenden. Er hatte vor Jahresfrist die magische Grenze von dreißig Jahren überschritten, gehörte also zu jenen, denen man laut Studentenparolen nicht mehr trauen durfte. Er sammelte die Flugblätter der Gruppen, las und stapelte die Zeitungen. Täglich telefonierte er einen Bericht nach Zürich, die Telefonrechnung bei der Hotelrezeption stieg bedrohlich an.

Manuel war am ersten Abend um Mitternacht schlafen gegangen, am zweiten Abend mit Diskussionen in der *Sorbonne* und im *Odéon* wurde es zwei oder halb drei Uhr morgens, am dritten Abend fand wieder eine Straßendemonstration statt. Die erste, der Manuel beiwohnte. Mit seiner Nikon-Kamera stand er oft zwischen den Fronten oder wechselte die Seiten zwischen Demonstranten und Polizei, machte Nahaufnahmen ohne Blitz in spärlicher Straßenbeleuchtung. Es gab einzelne Gewaltszenen, Polizisten verfolgten abgespaltene Demonstranten und verprügelten sie, die Luft war mit Tränengas geschwängert. Es war nicht die ganz große Gewaltorgie mit brennenden Autos, wie sie noch vor Tagen mit Großaufnahmen in den Medien gezeigt wurde.

Am vierten Abend war nichts angesagt, keine Demo, die Debatten an der *Sorbonne* brachten nicht viel Neues. Manuel hatte nachmittags versucht, vor allem Leute zu kontaktieren, an die Studentenführer heranzukommen. Das war gar nicht leicht, die waren überbeschäftigt und waren auch bereits Stars für in- und ausländische Fernsehstationen. Daniel Cohn-Bendit wurde schon gar nicht mehr nach Frankreich hineingelassen, als er sich kurz in Deutschland aufgehalten hatte.

Am frühen Abend in einer Bar im Quartier *Saint-Germain*. Manuel setzte sich an die leere Theke, bestellte einen Calvados. Außer ihm saßen bloß eine junge Frau und ein junger Mann mit blonden Engelslocken an einem Tisch. Die Frau näherte sich und wollte wissen, woher Manuel komme. Ah, Journalist aus der Schweiz. „Haben Sie einen Wagen?" Ja, aber bloß einen kleinen Zweisitzer. „Oh, dann könnten Sie mich zur *Place Pigalle* fahren, ich muss um acht mit der Arbeit beginnen." Die Frage, welche Arbeit, erübrigte sich wohl. Und der junge Mann? „Er braucht nicht mitzukommen, er kann ja hier auf Sie warten, wenn Sie wollen."

Sie fuhren. Das Mädchen zeigte dem fremden Journalisten den Weg zur *Place Pigalle*, bis vors „*Moulin Rouge*". Sie stieg aus, er fuhr zurück. Sunny hatte brav gewartet. Ein netter Junge, fast schüchtern, sehr freundlich. Und er wollte gar nichts. Sie zogen von Bar zu Bar, von Bistro zu Bistro. Es wurde spät, es wurde später, irgendwie wurde es Morgen, die letzten Bistros schlossen, als die ersten aufmachten, mit frischen Croissants auf dem Tisch. Sie tranken einen Morgenkaffee auf einer Terrasse am Boulevard *Saint-Germain*. „Cinque heures, Paris s'éveille. ... Les journaux sont imprimés, les ouvriers sont déprimés." Junge Vietnamesen fuhren mit dreirädrigen Lieferwagen, die mit frischem Gemüse von den Markthallen für den Gemüseladen ihres Vaters beladen waren, vorbei. Gegen sieben meldete sich Manuel an der Rezeption zurück, die Frau, welche den Nachtdienst beendete, hatte nichts dagegen, dass er einen jungen blonden Engel im Lift ins Dachgeschoss entführte.

Um ein Uhr, Sunny war in der Dusche, Manuel lag noch im Bett, klingelte das Telefon. Die Redaktion wollte wissen, was sie heute zu erwarten hatte. Irgendwann am Nachmittag gab er seinen Bericht mit Eindrücken nach Zürich durch. Sunny war bei ihm geblieben und gegen Abend machten sie sich auf, Richtung *Saint-Germain*. Bevor sie eine Bar betreten konnten, kam ihnen ein jüngerer Mann, aber älter als Sunny, entgegen. Es war der Beschützer von Sunny, Roger, eben aus dem Knast entlassen, einen Tag früher, als Sunny erwartet hatte.

Sie verbrachten den Abend zu dritt. Roger interessierte sich für Kunst, Literatur, Film, Musik. Er kannte sich einigermaßen aus. Er kannte viele Leute in *Saint-Germain*. So öffneten sich verschlossene Türen, hinter denen Wächter lauerten, welche nur Leute einließen, die sie kannten. Sie saßen im „Bistingot", wo die Schlagerstars mit ihrer Entourage zu den Gästen zählten. Landeten gegen drei in einer randvollen Kneipe, wo der Wirt eben allen Gästen gratis Spaghetti Napoli spendierte. Sie fanden keinen freien Tisch und saßen mit anderem munterem Jungvolk auf der Treppe, die ins obere Stockwerk führte. Die Spaghetti mundeten ausgezeichnet. Joints machten die Runde. Manuel aus der schweizerischen Provinzstadt lernte am fünften Abend seines Parisaufenthaltes das nächtliche Paris von der verborgenen Seite her kennen. Er kehrte allein ins Hotel zurück.

Manuel vernachlässigte seinen Dienst nicht. Täglich war er mit Zürich in Kontakt, täglich lieferte er den verlangten Bericht, die Redaktion war schon ganz begeistert. Seine Interviews waren aufschlussreich zu der Haltung der Gewerkschaften, der linken Parteien. Jede zweite oder dritte Nacht fand eine Demo statt, Manuel immer an vorderster Front.

Etwa am zehnten Tag sprangen die Demos erstmals aufs rechte Seine-Ufer über. Schon die Besammlung fand an der *Gare de l'Est* statt, Hunderttausende von Protestlern, längst nicht mehr nur Studenten, längst hatte sich die Arbeiterschaft angeschlossen, die für höhere Mindestlöhne, kürzere Arbeitszeit und mehr Mitsprache in den Betrieben kämpfte.

Die Polizei hatte an diesem Abend den Fehler gemacht, die Demonstranten einzuschließen. Eigentlich sollte sich der Demonstrationszug vom Ostbahnhof Richtung Platz der Republik in Gang setzen. Doch alle Straßen waren abgesperrt. Da entlud sich die Gewalt blind. Manuel gab noch um zehn Uhr abends von einem Bistrot aus einen Lagebericht nach Zürich durch. Dann verfolgte er die blinde Zerstörungswut an allen Ecken zwischen *Bastille*, *Place de la République* und Börse. Schaufenster wurden eingeschlagen, Metrostationen zertrümmert, die Börse für kurze Zeit in Brand gesteckt, Straßenbarrikaden errichtet, Autos umgestürzt und angezündet. Außer rebellierenden Studenten und Arbeitern waren auch *Casseurs* am Werk, junge Schlägertrupps, die ihre Zerstörungswut befriedigen konnten. Manuel machte eifrig Fotos. Er absolvierte mehrmals die Runde von der *Bastil-*

le zur *République*, die *ue de l'Hotel de Ville* hinab zum Stadthaus, wieder hinüber durch enge Gässchen zur *Bastille*.

Als sich die Lage gegen drei Uhr auf der rechten Seite etwas beruhigt hatte, überquerte er die Seine auf der Passerelle bei der Insel, auf der die Kathedrale *Notre-Dame* steht. Zwei Polizisten hielten ihn an: „Ein Journalist. Man müsste ihn in die Seine werfen." Die Gardepolizisten hatten einen Hass auf die Medien. Ein Offizier beruhigte zum Glück die Situation.

Drüben an der *Rive Gauche* waren noch Scharmützel rund um die *Sorbonne* im Gange, die Lage beruhigte sich sehr langsam. Junge Leute flüchteten in Hauseingänge, vor allem in die Universität. Polizisten räumten auf. Endlich erreichte Manuel den *Boulevard Saint-Michel*. Dort lagen die Alleebäume gefällt auf der Straße, ein Sturzbach ergoss sich den Boulevard hinab, zahlreiche Hydranten waren ausgerissen worden.

Melancholie legte sich über die Stadt und über Manuel. Eine Nacht der Revolte war über die Stadt gefegt. Wie immer hatte die Polizei am Ende gesiegt.

Gerüchte verbreiteten sich in den nächsten Tagen in der Stadt. De Gaulle, der Staatspräsident, habe die Stadt verlassen, er sei in sein Heimatdorf *Collombey-les-deux-Églises* gefahren, er bereite sich auf den Rücktritt vor. Es sah aus, als ob die streikende Arbeiterschaft und die Studenten einen politischen Sieg errängen. Aber wer sollte die Nachfolge antreten? Die Protestbewegung jedenfalls hatte – so erschien es allen – spontan begonnen und nie eine Planung für den Sturz der Regierung und eine Neubesetzung der Ämter noch gar eine Neustrukturierung des Staates in Angriff genommen. Man war zehn Jahre Gaullismus überdrüssig. Man sang auf der Straße: „Adieu, de Gaulle, adieu!", aber niemand hätte gewusst, wer auf den verspotteten Alten folgen sollte.

Manuel berichtete nach Zürich, die Tage de Gaulles als Staatspräsident seien wohl gezählt. Eine private internationale Radiostation verbreitete diese Einschätzung weiter.

Ein oder zwei Tage später verbreitete sich das Gerücht, Paris sei von Panzern umstellt. Die Armee gab sich offenbar nicht geschlagen und wollte den Staat nicht in die Hände der aufgebrachten Massen fallen lassen. Niemand wusste Genaues. Die Zeitungen berichteten von Truppenbewegungen. Die Angst ging um. Die Angst vor einem Bürgerkrieg. Würde de Gaulle, würde die Armee, zur Erhaltung der Macht einen Bürgerkrieg riskieren? Alles schien möglich. Gleichzeitig schien alles irreal.

De Gaulle hatte in diesen Tagen insgeheim im deutschen Freiburg General *Masson*, einen zuverlässigen Kämpen aus dem Algerienkrieg, um Rat gefragt, sich der Treue der Armee versichert.

Das war der Zeitpunkt der Gewerkschaften, sich mit dem Staat zu einigen. Pompidou, der Ministerpräsident von de Gaulle, hatte die Anhebung der Mindestlöhne angeboten, auch sonst einige Verbesserungen für die Arbeiter, niemand sollte wegen der Streiks und der Unruhen gerichtlich belangt werden. Das waren Ergebnisse, die es den Gewerkschaften erlaubten, nicht das Äußerste zu riskieren, aber auch nicht das Gesicht zu verlieren. Wenn die Arbeiter wieder in die Fabriken zurückkehrten, hatten die Studenten verloren. Widerwillig und unmutig und enttäuscht gingen die Arbeiter der großen Betriebe in die Werkhallen. Was blieb ihnen übrig? Es war eine Niederlage, die die Gewerkschaften zum Sieg erklärten. Es war ein Sieg des Ministerpräsidenten, der das Eingreifen der Armee verhindert und die alte Macht am Leben erhalten hatte. Pompidou ermöglichte de Gaulle die Rückkehr nach Paris, aber nur für kurze Zeit. Ein Jahr später erbte er das Präsidentenamt.

Die Studenten, die Jungen aus den reichen Bezirken, die sich mit den Arbeitern verbrüdert hatten, waren auf der ganzen Linie allein gelassen. Die Helden der Straßenschlachten und der größten Unruhen in Paris seit 1871 waren geschlagen. Ganz allmählich kehrte wieder ein klein wenig Normalität in die Hauptstadt der Grande Nation zurück.

Er war über drei Wochen in Paris geblieben, solange der Generalstreik dauerte und solange, bis man wieder genug Benzin tanken konnte, um die Rückreise in die Schweiz anzutreten.

Es war ein kleines Wunder, dass sein kleiner roter Sportwagen noch brauchbar war. Im Quartier Latin waren unzählige Autos zertrümmert und verbrannt worden, dem Honda 600 S, der meist in der engen Gasse vor dem Hotel gegenüber der „Ancienne Ecole de Médecine" stand, war kein Unheil widerfahren. Außer, dass das Verdeck geöffnet und ein billiges Radio geklaut worden war.

Zum Glück hatte er von Zürich eine Geldüberweisung erhalten, die er bei der „Banque Nationale" abheben konnte, als diese für einen halben Tag geöffnet hatte. Damit konnte er die Hotelrechnung, die horrende Telefonrechnung und ein Darlehen bezahlen, das ihm der Hotelbesitzer gewährt hatte, weil er sonst mittellos da gestanden hätte.

Und mit Roger und Sunny konnte er einen Abend ausgehen, ins renommierte Restaurant „Port St.Germain", wo die drei als einzige Gäste von den Kellnern verwöhnt wurden und die Küchenbrigade, froh, überhaupt Kunden zu haben, ihnen gigantische Portionen feinstes Rindsfilet auf die Teller lud. Die Tage vorher hatte er sich von Baguettesandwichs mit Leberpain im „Select Latin" ernährt, war er mit Roger und Sunny im Whimpy oder im Drugstore Saint-Germain-des-Prés eingekehrt.

Zurück in der Schweiz. Lange Spaziergänge mit Mark, Frédéric oder mit beiden zusammen. Auf Wanderungen über Jurahöhen oder durch die Rebberge wurden politische Fantasien gesponnen, wurde analysiert, wurden Projekte entworfen. Mark konnte ein anregender Gesprächspartner sein. Beide profitierten in jenen Zeiten von den Einsichten und Ansichten des anderen. Noch heute staunen viele Gesprächspartner über die Rhetorik, die schnelle Auffassungsgabe, die Schärfe der Argumentation. Aber schon damals hatte Mark seine Begabungen auch genutzt, um Gegner auszuschalten und seine Position zu stärken. Selbst, wenn er wusste, dass seine Argumente nicht lückenlos sauber waren. Dispute waren ein scharf geführter Kampf, in welchem man unbedingt gewinnen musste. Mark war auch eitel. Und ehrgeizig.

Manuel erinnert sich an ein Gespräch in den Reben über dem Bielersee: Sie diskutierten über Methoden, eine gesellschaftliche Revolution durchzusetzen und zu stabilisieren. Am Ende meinte Manuel: „Ich bin nicht bereit, Menschen oder eine Generation von Menschen zu opfern, um vielleicht später einmal bessere gesellschaftliche Zustände zu erreichen." Der Schnösel schaute ihn zuerst erstaunt an, dann schwenkte er ein. Vorher hatte er noch fast unbesehen linksrevolutionäre Thesen verbreitet, wonach hinderliche Gesellschaftsschichten oder auch mal eine ganze Generation der Revolution zu opfern seien. Man rechtfertigte so auch die Massenhinrichtungen, die Fidel Castro anordnete oder vornehmen ließ. In der Stadt gab es etliche linke Grüppchen, die maoistische, stalinistisch-leninistische, trotzkistische oder castristische Thesen einnahmen, eine links-radikale Einstellung vertraten und deren Sitzungen von der zivilen Polizei ausspioniert wurden. Jemand vom Pressebüro, meist war es Manuel, war an den Versammlungen immer dabei. Man wusste, was los war, meist besser als die Polizei, die jeweils recht schnell enttarnt war und in ihren Karteikärtchen viel Unsinn festhielt. Man wusste aber damals schon, dass man auch als Journalist von den geheimen Blicken der Obrigkeit verfolgt wurde und die Ergebnisse der Observation säuberlich in Bern registriert wurden.

Die Wanderungen endeten meist in einer Dorfschenke oder im Weiler Schernelz am Hang über dem Bielersee, dort, wo einst auch Friedrich Dürrenmatt gewohnt hatte. Und auch die hitzigsten Dispute wurden mit einem halben Twanner oder Schafiser Weißen beigelegt.

Das Boulevardblatt brauchte einen Außenposten in der Westschweiz. Das Volontariat im Frühjahr und der Parisaufenthalt im Mai ließen es logisch erscheinen, dass Manuel dazu ausersehen wurde. Schließlich hatte er bewiesen, dass er hinreichend französisch sprach.

In einer Wohnung in einem ruhigen Quartier unterhalb des Bahnhofs von Lausanne wurde das Büro eingerichtet. Manuel wohnte am selben Ort.

Er hatte sich auf die Westschweiz gefreut. Er stellte sich das Leben in Lausanne noch offener als in seiner Stadt an der Sprachgrenze vor, großzügiger, vielfältiger, weniger eingegrenzt und kleinbürgerlich.

Er wurde enttäuscht. Lausanne war zu jener Zeit eine ruhige, geordnete Stadt mit dem üblichen Kulturangebot, aber ohne irgendetwas Außergewöhnliches. Er verkehrte in den Bistros der Altstadt und nahm zur Kenntnis, dass die verschiedenen Bevölkerungsschichten, ganz anders als in seiner Heimatstadt, säuberlich getrennt waren. Hier die Bourgeoisie, dort die Studenten und Intellektuellen, in anderen Etablissements die jungen Leute, die sich elegant und teuer kleideten und in anderen Straßen waren die Kneipen für Arbeiter und einfaches Volk.

Zum Glück traf er einen jungen Kunstmaler aus seiner Stadt, Bendicht, der im *Théâtre de Vidy* bei Charles Apothéloz Bühnenbildner geworden war. Und mit ihm einen jungen Mann, den er in seiner Vaterstadt gesehen hatte, den er aber nicht näher kannte.

Er hiess Christian, war aus der Erziehungsanstalt Tessenberg ausgebrochen und lebte illegal in Lausanne. Er hatte sich dem Kunstmaler angeschlossen, lebte aber in einer Wohngemeinschaft mit Studenten in einem alten Haus unweit des Gaswerks im Westen von Lausanne. Er war völlig mittellos, konnte keinem Erwerb nachgehen, machte aber in überraschend gepflegter Kleidung einen ordentlichen Eindruck. Er war nicht besonders hübsch, wirkte aber unaufdringlich adrett, schien auch intelligent, obwohl er keine Ausbildung genossen hatte und nun schon seit über einem Jahr sozusagen im Untergrund lebte.

Manuel und Christian verstanden sich gut. Obschon der Jüngere alle Annäherungsversuche von Beginn an abgewiesen hatte, war er ein willkommener Kumpel für den ein gutes Jahrzehnt Älteren und verhinderte vorerst, dass dieser in der fremden Stadt vereinsamte. Die beiden trafen sich oft mittags, aßen gemeinsam eine Pizza in einem Lokal im ersten Stock der *Rue du Bourg* und verbrachten gelegentlich auch die Abende in der Stadt, wenn es die nach wie vor nicht in Stunden gemessene Arbeitszeit des Journalisten erlaubte.

Manuel lernte die Lokale kennen, in denen junge Linke verkehrten, Bars, die bis um ein Uhr nachts geöffnet waren und wo man den soeben mit dem *Prix Goncourt* ausgezeichneten jungen Schriftsteller traf. Ab und zu verweilte er noch in der Studentenkommune, wo Frank Zappa verehrt wurde und wo immer genug vom besten Haschisch vorhanden war.

Christian war mit sechzehn auf dem Tessenberg verwahrt worden, weil er mit seiner fünfzehnjährigen Freundin geschlafen hatte. Nach zwei Jahren Besserungsversuchen im Landwirtschaftsbetrieb der Anstalt war er nach Frankreich abgehauen, hatte sich in Paris und an der Côte d'Azur herumgetrieben – dort gab es genug ältere Damen, von deren Brosamen junge Tunichtgute zwar nicht herrschaftlich leben, aber mindestens überleben konnten. Als dieses Leben zu hart wurde, setzte er sich nach Lausanne ab. Er glaubte auch, dass es lange genug her sei seit seiner Flucht, dass er nicht mehr gezielt gesucht werde.

Darin täuschte er sich. Bei einer Polizeikontrolle wurde er aus Manuels Wagen heraus verhaftet und mit beinahe zwanzig, dem Zeitpunkt, an dem er eigentlich hätte entlassen werden sollen, noch einmal für mindestens zwei Jahre in die Anstalt Tessenberg gesteckt.

Die Geschichte war Anlass zu einem der größten Reports, den Manuel für eine so genannt linksintellektuelle Wochenzeitung, die Nachfolgerin der einst legendären „Zürcher Woche", verfassen sollte. Der Report war Anlass zu einem Skandal über die Praxis in den Erziehungsheimen, in denen schon nur die Flucht mit mehrwöchiger Einzelhaft, früher sogar mit Dunkelhaft, bestraft wurde. Zwar war seinem Report in der Wochenzeitung eine Boulevardzeitung um zwei Tage zuvorgekommen und löste den Skandal unmittelbar aus. Manuel hatte nicht einen Skandal beabsichtigt, sondern im Vergleich mit dem rückschrittlichen Tessenberg und der als fortschrittlich geltenden Anstalt Vennes bei Lausanne mögliche Verbesserungen aufzeigen wollen.

Immerhin hatte der Skandal die unmittelbare Wirkung, dass der kantonale Polizeidirektor reagierte und sofortige Verbesserungen und auch nachhaltige Änderungen ankündigte, die in den folgenden Jahren auch umgesetzt wurden.

Das Auto, aus dem Christian verhaftet worden war, war ein weißer Alpha Romeo TI 1600, ein Wagen, den Manuel liebte. Er hatte ihn für den kleinen Honda eingetauscht, denn von Lausanne aus arbeitete er bis zum Furkapass hinauf und auch bis nach Genf. Die ganze französische Schweiz und das Grenzgebiet im nahen Frankreich waren sein Revier. Eisenbahnzusammenstoß im Rebberg des *Lavaux*, Lawinenunglück in Reckingen, Lawinenunglück in Hochsavoyen. Reportage über die Schneeräumung an der Furkabahn, Eröffnung des Comptoir Suisse, der größten Warenmesse der Westschweiz, Bilanzpressekonferenzen der großen Westschweizer Unternehmen Suchard, Hermes-Paillard, Edition *Rencontres* – immer mit Luxus-Mahlzeiten an besten Adressen –, Opernpremieren am Genfer *Grand Théâtre*, Jazz-Festival in *Montreux*, Presseführung auf der Baustelle der Staumauer von *Emosson*. Er musste sich gar als Papparazzo an die Fersen von Ursula Andress und in Lausanne von Jacqueline Kennedy heften, brachte aber keine brauchbaren Bilder zustande. Ja, die Fotos lieferte er auch häufig selbst mit.

Er war Sachverständiger im Bereich Militärdienstverweigerer, besuchte und berichtete über zahlreiche Prozesse, auch über denjenigen, als ein Verweigerer statt zu den üblichen drei bis vier zu elf Monaten Gefängnis verurteilt worden war, weil er seine Verweigerung nicht ethisch oder religiös, sondern politisch begründete. Er war zugegen, als am nächsten Prozess im Freiburger Rathaus Gegner der Militärjustiz mit Petarden und Stinkbomben das Verfahren stilllegten und auch, als diese Unruhestifter in einem weiteren Prozess zur Verantwortung gezogen werden sollten, aber mangels Beweisen freigesprochen wurden.

Er machte auch größere Untersuchungen und stellte in einer großen Serie unbekannte Landschaften wie die Genfer *Campagne*, das *Vallée de Joux*, die jurassischen Freiberge oder das Goms im Oberwallis vor. Manuel war emsig, umso mehr als er immer mehr im Wettbewerb mit Mark stand, der ihn auch heimlich mit Aufträgen und Verpflichtungen überhäufte. Auch, um ihn unter Druck zu setzen, denn sowohl der Boss wie Mark flüchteten sich in die Arbeit, um Leere und Einsamkeit zu entfliehen, und forderten dies auch von ihren Partnern im Presseunternehmen.

Man war sonst durchaus tolerant im Büro. Man hatte Frédéric, einen flotten jungen Mann aus gutem Haus und Schulfreund von Mark, als zweiten Kameramann und Volontärschreiber angestellt. Manuel hatte sich längst in ihn verliebt und auf seine Einstellung als Volontär gedrängt. Mark unterstützte die Verliebtheit von Manuel. Er war nicht vollständig gefeit gegen homoerotische Anwandlungen und das war in jener Zeit in linken intellektuellen Kreisen durchaus salonfähig geworden. Auch von befreundeten Schriftstellern wusste man um ihre Neigungen. Und von Berühmtheiten in den gemeinsamen Bekanntschaften sickerte auch durch, dass sie homoerotischen Abenteuern nicht abgeneigt waren.

Frédéric hatte eine Freundin, wies aber die Attacken Manuels nicht kategorisch ab. Manuel war grenzenlos verliebt und litt, das ganze Büro litt mit.

Frédéric und Manuel verbrachten viele Abende in der Altstadtbar, sie arbeiteten oft zusammen, sie bereisten als Fernsehteam die ganze Schweiz. Jahre später wurde Frédéric Theaterregisseur und wurde wiederum von Manuel in diese Tätigkeit gehievt.

Frédéric hatte seine ursprüngliche Freundin verlassen und war nun der Partner der jungen Schwester des Bosses. Diese hatte in den Anfängen des Pressebüros als junge Handelsschülerin den Büromitgliedern noch das Frühstück zubereitet.

Es sah bloß aus, als sei Manuel von unersättlicher sexueller Gier. In Wahrheit fühlte er sich immer einsam und er war bloß unaufhörlich auf der Suche nach dem jungen Mann, der sein zweites Ich hätte sein mögen.

Es war eine unmögliche Suche. Manuel war selbst zu kompliziert, um ein verlässlicher Lebenspartner zu sein. Seine Bettgefährten ließen sich auf ihn ein, aus jugendlicher Neugier, aus momentaner Zuneigung, die nicht für eine Dauerfreundschaft ausreichte, oder zumindest nicht für eine sexuelle Partnerschaft. Immer mehr hatte er den Eindruck, alle liefen ihm mit der Zeit davon.

Es gab auch Momente der Verzweiflung. Eines Nachts beschlagnahmte Frédéric die Armeepistole von Manual, weil der angedeutet hatte, er könnte sich in einer Anwandlung von Depression auch umbringen und schon fantasievolle Szenarien dafür entworfen hatte.

Andere Jungs machten ihm später zu seiner eigenen Überraschung Vorwürfe und fühlten sich übergangen, weil sie nicht zu den Auserwählten gehört hatten. Dabei war es Manuel nur zu oft ergangen wie dem Fuchs in der Fabel, er verschmähte süße Früchtchen, weil sie ihm anscheinend oder bloß scheinbar zu hoch hingen.

Seine Töchter wussten damals nichts vom privaten Leben Manuels. Auch jetzt sprach man nicht darüber, obwohl klar war, dass Manuels Neigungen den Töchtern längst bekannt waren. Wahrscheinlich schon damals, als er auf der Konfirmationsfeier von Veronika in der Pflegefamilie das Roastbeef briet und ein gewisser Angelo ihm in der Küche assistierte und wahrscheinlich den Kartoffelstock zubereitete.

Manuel hatte kaum Erfahrung mit Drogen. Mit Kollegen und in Paris hatte er ein paar Mal gekifft, ohne nennenswerte Wirkung. Alkohol war nach wie vor das Betäubungsmittel Nummer eins.

Christian war aus der Anstalt Tessenberg entlassen worden. Er gehörte zu den Pionieren – wenn dieser Ausdruck erlaubt ist – der harten Drogen in der Stadt.

Es war Christian, der Manuel fragte, ob er ihn und zwei Kumpel mit dem Auto in ein nahes Dorf bringen wolle. Dort wohnten in einem Bauernhaus einige junge Leute und bei denen beschaffte sich Christian Pillen. Auf dem Heimweg gab er Manuel eine davon zu schlucken. Der nahm sie zu sich, ohne sich viel dabei zu denken. Es war Amphetamin. Allerdings warnte ihn Christian, er könne in der folgenden Nacht kaum schlafen. So verbrachten sie zu viert die ganze Nacht auf einem Kinderspielplatz in der Nähe des Sees und amüsierten sich kindlich.

Bis Manuel um sechs ins Büro musste, denn tagsüber waren Musikaufnahmen im Studio für einen Werbefilm geplant, und Manuel musste noch die Notenstimmen für die Musiker schreiben.

Die Studioaufnahmen und die Nachbearbeitung dauerten den ganzen Tag bis abends um elf, Manuel war etwas müde, aber die ganze Zeit hellwach.

In diesem Sommer gewährte ihm das Büro zum ersten Mal in seiner Zeit als Journalist drei Wochen Ferien. Es war ein heißer Sommer mit warmen Nächten. Eine Kneipe, die früher gutbürgerliche Kundschaft bedient hatte, war zur Szenenbeiz geworden mit einem Wirt, Giovanni, der kulinarische, politische und musikalische Ambitionen vereinte.

Dort warfen Manuel und ein paar junge Leute, alle Gymnasiasten, welche die kritische Feder Manuels bewunderten, eines Abends LSD-Pillen ein. Ohne zu wissen, wie die Folgen sein würden.

Es wurde eine schöne Nacht voller erträglicher Leichtigkeit des Seins. Sie schwebten am Museum vorbei, das wie ein schlafender Elefant unter den mächtigen Bäumen dalag, durch die lange Allee zum See, sahen einen unendlich langen Güterzug über den Viadukt durch die Luft gleiten und freuten sich an den glitzernden Lichtern, die sich im Wasser spiegelten.

Schließlich blieben Manuel und Fabrizio allein auf einer Bank am Ufer. Manuel legte Fabrizio, den er erst vor zwei Tagen kennengelernt hatte und der aus einem katholischen Internat in der Innerschweiz ins städtische Gymnasium gewechselt hatte, die Hand auf die Schulter. Fabrizio begann leise zu weinen. Manuel zog die Hand weg.

Sie verbrachten einige Nächte zusammen in diesem Sommer. Nun kannten sie die Wirkung von LSD und ließen sich bloß noch von der verschiedenartigen Wirkung verschiedenfarbiger Pillen überraschen.

„Nicht traurig sein, wir bleiben Freunde." Wie oft hatte Manuel dies gehört. Auch als Fabrizio einige Zeit später mit einer schon etwas älteren Frau zusammenzog, die eine fast schon erwachsene Tochter hatte.

Nicht traurig sein, wir bleiben Freunde. Das heißt, Manuel bleibt immer noch, immer wieder allein.

„Hast du eigentlich einmal eine längere Beziehung zu einem Freund gehabt?", fragte Veronika unvermittelt, als sie schon im Postbus saßen.

„Eigentlich länger als ein halbes Jahr habe ich es nie richtig geschafft", sagte er nicht einmal verlegen. „Natürlich gingen Beziehungen oft weiter, man verkrachte sich nicht einfach und ging auseinander, aber die Beziehungen verwandelten sich in losere Freundschaften. Mit Angelo, den du ja auch gekannt hast seinerzeit, verbindet mich immer noch eine Freundschaft, er ist einer meiner liebsten Gesprächspartner nach wie vor.

Andere Beziehungen begannen locker und wurden mit der Zeit enger und enger, es wurde eine Bindung, bis dem Einen oder dem Anderen die Bindung zu eng wurde und die Fesseln – manchmal nicht ohne Kämpfe – wieder gelöst wurden. Und manchmal gab es auch bloß den Wunsch, das Verlangen, die unerfüllte Qual."

Wie war das mit Matthias?
Manuel hatte das Pressebüro verlassen. Die neue Boulevardzeitung war nach knapp drei Jahren eingestellt worden und das Lausanner Pressebüro deshalb eigentlich unnötig. Man stellte im Büro zwar lauter neue junge Volontäre ein, aber für ihn hatte man keine Verwendung mehr, er war wohl zu teuer gewor-

den. Er hatte mit Mark zusammen kurz vorher für die Zeitung in Basel noch eine große Interviewreihe realisiert, zwei Parteipräsidenten, einen Gewerkschaftsvorsitzenden, einen Bundesrat und einen Fraktionschef befragt. Die Reihe stand in Zusammenhang mit der Initiative von James Schwarzenbach, welche die Ausländerzahl in der Schweiz begrenzen wollte. Wirtschaft und Politik waren aufgeschreckt, weil das Volk ihren Parolen nicht folgte und die Initiative um Haaresbreite beinahe angenommen hätte. Es war für ihn wie für Mark so etwas wie eine Meisterprüfung in Journalismus.

Aber nun wurde er freier Journalist, schrieb immerhin für eine damals noch sehr angesehene Wochenzeitung und für den größten Zeitungsverlag der Schweiz, der für das kritisch linke Pressebüro ja vorher ein Tabu gewesen war.

Das war auch zu jener Zeit als die Mutter seiner Kinder zum ersten Mal in die psychiatrische Klinik eingeliefert wurde. Er erfuhr es von seiner Schwester, bei der die Kinder fürs Erste Aufnahme gefunden hatten. Er fuhr am nächsten Tag in die Klinik.

Die Waldau liegt außerhalb Berns in einem großen Park. Man fährt durch ein Tor und gelangt wie bei einem Schloss durch eine gerade Lindenallee vors Herrschaftsgebäude, in diesem Fall den Altbau der Klinik. Da drin waren schon Adolf Wölfli, Robert Walser, Friedrich Glauser gewesen. Und auch der junge Marxist-Leninist-Maoist, der am Abend vor der Einlieferung im Odeon wie ein Wasserfall gesprudelt hatte und dabei ständig Stalin mit Hitler verwechselt hatte.

Eine Pflegerin führte Manuel. Jede Türe wurde mit dem Schlüssel aufgeschlossen und dahinter wieder mit dem Schlüssel zugeschlossen. Erika im Wachsaal. Sie durften zusammen auf eine Veranda. „Wer hätte gedacht, dass ich in der Klapsmühle lande", sagte Erika mit einem durch Beruhigungsdrogen zur Maske deformierten Lächeln.

Wieder im Auto heulte Manuel los. Mit einem Tränenschleier vor den Augen fuhr er weg vom Schloss, das so viele Geschichten beherbergte. Und er wusste, dass er fortan mehr Zeit für seine Kinder aufwenden musste. Er hätte die Möglichkeit gehabt, einen lukrativen Posten in einer Redaktion in Zürich anzunehmen. Er beschloss, in seiner Stadt zu bleiben, um seine auseinandergerissene Familie nicht noch mehr zu trennen.

Matthias war auch einer der Gymnasiasten, die Manuel bewunderten. Haltung, Schreibstil, Lebensführung, Unabhängigkeit waren Attribute, mit denen Manuel junge Leute anzog, ohne es bewusst zu beabsichtigen.

Christian war nicht der einzige gewesen, der bei Manuel etwas wie Schutz suchte. Da war auch der radikale blonde Gymnasiast, der wegen Protestflugblättern bei der Schulleitung aneckte und mit dem Rauswurf bedroht wurde. Er suchte in Lausanne bei Manuel Zuflucht und es dauerte eine Woche, bis die besorgte Mutter den Aufenthaltsort ihres Sohnes ausfindig machte.

Da war der junge Steinmetz, der seinen Lehrabschluss in der väterlichen Werkstatt partout nicht machen wollte und sich bei Manuel versteckte. Er wurde kurz danach Journalistenvolontär im Pressebüro, das Manuel jetzt mit Frédéric und Claudia zusammen betrieb.

Die Geschichte mit Matthias. Es war Matthias, der Manuel in der Kneipe gefragt hatte, ob er bei ihm übernachten dürfe. Es war Matthias, der vorgeschlagen hatte, mit Manuel im gleichen Bett zu schlafen. Niemand durfte Manuel einen Vorwurf machen, wenn er sich in Matthias verliebte.

Es waren junge Frauen, die sich einen Spaß daraus machten, Matthias zu verführen und dies Manuel genüsslich unter die Nase zu reiben.

So schwelten kleine Konflikte, ohne dass ein offener Zwiespalt ausbrach. Manuel besuchte mit Matthias das Elternhaus im Jura, er gehörte beinahe zur Familie. Matthias konnte sich nicht entscheiden, zu Manuel zu gehören oder sich eine Freundin zu nehmen. Er wählte die Flucht.

Sie nahmen Abschied an einem Sommerabend im „Paradiesli", einer Gartenbeiz unter Kastanienbäumen, sprachen bis Mitternacht und bis das letzte Glas Wein geleert war. Am anderen Morgen reiste Matthias gemeinsam mit einem befreundeten Pärchen per Autostopp Richtung Spanien. Ziel war Nordafrika, dann über die Türkei und durch Persien bis nach Afghanistan.

Manuel hatte mehrere Reportagen geliefert für die illustrierte Zeitung, er war erstaunt, wie viel ihm plötzlich für die Fotos bezahlt wurde, das Drei- bis Vierfache wie für die gleiche Menge Text. Er verdiente nach mageren Jahren so viel, dass er sich eine Reise leisten konnte. Dank des Presseausweises flog er zum halben Preis nach Madrid, am gleichen Abend bei Sonnenuntergang mit einer viermotorigen Propellermaschine, einer „Metropolitan", nach Almeria, wo in dreißig Kilometer Entfernung Freund Urs, der Kabarettist, ein altes Bauernhaus in Küstennähe besaß.

Dort traf er Marietta, die Frau von Urs. Ohne Verkehrsmittel wanderten sie auf schmalen Wegen zu nahen und entfernten Stränden, in ein Nachbardorf auf der anderen Seite der kleinen Halbinsel, in ein Fischerdorf auf der anderen Seite der östlich gelegenen Bucht, zum Einkauf, zum Baden, zum Essen einer Paella.

Sie beschlossen eines schönen Tages, im Hafen von Almeria ein Schiff nach Nordafrika zu besteigen. Die Fahrkarte war spottbillig. Eine alte Fähre, bei der die Autos noch mit einem Kran verladen wurden und in der billigsten Klasse Männer und Frauen in getrennten Kajüten auf Pritschen schliefen, brachte sie übers Mittelmeer.

Morgens um sieben stiegen sie in Melilla aus, tranken Milchkaffee, aßen Churros und bestiegen einen Bus nach Nador. Bei der Ankunft boten sich zwei junge Männer an, ihnen Fahrkarten für den Bus nach Fes zu besorgen. Das klappte und die beiden verkauften ihnen noch zwei kleine Säcklein mit Kiff, einer Mischung aus Tabak und Cannabisblättern.

Abends um acht fuhren sie mit dem Bus durch das Stadttor *Bab F'tou* in der Medina von Fes ein. Es war bereits dunkel, sie brachen zu einer vorsichtigen Erkundung in die Gässchen der Altstadt auf, kehrten aber bald um, weil das Straßen- und Menschengewirr zu verwirrend schien.

Drei junge Männer, eigentlich fast Knaben, sie waren gerade sechzehnjährig, kamen ihnen entgegen und boten ihre Dienste als Führer an. Auf die Frage, ob sie ein billiges Hotel wüssten, berieten sie kurz und eröffneten dann, die beiden Touristen könnten bei den Eltern von Mohammed wohnen.

Dort wurden sie freundlich empfangen, ein schmackhaftes Nachtessen wurde aufgetischt, am anderen Morgen früh Kaffee mit in Öl gebratenen Teigringen, Beignets auf Französisch, *Sfench* auf Arabisch.

Dann ging's auf Erkundung in das Gewühl der Altstadt. Fremde wurden immer davor gewarnt, sich auf nicht offizielle Führer einzulassen, sie würden übers Ohr gehauen, betrogen und bestohlen. Ganz zu Anfang bezahlte Manuel denn auch zu viel für eine gestickte Robe in einem Laden, zu welchem Hassan, Ali und Mohammed die beiden Gäste geführt hatten. Die jungen Begleiter amüsierten sich. Später lehrten sie ihn, wie man kundig und gewandt die Preise herunterholen kann.

Sie besichtigten eine kleine Moschee und stiegen sogar aufs Dach, Manuel fotografierte die in Holz geschnitzten arabischen Schriftzeichen, welche das Gesims verzierten. Sie aßen in einem winzigen Restaurant für fast kein Geld ein schmackhaftes *Tajine*, einen gewürzten Eintopf mit Huhn, Kartoffeln, Erbsen, Karotten und Kichererbsen oder Saubohnen.

Abends hatten die Schweizer den Eindruck, sie seien seit einer Woche in Fes, so viel hatten sie gesehen, so viele Eindrücke waren auf sie eingedrungen. Die Musik, die Handwerker, Schneider, Holzschnitzer, Kammmacher, die bunten Farben und der abscheuliche Gestank der Gerberei, das Spinnennetz der Gässchen, in denen sich Menschen und schwer beladene Esel kreuzten, die Düfte der Gewürze und der Parfums, das Glitzern des

Schmucks, das Hämmern der Schmiede. Es war zuvor schon Walter Vogt, dem Berner Arzt und Schriftsteller, so gegangen, der fast dasselbe in seinen „Briefen aus Marokko" beschrieb, oder Elias Canetti in seinen „Stimmen aus Marrakesch".

Anderntags wandelten sie auf einen Hügel neben dem Friedhof vor dem Osttor, betrachteten die Stadt mit ihren Hügeln und Senken von erhöhter Warte. Sie stiegen hinunter, die Straße und die Stadtmauer entlang hinab in Richtung Stadttor. Von unten kamen ihnen drei Menschen entgegen. Manuel hielt den Atem an. Von weitem erkannte er Matthias, Dorothea und ihren Mann Klaus, die ihnen näherkamen.

Vor mehr als einem Monat hatte das Trio die Schweiz verlassen. Manuel wähnte es mindestens in Sizilien oder Griechenland oder schon in der Türkei. Nun traf man sich an der Stadtmauer von Fes.

Sie verbrachten den folgenden Tag zusammen. Hamam, das türkische Bad, leckere Gerichte in kleinen Beizen der Altstadt. Marokkanisches Früchteeis, Patisserie und Pralinen in einer kleinen Konditorei an der Mauer der großen Moschee Kayrouin im Zentrum der Medina.

Nach drei Tagen trennten sie sich. Manuel und Marietta schien es, sie seien seit Wochen in Fes. Die Eindrücke waren wie eine Flutwelle über sie hereingebrochen. Beinahe fluchtartig verließen sie am anderen Morgen die Stadt und nahmen den Reisebus über das Rifgebirge nach Ceuta.

Sie waren nun auch wieder mit dem Postbus in Andreas Tessiner Dorf angekommen. Im Labyrinth der engen Gässchen fanden sie zurück zum Haus. Andrea hantierte in der Küche, von den Buben spielte der kleinere mit dem Game-Boy, der ältere las ein Buch.

Auf der Terrasse nahmen sie wieder das einfache Abendessen ein. Veronika räumte ab, die Buben waren längst wieder bei ihren Spielen, Andrea hatte noch zu tun und Veronika setzte sich zu Manuel und schenkte vom selben Merlot wie am Vorabend ein, er stammte von einem Weinbauern aus dem Nachbardorf.

Es gab nicht mehr viel zu berichten an diesem Abend.

Bei der Rückkehr von Manuel in die Schweiz Ende Oktober hatte sich alles verändert. Mark hatte täglich Manuels Pressebüro heimgesucht und die Mitarbeiter völlig verunsichert. Ob wohl ihr Chef jemals zurückkehre? Der könne doch auch in Spanien hängen bleiben, wie andere Freaks vor ihm. Und ob sie dann noch Aufträge von den Verlagen erhielten?

Er war auch bei der Redaktion der illustrierten Wochenzeitung aufgefahren, hatte auch dort Manuel in ein schiefes Licht gestellt und sich damit ein Sprungbrett für seinen später erfolgten Aufstieg in diesem Verlagshaus vorbereitet.

„Weißt du", sagte Manuel, „das konnte mir alles eigentlich ziemlich egal sein." Die erste große Auslandsreise, die Erlebnisse in Spanien und Marokko, hatten ihn tatsächlich verändert, so dass er sich ein Leben im gleichen Stil und Trott kaum hätte vorstellen können. Und da gibt es halt noch Zufälle. „Der städtische Baudirektor, der ja mein Freund war, brauchte dringend jemanden, der für ihn Berichte und Anträge stilsicher, kompetent und fristgerecht redigieren konnte. Als er mich anrief, sagte ich sofort zu.

Bei der Wochenzeitung hatten sich die Vorzeichen ebenfalls geändert. Ich hatte mich auf sorgfältig und umfassend recherchierte Artikel eingestellt. Nun wollten neue Mitarbeiter einen lockeren Stil. Als eine junge Redakteurin einen meiner Reports – es ging um Jugendkriminalität in der Schweiz – mit Geschichtchen über einen erfundenen Johnny in Zürich aufpeppte, war das Grund genug, dem Chefredaktor einen Kündigungsbrief zu schreiben.

Und dann kam ein weiterer Zufall hinzu. Im Sommer hatte ich den Chefdirigenten des erst ein Jahr zuvor neu gegründeten Sinfonieorchesters beinahe spaßeshalber angefragt, ob ich ein Konzert, etwa ein Sommerkonzert im Park, dirigieren dürfe. Ich dirigierte dann ein Programm, ohne zu wissen, dass dies ein Test für eine Anstellung sei. Ziemlich überrascht nahm ich nach der Rückkehr aus Spanien und Marokko zur Kenntnis, dass das Orchester mich aufgrund des Sommerkonzertes zum Assistenten des Chefdirigenten gewählt hatte. Ich nahm selbstverständlich auch diese Wahl an. Ich hatte in letzter Zeit wieder begonnen, viel mehr klassische Musik zu hören, unter anderem hatte ich die Sinfonien von Mahler so richtig für mich entdeckt, die Siebente mit Otto Klemperer, die ich zufällig bei Musik Hug in Basel gekauft hatte, kannte ich schon fast auswendig. So war es eine Rückkehr zu den Wurzeln und schon im Januar des folgenden Jahres begann ich eine neue Musikerlaufbahn an unserem kleinen Stadttheater. Zeit, ein neues Kapitel in meinem Leben aufzuschlagen."

DRITTES BUCH

Der dritte Abend auf der Terrasse bei Andrea. Diesmal waren auch die Kinder dabei. Andrea hatte ein einfaches, sehr leckeres Tessiner Gericht zubereitet, Nudeln mit einer etwas improvisierten Salsa verde aus gehackten Kräutern und Rucola, Zwiebeln, Knoblauch an Olivenöl und Sauerrahm. Der Merlot, den Andrea beim Weinbauern in Rovio besorgt hatte und dessen Etikette durch einen Ausschnitt aus den Fresken der San Vigilio-Kapelle von Rovio geschmückt war, schmeckte über Erwarten gut.

Es war der letzte Abend für Veronika, am nächsten Tag flog sie von Zürich aus wieder nach Tel Aviv. So saß man auf der Terrasse noch etwas beisammen. Manuel war hundemüde von der Wanderung in der Hitze des vergangenen Tages und nicht sehr gesprächig. Wegen Veronika war er hierhergereist, um sie nach langen Jahren wiederzusehen. Dass er so schnell, fast in Panik, den Hund zum Tierarzt gebracht hatte, um ihn einzuschläfern, daran war auch diese Reise mit schuld, er wollte den kranken Hund nicht seinem Wohnpartner überlassen, der ganztags zur Arbeit ging und bei plötzlichen Problemen mit dem kranken Tier überfordert gewesen wäre. So hatte Manuel überlegt und genau deswegen hatten ihn im Nachhinein Skrupel gepackt.

Von der Terrasse aus erblickte Manuel knapp über den Dächern der Nachbarhäuser am gegenüberliegenden Hang ein kleines Hotel. Ein etwas heruntergekommener Bau, wahrscheinlich aus den dreißiger Jahren. Hier hatte Ali einen halben Sommer lang als Küchenbursche gearbeitet. Das war vor gut dreißig Jahren gewesen.

Dorotheas Mutter hatte das Haus geführt, in welches wohl vor allem ältere Damen zur Kur kamen. Der erst sechzehn Jahre alte Ali hatte damals wahrscheinlich ein bisschen geträumt bei der Arbeit, vielleicht war er der energischen Chefin ein bisschen zu langsam beim Abwasch. Sie drängte ihn, Ali mochte etwas gemault haben, er erhielt einen Fußtritt der Meisterin in den Hintern. Worauf er die Schürze auszog und das Haus verließ. Vielleicht wurde er noch ausbezahlt.

Hatte er Geld, konnte er den Bus bis zur Bahnstation nehmen, doch, das Bahnbillett musste er ja auch bezahlen, also musste er etwas Geld haben.

Manuel saß in der Altstadt in seinem Stammcafé, als plötzlich Ali mit seiner ledernen Reisetasche, die Manuel noch in Marokko gekauft hatte, auftauchte. Die Leute gafften, als die beiden sich in die Arme fielen und sich auf die Wangen küssten. „Recht hast du", unterstützte ihn Manuel, als Ali die Geschichte seiner Flucht erzählt hatte, „du darfst dir nicht alles bieten lassen" Schon der Bäckermeister, bei dem Ali einige Wochen schwarz gearbeitet hatte, versuchte, die Ohnmacht des jungen Ausländers auszunützen, genau wie später auch der Wirt des Bahnhofbuffets, wo Ali mittlerweile regulär angestellt war. Er wollte Ali bei der Fremdenpolizei denunzieren, „dann bist du schnell weg aus der Schweiz", weil er sich gegen Vorwürfe gewehrt hatte.

Schweizer Arbeitgeber, vor allem Kleingewerbler und Wirte, versuchten immer wieder, Ausländer auszunützen, ihnen einen möglichst geringen Lohn zu bezahlen, sie schwarz zu beschäftigen und dann mit der Ausschaffung zu drohen, wenn sich einer zu wehren wagte.

Der Bahnhofswirt, zudem Präsident des städtischen Parlaments, rechnete nicht damit, dass Ali bei jemandem wohnte, der sich auskannte und schon als Journalist gegen Missbräuche angetreten war.

Ohnehin war die Beschäftigung bloß ein Nebenerwerb, denn eigentlich bezahlte Manuel seinem marokkanischen Schützling Musikunterricht am Konservatorium von La Chaux-de-Fonds. Ali lernte Schlagzeug und besuchte die zugehörigen Theoriefächer. Als der Schlagzeuglehrer krank wurde, vertrat ihn der erste Schlagzeuger aus Genf. Der fand so Gefallen an Ali, dass er ihn ans Konservatorium nach Genf mitnahm. Dort lernte er neue Freunde kennen, blieb oft über mehrere Tage und siedelte allmählich ganz nach Genf über.

Manuel war kaum zwei Monate nach seiner ersten Marokkoreise, noch vor Weihnachten, als er die journalistische Tätigkeit aufgegeben hatte und auf den Beginn der Kapellmeisterkarriere wartete, mit Fabrizio und Claudio nach Spanien gefahren. In einer unmöglichen und lebensgefährlichen Husarenfahrt in sechsunddreißig Stunden mit einigen wenigen Verpflegungs-, Kaffee- und Auftankstopps. Gegen Ende der Fahrt sah er bloß noch blaue Flämmchen auf der kurvenreichen Straße durch die Sierra kurz vor Almeria.

Im spanischen Haus lebte immer noch, schon seit dem Sommer, Marietta. Weihnachten in Andalusien, kühles Wetter bei ständig bewölktem Himmel, Besuch bei einer befreundeten Zigeunerfamilie, Ausflüge zu Fuß und mit dem Auto die Küste entlang in die kleinen Dörfer.

Das Haus stand einige hundert Meter landeinwärts. Vier einzelnstehende Bauernhäuser in der Nähe waren noch bewohnt, zwei davon von uralten Leutchen, die aber zäh noch einige Jahre mit Esel, Ziegen und ein paar Hühnern überlebten. Ein Bauernhof wurde kurz darauf aufgegeben und zerfiel in den kommenden Jahren zur Ruine, ein anderer, gegenüber auf der anderen Seite der *Rambla*, dem meist trockenen Flussbett, wurde noch jahrelang mit einer recht großen Schafherde und etwas Gemüseanbau betrieben.

In Küstennähe standen zwei Kneipen, die auch Zimmer vermieteten. In der einen aß man vorzüglich, in der anderen weniger gut, die Familien waren untereinander seit Jahren heillos verfeindet, aber beide mit den Schweizer Gästen, die sich um die lokalen Fehden möglichst nicht kümmerten, eng befreundet. Hinter der Herberge von Don Pedro stand ein altes maurisches Kastell, das als Unterstand für Schafe und Ziegen diente, und wo man sich den Körper voll Flöhe holte, wenn man nicht gewarnt worden war.

Marietta kam mit auf die Fahrt nach Marokko. Zu viert fuhren sie nachts die Küste entlang bis *Algeciras*, schifften am Vormittag ein und fuhren nachmittags über *Chefchaouen* und *Ouezzane* an *Meknes* vorbei nach *Fes*. Beim Einnachten fuhren sie durch das Stadttor. Es war, als hätten Ali und Hassan auf sie gewartet. Kaum waren die Schweizer ausgestiegen, standen die Jungen da und umarmten Manuel und Marietta. Heißer, zuckersüßer Tee im „Odeon", wie sie die kleine, rosa gestrichene Kneipe neben dem Stadttor Bab Ftouh bereits nannten.

Zwei Tage Fes und dann Weiterfahrt in den Süden. Ali fuhr mit, sie waren jetzt zu fünft im robusten VW 1600, den Manuel fuhr.

Fahrt über den Mittleren und den Hohen Atlas, eine fast surreale Landschaft bei Midelt, dunkelhäutige Kinder am Straßenrand, die winkten und fotografiert werden wollten. Bei Einbruch der Nacht Ankunft in *Erfoud* am Rand der Sahara. Es begann leise zu regnen. Manuel zog seinen Wintermantel an. Sie bezogen ein angenehmes kleines Hotel. Silvester feierten sie bei Spießchen und – ausnahmsweise für die europäischen Gäste – einer Flasche Rotem. An Neujahr Fahrt über die alte Karawanenstadt *Rissani* in die Dünen von *Merzouga*. Gegen Mittag bei gut zwanzig Grad rittlings auf dem Kamm einer vielleicht hundert Meter hohen Düne, dann Rutsch auf dem Hosenboden auf dem fließenden Sand, der aus gelben, grauen, braunen und roten Kügelchen bestand, rieselfähig und wie geschaffen für eine Sanduhr, wie es Manuel schien.

Im Hotel schlief Ali die erste Nacht im Bett bei Manuel, Marietta schlief im zweiten Bett daneben. In der zweiten Nacht wollte Ali wechseln und schlief bei Marietta. Am Morgen wurde ein erstaunlich guter Milchkaffee aufgetragen mit wohlschmeckender Milch aus dem Hohen Atlas, wie der Wirt versicherte.

Bei der Rückkehr nach Fes war es Manuel bei der Ankunft, als ob er von einer langen Reise zu Hause angekommen wäre.

Bei der nächsten Fahrt nach Marokko, eine etwas abenteuerliche Reise, deren ausführliche Beschreibung hier ausgespart wird, bei der das Auto schon in Frankreich ausgefallen war und die deshalb mit Bahn, Schiff und Bus weiterging, hatte Manuel Ali in die Schweiz mitgenommen.

Für Ali war es nach der Busreise bis Melilla die erste Schiffsreise gewesen, nun folgte der erste Flug mit einer DC9 nach Barcelona, dann die Fahrt mit dem Nachtzug nach Genf. In Genf wollte der Schweizer Grenzbeamte eine Szene machen, obwohl Ali einen gültigen Pass hatte, der mindestens für einen dreimonatigen Aufenthalt ohne Visum genügte.

Sie kamen in der Stadt Manuels an, suchten als erstes seine Stammkneipe auf, verkauften einige Ware, die sie aus Marokko mitgebracht hatten, kauften neue Schuhe und neue Hosen für Ali. Alles war neu für den kleinen Marokkaner. „Die Altstadt sieht bei euch aus wie bei uns die Neustadt", staunte er. Ali war im Schuhgeschäft zum ersten Mal in einem modernen Lift, der in die Herrenabteilung im fünften Stock fuhr. Hosen mussten sie für den schlanken Jüngling im Knabenrayon kaufen.

Manuel bewohnte seit Anfang des Jahres ein altes Bauernhaus im Stil der Juraregion mit nur leicht geneigtem, breitem Dach, das in gar nicht weit zurückliegenden Zeiten das Regenwasser in eine Zisterne geleitet hatte. Claudia, die Schwester des ehemaligen Bosses und Freundin von Frédéric, hatte es gemietet. Und da Frédéric für ein Jahr als Kameramann in Bangkok weilte, um mit einem Team Dokumentationen am Rande des Vietnamkrieges zu filmen, und Claudia die Woche über als Redakteurin einer Frauenzeitschrift in Zürich arbeitete, hatte sie sich Manuel ausgesucht, damit er in ihrer Abwesenheit das Haus hüte.

Zum Hüten gab's auch noch einen Hund, einen zuerst scheuen, dann ungemein zutraulichen Leonsberger und eine kleine schwarze Katze, die mit dem riesigen Rüden aufs engste befreundet war.

Im Bauernhaus auf dem Berg bekam Manuel wieder Lust, zu komponieren. Mehr als fünf Jahre waren vergangen seit dem

Abschluss seiner Musikstudien. Eine Kirchenorgel hatte er seit vier Jahren nicht mehr angerührt, sein mühselig abgestottertes Klavier hatte er in einer Zeit der größten finanziellen Nöte unter seinem Wert verkauft.

Er hatte in den letzten Jahren einfache Songs geschrieben, Filmmusiken von dreißig Sekunden Dauer, eine einzige längere Filmmusik zu einem Dokumentarstreifen, er hatte auf Schallplatten und in Konzerten mit Freunden mehr Popmusik und Jazz als Klassik gehört, war Verehrer der Gruppe „Pink Floyd", des Gitarristen John McLaughley, des Schlagzeugers Tony William und des Bassisten Dave Holland.

Er hatte das Tibetanische Totenbuch gelesen und Bücher des Lama Anagarika Govinda.

Die Erfahrungen mit LSD waren vielseitig und nicht alle positiv, aber ihm schien doch, er hätte Fesseln abgelegt. Er begann ein Werk zu schreiben, wobei es ihm gelang, alles mühsam erworbene Handwerk zu vergessen, über Bord zu werfen. Ohne Hilfe eines Instrumentes entwarf er fünf Stücke zu einem tibetischen Mandala direkt in die Partitur, am Küchentisch oder auf der Ofenbank des Bauernhauses. Mahler und Debussy schwebten ihm vor, aber auch Pink Floyd, Miles Davis, die arabischen Klänge, die er in Fes gehört hatte, indische Musik, die er auf Schallplatten hörte.

Der Chefdirigent erklärte sich sofort bereit, die fünf Orchesterstücke in einem Sinfoniekonzert aufzuführen. Manuel hörte die Musik zum ersten Mal an der ersten Orchesterprobe, er hatte sie nicht einmal am Klavier probiert. Das Orchester war angetan von der Musik, Publikum und Kritik geteilt. Ein Kritiker, der frühere Kompositionen skeptisch beurteilt hatte, fand, Manuel hätte den Durchbruch zu einer eigenen Sprache gefunden, ein anderer fand die Musik schlicht „lang und langweilig". Was wiederum einen anderen Journalisten auf den Plan rief, der mit Manuel ein ausführliches Interview führte. Er war als Musiker wieder im Gespräch.

Nie wieder fühlte sich Manuel so frei. Er schrieb weitere Stücke, doch meldeten sich seine früheren handwerklichen Skrupel zurück. Obwohl er noch einige Stücke für gelungen hielt, die auch alle im selben oder folgenden Jahr nach der Entstehung vom Orchester aufgeführt wurden, fühlte er sich wieder unsicherer. Er beneidete sich selbst um den Mut zum Erstling nach jahrelanger kreativer Abstinenz.

„Habt ihr eigentlich Ali noch gekannt?", fragte Manuel Andrea, die in der Küche hantierte. „Nicht wirklich, wir haben ihn vielleicht einmal oder zweimal gesehen. Wir kamen damals ja selten zu Besuch." Manuel erinnerte sich an einen Besuch von Erika mit den beiden sieben und acht Jahre alten Kindern, als er im Bauernhaus auf dem Berg wohnte. Es war Winter, die Landschaft verschneit und vereist. Veronika wollte unbedingt den großen Hund an der Leine führen, der riss im Übermut aus und schleppte Veronika, welche die Leine verbissen festhielt, bäuchlings im Schnee mit.

Manuel hätte Ali seit langem wieder mal anrufen müssen. Seit über fünfundzwanzig Jahren lebte er nun schon in Genf, vor mehr als drei Jahren hatte ihn Manuel das letzte Mal besucht. Damals war es ihm nicht gut gegangen. Seine Frau war in eine psychiatrische Klinik eingeliefert worden, er musste seine zwei Kinder allein betreuen. Er verkaufte fast keine seiner Bilder mehr, im Atelier stapelten sich die fertig gestellten Riesenleinwände. Er hatte am *Conservatoire populaire* auch schon mehr Schüler als gegenwärtig unterrichtet. Die arabischen Mäzene waren weit weniger großzügig als bisher.

Die letzten der seltenen Besuche waren erfreulicher gewesen. Es vergingen immer mehrere Jahre, bis sich Manuel aufraffte, nach Genf zu fahren. Aber Ali besaß mitten im teuersten Geschäftsviertel der Stadt ein großes Atelier mit Ausstellungsraum auf ebener Erde. Er führte Ausstellungen mit eigenen und fremden Werken durch. Zu den Vernissagen kamen Hunderte von Leuten, die den immer umgänglichen und gastfreundlichen Künstler und seine Feste liebten.

Er war vor dem letzten Besuch umgezogen. In einen noch größeren Raum, ein ehemaliger Ausstellungsraum für Autos, den er für sehr wenig Geld mieten konnte. Er hatte von einer herrschaftlichen Villa gesprochen, die er zu außerordentlich günstigem Zins vielleicht mieten könnte. Sie hatten im Atelier einen Nachmittag lang geplaudert und Wein getrunken, zum Abschied fielen sie sich in die Arme. Ali war wie ein Sohn, ein Ziehsohn halt, für Manuel.

Er hatte in Genf sein Musikstudium abgeschlossen, das ihm erlaubte, Laien zu unterrichten. Er spielte mit namhaften Jazzmusikern zusammen. Er hatte neben dem Konservatorium auch einige Zeit an der Jazzschule Unterricht genommen. In Genf lebte Ali vorübergehend in der Familie eines Universitätsprofessors, der wiederum Verbindungen zu führenden Politikern hatte. Ali war in der Rhonestadt bestens eingeführt, erhielt dort eine Aufenthaltsbewilligung und wurde nach einigen Jahren eingebürgert.

Er hatte wenige Jahre vorher, als er noch bei Manuel wohnte, zu malen begonnen. Zuerst waren es unbeholfene Zeichnungen. Manuel zeigte ihm ein paar Tricks und brachte ihm ein bisschen Aquarelltechnik bei. Eines der ersten größeren Bilder in Mischtechnik, das Ali fertig gestellt hatte, fand gleich Aufnahme in die Weihnachtsausstellung des Kunstvereins und lobende Erwähnung des Juryvorsitzenden bei der Vernissage.

Ali entwickelte seine Maltechnik selbständig weiter, besuchte zwar einige Lektionen in einer Kunstakademie, ließ aber weiteren Unterricht bleiben, um nicht, wie der Professor selbst meinte, seine Spontaneität unter akademischem Handwerk zu ersticken. Seine Ausstellungen hatten zunehmend Erfolg, er konnte als offizieller Vertreter Marokkos am *Comptoir Suisse* in Lausanne ausstellen, hatte Ausstellungen in Galerien von Genf, Montreux und Casablanca und der Staat Genf kaufte mehrere seiner Bilder.

Jetzt kumulierten sich die Fehlschläge und vielleicht hatte dies Manuel, der sich über die Erfolge seines Schützlings immer sehr gefreut hatte, mehr demoralisiert als Ali selbst.

Manuel müsste Ali unbedingt demnächst besuchen.

Die anderthalb Jahre auf dem Berg gehörten zu den schönsten Jahren in Manuels Leben, so fand er selbst. Die Ruhe am Rande des Dorfes, mit Aussicht auf die Alpen, im Vordergrund unüberbaubare Felder und der Waldrand, der die Sicht auf den See und die nahe Ebene verdeckte. Die Spaziergänge mit Vanca, dem Leonsberger, die Abende in der Küche mit Ali und Claudia. Gewürze aus Marokko mit der Kaffeemühle malen und in Cellophansäckchen abfüllen, um sie am nächsten Jahrmarkt zu verkaufen. Die Feste an Wochenenden, wenn die jungen Freunde aus der Stadt von Freitagabend bis Sonntagnachmittag bei Manuel weilten, diskutierten, Musik hörten, aßen und tranken, einen Joint rauchten oder in immer größer werdenden Abständen auch wieder mal eine LSD-Pille schluckten.

Nach der Rückkehr aus Marokko mit Ali hatte sich Manuel noch einmal ein Auto angeschafft, einen billigen Gebrauchtwagen. Mehr vermochte er nicht mehr zu bezahlen mit seinem kleinen Gehalt als Kapellmeister. Mehrmals mussten Ali und Manuel spät nachts den Weg hinauf auf den Berg zu Fuß zurücklegen, einmal, weil es am Abend zu schneien begonnen hatte und das Auto die steile verschneite Straße nicht mehr schaffte. Sie marschierten die Straße entlang durch eine Schlucht bis auf die kleine Hochebene. Das letzte Mal, da Manuels alter Ford seinen Geist unten auf der Seestraße endgültig aufgegeben hatte.

Da die letzte Seilbahn und der letzte Postbus auf den Berg beide um sieben abends fuhren, Manuel aber im Theater Abend für Abend bis zehn oder elf, bei den häufigen Auswärtsgastspielen noch später Dienst hatte, suchte er eine Absteige in der Stadt und fand sie im alten, dem Abbruch geweihten Haus über der Szenebeiz, die nun so etwas wie seine Wohnstube wurde. Das Zimmer war riesengroß, das Schlafzimmer einer einst herrschaftlichen Bürgerwohnung mit anschließendem großem, in der Einrichtung altmodischen, aber auch alte Vornehmheit ausstrahlenden Badezimmer.

Hier gingen die Abende oft auch weiter, wenn unten die Kneipe geschlossen wurde, hier wurde getrunken, Hasch geraucht und hier hatte auch Manuels Liebesleben einige Höhepunkte.

Frédéric war aus Bangkok zurückgekehrt. Er wohnte nun ebenfalls im Haus auf dem Berg. Als Erstes begann er, die Küche umzubauen und frisch zu streichen. Das dauerte. Als Nächstes räumte er die Werkstatt auf, wo Manuel noch sein Fotoarchiv aus der Journalistenzeit aufbewahrte. Rücksichtslos wurde weggeschmissen, was nicht für aufbewahrungswürdig befunden wurde. Manuel fühlte sich nicht mehr zu Hause. War er einige Zeit noch an Wochenenden auf den Berg zurückgekehrt, so blieb er nun immer länger und schließlich dauerhaft in der Stadt.

Am Theater dauerte nun schon die zweite Spielzeit. Häufig war der Chef längere Zeit abwesend und Manuel leitete die Einstudierung. Der Chef leitete die Orchesterproben, Hauptprobe, Generalprobe, Premiere. Die weiteren Aufführungen dirigierte Manuel zur Hälfte oder mehr, vor allem die Operetten.

In Konzerten musste er im Orchester aushelfen, Tasteninstrumente und Perkussion, vor allem Melodieinstrumente wie Glockenspiel, Xylophon, Vibraphon, da war der reguläre Paukist und Schlagzeuger wenig bewandert. Er hatte als Jazz-Schlagzeuger begonnen, in der Band von Hazy Osterwald gespielt und war schließlich als Allrounder im Theaterorchester gelandet.

Bald wurde ein weiterer Korrepetitor mit Dirigierverpflichtung eingestellt. Manuel ärgerte es, dass man ihm auch in der zweiten Spielzeit keine Produktion anvertraute. In der dritten Spielzeit war es schließlich die Operette „Maske in Blau", die der Chef ihm großzügig überließ. Obwohl er nebst Operetten immer häufiger auch Opern nachdirigierte und im Sommer auch für die Konzerte im Freien eingesetzt wurde.

Er hatte nie eine eigentliche Dirigierausbildung genossen. Sie hätte im Konservatorium zum Studienplan gehört, aber da war niemand, der das Fach kompetent unterrichten konnte. Einige Erfahrungen hatte er mit seinem kleinen Kammerorchester gesammelt. Bei einem früheren Kapellmeister des Theaters hatte er zwei oder drei Lektionen Schlagtechnik. Der überließ ihm auch schon in früheren Jahren einmal ein Sommerkonzert. Manuel hatte sich aber im Selbstunterricht, etwa mit dem Lehrbuch von Herrmann Scherchen, die Schlagtechnik beigebracht, nun brauchte er vor allem Erfahrung und Routine. Die erwarb er sich mit der „Lustigen Witwe", dem „Bettelstudenten", „Opernball" und „Polenblut". Seine Ziele waren höhergesteckt. Er war schon fünfunddreißig und wurde immer noch wie ein Anfänger behandelt und hingehalten.

Die Entscheide im Theater- und Orchesterbetrieb wurden oft am Stammtisch der Theaterbeiz nach den Vorstellungen gefällt, wenn alle bereits angetrunken waren.

Wer anwesend war, konnte Glück haben, Abwesende hatten ohnehin immer Unrecht. Im Alkoholnebel wurden Entscheide gefällt, die am anderen Tag in nüchternem Zustand nicht immer Bestand hatten. Entscheide, die tagsüber gefällt worden waren, konnten abends oder frühmorgens beim Gelage in der Wohnung des Chefdirigenten wieder ins Gegenteil verkehrt werden. Hatte Manuel vor Saisonende eine Zusage für eine Produktion, so konnte er keineswegs sicher sein, dass der Entscheid vier Wochen später nach der Rückkehr aus Spanien noch gültig war. Da wurde ihm für die kommende Saison „Die Entführung aus dem Serail", dazu „Zar und Zimmermann" von Lortzing versprochen, kurz vor Saisonende fand der Chef, es ginge doch nicht an, dass der Zweite drei Stücke leite und er bloß zwei und nahm ihm die „Entführung" wieder weg. Das war mit ein Grund zur Kündigung des Vertrags. Später verbreitete der Direktor, man hätte ihn entlassen.

Die Hierarchien waren recht verworren. Die oberste Leitung wurde von den untersten Ensembleebenen in Frage gestellt, der Chef musste Rücksicht nehmen auf Sängerinnen, mit denen er gerade liiert war, Chorsängerinnen waren mit Orchestermusikern verbandelt und tratschten über jede kleine Missstimmung, die etwa zwischen Regisseur oder musikalischer

Leitung und Ensemble aufkommen konnte. Im Sandwich eingeklemmt war die mittlere Ebene, Korrepetitoren und zweiter Kapellmeister, die von oben und unten beäugt, kritisiert oder vielleicht auch gelobt wurden, je nachdem in Gunst oder Missgunst standen.

Die Leitung war nicht selten verkracht. Alkohol war auch im Spiel, wenn sich Direktor und Chefdirigent mit Vorwürfen überhäuften oder öffentlich ihre Meinungsverschiedenheiten austrugen, Auseinandersetzungen, die auch in Beschimpfungen ausarten konnten. Doch die beiden waren aufeinander angewiesen, um ihre Stellung zu halten. Der Direktor war vom Angestellten eines Architekturbüros zum Opernintendanten aufgestiegen, ohne von diesem Beruf ursprünglich nur die leiseste Ahnung zu haben. Der Chefdirigent war vom Intendantenneuling berufen worden, obwohl er zu dieser Zeit noch ein – allerdings zugegebenermaßen begabter – Anfänger war.

Und weil beide ihre Stellung verteidigen mussten, waren sie gezwungen, zusammenzuhalten. Umso weniger konnten sie schlichten, wenn auf unteren Ebenen Zwiste und Machtkämpfe ausbrachen. Das Personal konnte nicht auf Unterstützung zählen, der Direktor konnte es sich nicht leisten, Partei zu ergreifen, weil er selbst gleich in die Bredouille geraten wäre. Von Personalführung hatte er auch keine Ahnung. Seine Vorstandsmitglieder noch weniger.

Vater ist gestorben. Die älteste Schwester überbrachte die Nachricht. Ein Bruder, welcher Vater jeweils abends beim Füttern der wenigen verbliebenen Kaninchen half, hatte ihn auf dem Küchenboden liegend gefunden. Hirnschlag. Transport ins Spital. Das Herz wollte nicht aufhören, zu schlagen. Morgens früh trat der erlösende Tod ein.

Manuel ging nicht in die Leichenhalle. Er wollte Tote nicht sehen. Die letzte Tote, die er aufgebahrt besucht hatte, war die Mutter gewesen. Er ging nur gerade zur Beerdigung. Anschließend ein Umtrunk mit Geschwistern. Abends dirigierte er im Theater den „Bettelstudenten". The Show must go on.

Er hatte nie eine enge Beziehung zum Vater gehabt. Er haderte auch nicht mit ihm. Vater hat ein rechtschaffenes und langes Leben geführt. Auch wenn ihm Manuel übelnahm, dass er bloß ein Jahr nach Mutters Tod auf eine Frau hereingefallen war, die irrtümlich annahm, Vater hätte ein Vermögen.

Mit der Familie hatte Manuel seit der Scheidung nur spärlichen Kontakt. Eine Schwester, obwohl fromm, hielt zu ihm, half ihm ab und zu mit Geld aus, die älteste Schwester ohnehin. Die anderen Geschwister waren auf Distanz gegangen.

Die Kinder gingen ins Gymnasium und verlangten nicht nach dem Vater. Ab und zu fragte ein befreundeter Gymnasiallehrer, ob die Andrea seine Nichte sei. „Nein, die Tochter", antwortete er und die Konversation war zu Ende.

Manuel hatte wenige Jahre zuvor beigetragen, die frühere Leitung des Zweistädtetheaters zu Fall zu bringen. In einem Artikel in der Basler „National-Zeitung" hatte er den ganzen Betrieb unter einem Pseudonym kritisch demontiert. Die viel zu vielen Premieren, die miserable Bezahlung, die himmelschreienden Arbeitsbedingungen von Ensemble und Orchester, die antiquierten Spielpläne, die nur acht Monate dauernden Verträge. Mit achtzehn Orchestermusikern wurden „Tannhäuser" oder „Carmen" aufgeführt. Im Sommer mussten Sänger und Musiker als Aushilfskellner arbeiten. Kurorchester, in denen Musiker saisonalen Unterschlupf finden konnten, gab es kaum mehr. Den Balletttänzerinnen war öffentlich empfohlen worden, ihre Gage mit zweifelhaften Diensten aufzumöbeln. Alles war minutiös recherchiert.

Der Artikel schlug ein wie eine Bombe. Wenig später trat der amtierende Direktor zurück, es entstand eine veritable Theaterkrise, niemand wusste, wie es weitergehen sollte. Progressive Kreise wollten einen progressiven Leiter. Dagegen stemmten sich die alten Abonnenten und die Subventionsgeber. Eine Zwischenlösung entstand, mit einer Spielzeit, in der das noch verbliebene Ensemble vor leeren Häusern spielte.

Schließlich entschlossen sich die politischen Entscheidungs-
träger, auf das Musiktheater zu verzichten und bloß noch das
Sprechtheater auf bescheidenem Niveau weiterzuführen. Hier
sprangen der jetzige Leiter und sein Chefdirigent in die Lücke.

Sie hatten mit Laienmusikern und den Theatermusikern
soeben ein gemischtes Orchester gegründet, nach dem Vorbild amerikanischer *Community Orchestras*. Mit den bisherigen
Krediten versprachen sie, ein Musiktheater auf reduzierter Ba-
sis zu betreiben mit noch fünf Neueinstudierungen pro Spielzeit anstelle der bisherigen wahnwitzigen fünfzehn Premieren.

Nun war Manuel vom Destruktor des alten Theaters zum Mitarbeiter beim Neuaufbau geworden, wurde aber keineswegs als
das betrachtet. Man brauchte ihn, weil er wenig kostete und
man wählte ihn, weil er mit seinem vor wenigen Jahren einge-
gangenen Kammerorchester immerhin so etwas wie Pionierar-
beit für ein professionelles Musikleben geleistet hatte. Gleichzeitig achtete man sorgsam darauf, ihm nicht zu viel Einfluss
im neuen Betrieb einzuräumen.

Immerhin hatte er mit fünfunddreißig Jahren seinen vor-
läufigen Traumjob gefunden. Doch obwohl er zufrieden und beinahe glücklich war, musste er um jeden Fortschritt kämpfen.

Kleine Mätzchen trübten immer wieder das Arbeitsverhält-
nis. Er erhielt zwar ein wichtiges Sinfoniekonzert, aber hier wie
auch bei den Theaterpremieren wurde immer, es schien gezielte
Absicht dahinter zu stecken, zwischen Hauptprobe und Aufführung ein bisschen Zwietracht gesät. Manuel ahnte manchmal,
woher die Sticheleien stammen könnten, manchmal schienen
sie auch wie aus dem Nichts zu kommen. Kleine Zweifel an seiner Fähigkeit, oder perfider: Ermunterungen, „das schaffst du
schon", obwohl eigentlich niemand daran gezweifelt hatte, dass
er es schaffe. Wozu also die Ermunterung, die Manuel eher verunsicherte? Gezielt verunsichern sollte?

Dann wieder bevorzugte ihn das Orchester eindeutig gegenüber dem Chef. Die Musiker wollten ihm im vierten Jahr eine

eigene kleine Konzertreihe anvertrauen, eine Art „Volkssinfoniekonzerte" mit ausschließlich Orchestermitgliedern als Solisten. Als bereits das Programm für die kommende Spielzeit feststand, kam von oben das Fallbeil: kein Geld, angeblich. Dabei hätte es fast nichts gekostet.

Manuel erhielt immer wieder den Eindruck, dass der Chef seine Stellung mit nicht ganz einwandfreien Mitteln verteidigte. Vordergründig waren sie Freunde, und als Manuel zufällig mitbekam, wie man an oberster Stelle plante, den Chef durch einen bloß einmal als Gast aufgetretenen Dirigenten zu ersetzen, hinterbrachte ihm Manuel die Warnung und er konnte sich rechtzeitig gegen seine Absetzung wehren.

Manuel wusste seit Jahren und schon die früheren Kapellmeister hatten ihn gewarnt, dass das Theater ein glitschiges Parkett und eine intrigenreiche Bühne sei. Nun erfuhr er dies mit ermüdenden Nadelstichen am eigenen Leib. Vielleicht wurde er auch mit der Zeit zu empfindlich. Mobbing macht auch dünnhäutig. Er hatte definitiv keine Waffe gegen Intrigenspiele.

Jeden Sommer nach Ende der Spielzeit zog es ihn unwiderstehlich nach Süden. Wenn es im März noch schneite, wenn im April noch wochenlang eine graue Wolkendecke über See und Berg hing, sehnte er sich nach Licht und Wärme, nach der Freundlichkeit von Pepe und Maria, nach den Brathähnchen von Lola mit dem unvergleichlichen Geschmack von Olivenöl und dünnwandigen Peperoni, nach der Markthalle mit dem Geruch von frischen Fischen, getrocknetem Schinken, nach der Kneipe an der Ecke mit einfachem rotem Tischwein in kleinen Gläsern, dazu gebratene Sardinen, nach den felsigen Steilstränden und den kleinen Buchten oder den flachen menschenleeren Sandstränden an der Halbinsel von *Cabo de Gata*, den Fischerjungen von *Isletta del Moro* und den jungen Landarbeitern von *Campo Hermoso*, *San Isidro* und *Pueblo Blanco* im *Campo de Nijar*, nach den Dorffesten von *El Pozo de los Frailes* oder *San José*, nach der Discoteca von *Las Negras*, dem Rausch von Cuba libre, schließlich nach den Gerüchen und Düften in den engen Gassen der

Medina von Fes, den Farben der Djellabahs und der Kandouras, dem heißen süßen Tee aus Minze und Grüntee nördlich des Atlas, Minze und Schwarztee südlich des Atlas.

Kaum war die letzte Vorstellung dirigiert, bestieg er am kommenden Abend den Hispania Express, der von Dortmund kommend abends um sieben in seiner Stadt hielt und ihn über Genf an die spanische Grenze bei Port Bou brachte, wo man um sieben Uhr morgens umständlich durch den Zoll geschleust wurde, mit Glück den Schnellzug, mit weniger Glück einen Regionalzug nach Barcelona erwischte. In Barcelona in die Altstadt in Hafennähe, auf die Ramblas, in die alte Beiz an der Ecke, wo der beste Gazpacho, das beste Rebhuhn an sämiger Sherry-Sauce aufgetischt wurde. Dann entweder um sechs Uhr mit dem Zug weiter mit der Aussicht auf eine vierundzwanzigstündige Reise oder für läppische fünfzig Franken mit der IBERIA in einer DC9 nach Almeria, wo man eine Stunde später auf dem kleinen Flughafen landete, ein Taxi nahm und nach einer weiteren halben Stunde vor dem kleinen Hotel von Don Pedro ankam und sich gleich einen mindestens dreifachen spanischen Brandy genehmigte, nachdem man mit großem Hola, Hola empfangen worden war und sich bereits wieder zu Hause fühlte.

Das alte Haus erreichte man über ein schmales Sträßchen, vorbei an einer tiefen Grube, wo Pepe Dias mit einem kleinen Bagger Tag für Tag ganz allein phosphathaltiges Gestein aushob, das von großen Lastwagen in eine Fabrik geführt wurde. Von der Grube ging's entweder über eine Wiese oder über einen Umweg durch das trockene Flussbett und steil links hinauf zwischen hohen Agaven hindurch vorbei am Pozo, dem Ziehbrunnen.

Damals, nachdem Manuel am Gründonnerstag bereits den Zug bestiegen hatte, an einem kalten Karfreitag die Prozession in Barcelona beobachtet und abends in Los Escullos eingetroffen war, lebte Fabrizio bereits im Haus. Er hatte sich eine Ziege gekauft, eine zugelaufene Katze schlich durch den großen Raum und eigentlich wollte er sich noch ein Schwein und vielleicht

Hühner anschaffen. Nach dem Abitur hatte er sich gleich hierher abgesetzt und wollte für längere Zeit da bleiben.

Manuel hatte sich während der Prozession in Barcelona erkältet und musste für mehrere Tage mit einer Angina ins Bett. Es war in Spanien kälter als zu Hause, wo in diesem Jahr eine warme Märzsonne das Gesicht Manuels schon gebräunt hatte.

Es zog ihn nach Marokko. Melilla, Nador, Fes. In Claude, einem verwöhnten Industriellensohn, der sich ihm angehängt hatte, schleppte Manuel einen Begleiter mit, der oft Ballast war.

In Fes logierte er diesmal in der Neustadt in einem einfachen, sauberen Hotel, in dessen Erdgeschoss sich die Endstation der Linienbusse, die morgens um sechs Uhr nach allen Himmelsrichtungen ausschwärmten, befand.

Nach einigen Tagen im kalten Fes, wo es Tag und Nacht wie aus Kübeln goss, flüchteten sie im Reisebus Richtung Marrakesch. Auf dem Pass über den Mittleren Atlas froren Manuel fast die Zehen ab und es war doch schon Ende April. Fröstelnd blickten die Reisenden durch beschlagene Fensterscheiben auf die verschneite Berglandschaft hinaus.

Gegen Abend kamen sie in Marrakesch an. Hier herrschte genau seit ihrer Ankunft endlich schönes Wetter. Beim Kaffee am nächsten Morgen, es war der erste Mai, erfuhr Manuel aus der Zeitung, dass Willy Brandt in Deutschland als Bundeskanzler gestürzt worden war. Gaukler, Schlangenbeschwörer, Musikgruppen, Essstände am *Djemaa-el-Fna*, dem großen Platz am Eingang zur Medina, die lange nicht den einzigartigen Reiz derjenigen von Fes hat.

Nach zwei Tagen reisten sie weiter nach Agadir. Ein Taxi brachte sie am anderen Tag nach *Tiznit,* die billigen Busse fuhren zu früh am Morgen. Claude schaffte es fast nie, rechtzeitig aufzustehen. Aber die Taxis kosteten auch fast nichts. Sie bestiegen am Nachmittag einen Bus, der in den Anti-Atlas fuhr. Sie glaubten, am gleichen Abend zurückzukehren, doch der Bus kam erst am Abend an und blieb in *Tafraout.* Mit dem bisschen

Geld, das Manuel auf sich trug, logierten sie im *Grand Hotel du Sud* und genossen den Vier-Sterne-Luxus. Anderntags fuhren sie mit dem Bus zurück nach Tiznit wieder über den etwa 1700 Meter hohen *Kerdous*-Pass auf schmaler und kurvenreicher Straße.

Kurz vor *Tafraoute* im Anti-Atlas trifft man auf eine bizarre Landschaft. Beidseits der Straße steigen rötliche Felsen empor, oben auf den Felsen türmen sich große Steinbrocken, die größten mit mehreren Metern Durchmesser. Von Wind und vielleicht auch von Wasser sind sie rundlich abgeschliffen, die oberen Brocken kleiner als die darunterliegenden. Die Türme müssten jederzeit einstürzen, würde der Betrachter denken. Nein, sie stehen da seit Jahrtausenden und in ihrem Schatten stehen Häuser aus Lehm oder Backstein, ohne dass die Bewohner sich Sorgen machen.

Nach einem Ausflug auf den Kamelmarkt von *Goulimine* fuhr Manuel am nächsten Morgen früh allein weiter und erreichte am Abend *Taroudant*. Märchenhaftes Städtchen, abends vor dem Hotel auf dem Platz Aussicht auf die Zinnen der alten Stadtmauer, ein Minarett, das die Palmen überragte, und ein Sichelmond, der sich wie aus „Tausendundeiner Nacht" ins Bild geschoben hatte.

Fröhliche Jünglinge wollten den Fremden zu sich nach Hause einladen, Manuel blieb lieber im Hotel, denn um halb sechs am kommenden Morgen fuhr bereits der Bus nach Marrakesch.

Eine abenteuerliche Fahrt führte über den 2100 Meter hohen Pass *Tizi-n-Test* im alten Bus auf einer schmalen Naturstraße, doch Manuel hatte keinen Augenblick Angst und vertraute dem Busfahrer wie einem Schweizer Alpenpass-Postbusfahrer. Nach zwei Tagen Aufenthalt in Marrakesch kehrte er zurück nach Fes ins gleiche Hotel über der Busstation.

Claude traf am nächsten Tag auch ein und zusammen fuhren sie auf Umwegen über Melilla nach Malaga und mit dem Bus zurück nach Almeria. Nach mehr als vier Wochen trafen sie wieder im Haus bei Fabrizio ein.

Die nächste Reise unternahm Manuel mit Frédéric. Sie hatten den Renault R4 von Nicolas ausgeliehen und fuhren nach Almeria, nahmen gleich die Fähre und fuhren von Melilla über kleine Nebenstraßen durch das Rifgebirge nach Fes.

In Barcelona hatten sie in einer Bar eine junge Autostopperin aus Kanada kennengelernt, die ursprünglich bis Südspanien mit ihnen fahren wollte, sich dann aber entschied, mit den beiden nach Nordafrika überzusetzen.

Manuel wollte, da sie wieder einmal im Auto reisten, neue Gegenden Marokkos kennenlernen. Gebiete, die mit dem Bus nicht erreichbar waren. Über schmale, steile Gebirgssträßchen durch abgelegene Berberdörfer erreichten sie *Taounate*, wurden in *Ain-Aicha* von der Polizei aufgehalten, die glaubte, sie kämen aus *Ketama*, wo Cannabis angebaut wird. Trotz genauster Durchsuchung des Wagens fanden die Uniformierten kein Haschisch, sie gaben den Reisenden die zuvor beschlagnahmten Pässe zurück und ließen sie mit einer höflichen Entschuldigung ziehen.

Ein paar Tage in Fes. Besuch bei Freunden, dem Boutiquebesitzer, der im Zentrum der Altstadt einen alten Palast bewohnte, bei Ouazzani, dem Besitzer einer Teppichmanufaktur, der im Hofe eines Palastes kleine Mädchen große Teppiche entweder in Naturwolle mit Weiß- und Brauntönen oder in bunten geometrischen Mustern knüpfen ließ. Überall üppige Mahlzeiten mit Spießchen als Vorspeise, einem Huhn an Safransauce und Pflaumen als zweitem Gang und einem reich garnierten Couscous mit Lamm als Hauptgang. Anschließend die Teezeremonie, die Manuel schon so gut kannte, dass man ihn mit der Zubereitung des Nationalgetränkes betraute.

Ouazzani war einer der reichen Männer von Fes. Er war Berber, das machte ihn bei seinen Angestellten beliebter als die reichen Araber. Aber auch er zahlte seinen Verkäufern in den Läden für Touristen, wo Teppiche, Kleider, Lampen und Plateaus aus gestanztem Messing und anderes Handwerk verkauft wurden, nicht mehr als zehn Dirham für einen zehnstündigen Arbeitstag. Der etwa 18-jährige Karim, ein netter, hübscher und intelligenter Junge, musste fast alle Abende Ouazzani um die zehn Dirham bitten, von selbst rückte der sie kaum heraus. Aber Karim nahm an allen Essen, zu denen Manuel eingeladen war, teil, und auch an der kleinen Reise zu den heißen Schwefelquellen von Moulay Yakoub oder zu den Spielen der Berberreiter in Sidi Harazem.

Fahrt nach Marrakesch. Frédéric und die Kanadierin hatten am Abend zuvor Milchreis gegessen. Manuel hatte versäumt, sie zu warnen. Die Frischmilch verursachte heftigen Durchfall. Manuel musste die fünfhundert Kilometer bis Marrakesch allein steuern, die Fahrgäste lagen krank auf dem Rücksitz und verlangten höchstens ab und zu nach einem Halt.

Von Marrakesch fuhren sie nach *Essaouira*, einer beeindruckenden alten Hafenstadt mit der intakten Hafenfestung. Enge Gässchen, enge kleine Kneipen, wo sie inmitten Einheimischer wieder einheimische Gerichte kosteten. Übernachtung in einem Hotel mit einem Innenhof wie die Paläste in Fes, mit einem Umgang auf jedem Stockwerk.

Mitten in der Nacht spielten sich bizarre Szenen ab. Vom Lärm geweckt, trat Manuel auf den Balkon zum Innenhof. Eine Folkloregruppe, vor allem Frauen, alle noch in den bunten Kostümen des in Marrakesch stattfindenden Festes, wurde umständlich einquartiert. Es dauerte seine Zeit, bis die aufgeregt schnatternden Frauen auf ihre Zimmer verteilt waren.

Am anderen Tag ging's weiter die Küste entlang Richtung Süden, Richtung Agadir.

Am Tag zuvor hatte Manuel mit dem Auto einen Ausflug in die Hügel gewagt. An einem Brunnen tränkte eine Herde Kamele und Schafe, später eine verlassene Kasbah. Ein Bauer mit Ochsenkarren durchquerte vor ihm das steinige Flussbett, so dass er sich getraute, mit dem Renault R4 die Furt zu durchfahren. Bei einer Häusergruppe, bei der er wieder auf ein asphaltiertes Sträßchen gelangte, hatte er einem Knaben die geschürfte Wange mit Merfenpulver aus der Autoapotheke desinfiziert. Er hätte gern nach dem Befinden des Jungen gesehen, doch seine Begleiter hatten keinen Sinn danach.

Von Agadir führte die Reise wieder nach *Tiznit*, das er vom Vorjahr kannte und von *Tiznit* fuhren sie nach zwei Tagen noch etwas weiter in den Süden, diesmal aber nicht bis Goulimine, sondern sie bogen bei *Bou-Izakarr* ab ins Landesinnere nach Osten.

Nach ein paar Dörfern, die von Bäumen, Palmen, Feigenbäumen und anderem Grün gesäumt waren, gelangten sie auf eine Piste aus Sand. Es war mitten am Nachmittag. Voller Unvernunft fuhren sie durch die größte Hitze des Tages. Schleuderten auf dem feinen Sand und kippten beinahe um. Von da an fuhren sie mit mindestens einem kaputten Stoßdämpfer weiter. Und kurz darauf zischte es und einem Reifen entwich innerhalb einer Sekunde alle Luft. Radwechsel.

Der Nachmittag war fortgeschritten. Sie fuhren nun über ein Schotterbett, „wie ein Güterbahnhof, aber ohne Gleise", scherzte Manuel. Das Geröll glühte beinahe. Im vor Hitze flimmernden Dunst tauchten zwei Oasen auf, eine etwas unterhalb der Piste, die andere nicht viel entfernter, aber direkt an der Piste. Sie freuten sich auf eine Erfrischung.

Es zischte wieder. Ein weiterer Reifen hatte alle Luft verloren. Nun standen sie da, mitten auf der schmalen Piste, links und rechts ein Wall von Steinen. Und sie Esel waren mit nur einem Reserverad losgefahren. Sie ließen den Wagen stehen und gingen zu Fuß zu der Oase, die näher am Pistenrand lag. Sie hieß Tisqui-al-Harazim.

Auf dem Dorfplatz stand der Sheriff mit den Dorfbewohnern. Das Trio brachte sein Anliegen vor und der Fahrer des Sheriffs wusste Rat. Er nehme die beiden kaputten Räder mit in den Hauptort *Akka* und lasse sie morgen früh mit dem Bus, der vor sieben Uhr vorbeifahre, zurückbringen.

Gute Lösung. Nun organisierte der Sheriff noch die Übernachtung der Steckengebliebenen. Sie konnten aussuchen und wählten zwei junge Männer von etwa fünfundzwanzig Jahren, die sie in ihr Haus mitnahmen. Zum Abendessen brieten die Gastgeber ein Huhn, es gab den obligaten Tee. „Wieso macht ihr ihn mit Schwarztee statt Grüntee wie in Fes?“, fragte Manuel. „Die Leute von Fes verstehen nichts von Tee“, lachte der Ältere. Der besaß eine Kleiderboutique in Tanger und lud die Gäste gleich ein, ihn mal dort zu besuchen.

Eine Wasserpfeife und gute Gespräche, dann schlief man auf Decken auf dem Fußboden.

Am liebsten wäre Manuel hiergeblieben. Wenigstens noch eine Weile. Es war ein paradiesischer Ort der Ruhe und des Friedens. Sie machten am anderen Morgen, nachdem sie wie verabredet die geflickten Reifen an der Piste geholt hatten, einen Rundgang durch die Oase, entlang des kleinen Bewässerungsbaches. Manuel machte durch die Öffnung einer Mauer Fotos von Dorfbewohnern, die Getreide droschen. Frédéric drängte auf Weiterfahrt.

Die Kanadierin ließen sie bei den zwei Männern zurück. Ihr Rückflug von Casablanca über Lissabon nach Montréal war in drei Tagen fällig, so beschloss sie, von hier aus am nächsten Morgen den Bus zu nehmen und dann irgendwie nach Casablanca zu gelangen.

Frédéric und Manuel fuhren noch vormittags weiter, über *Akka* nach *Tata*, dann entschlossen sie sich für die nördliche Richtung. Sie hofften, *Irherm* noch an diesem Tag zu erreichen.

Kurz nach *Tata*, es war wieder mitten am Nachmittag, fuhr Manuel durch ein kleines trockenes Flussbett, die Böschung mit etwas Anlauf hinauf und blieb mit allen vier Rädern in einer kleinen Sanddüne stecken, die dort ganz allein und unvermittelt lag. Vorwärtsgang, Rückwärtsgang, es half alles nichts. Steine unterlegen, die wurden weggeschleudert, sobald sich das Rad drehte. Schließlich hatte Manuel, der vorher nur Vorwürfe für seine Ungeschicklichkeit geerntet hatte, eine geniale Idee. Mit dem Wagenheber hob er das Fahrzeug auf, legte ein richtiges Steinbett darunter und dann konnten sie wegfahren wie auf einer Straße.

Das letzte Fläschchen irgendeines süßen Getränks hatten sie längst geleert, es wurde sachte Abend, sie befanden sich mitten in Geröll und Sand zwischen Bergen. Wieder hatte Manuel den Eindruck, sie führen über einen Rangierbahnhof ohne Gleise, nichts als Schotter. Der war von der Tageshitze ganz schön erhitzt und hatte scharfe Kanten und so war es eine Frage der Zeit, bis es wieder einmal zischte und sie den ersten Radwechsel vornehmen mussten.

Nun war keine Oase weit und breit in Sicht. Sie konnten nur auf Glück hoffen. Frédéric setzte sich ans Steuer und fuhr nun eine Schlucht hinan auf felsigem Weg, vorbei an Abstürzen und dazu war es stockfinster geworden. Ein Dorf war auf der Karte eingezeichnet, das wollten sie erreichen. Doch auf der verflixten Karte von Marokko im Maßstab 1:600 000 täuschte sich der kartenerprobte Manuel immer wieder in den Entfernungen. Was auf der Karte nah beieinander aussah, war in Wirklichkeit mehrere Kilometer entfernt und mehrere Kilometer bei diesen Straßen bedeutete eine oder zwei Stunden.

Sie sprachen nicht mehr viel, waren hundemüde und hofften auf ein paar Häuser, stellten sich vor, da gäbe es unweigerlich zu trinken. Endlich, es war fast Mitternacht, gelangten sie zu Häusern. Alles dunkel, nicht ein Lichtlein. Sie stellten den Wagen neben die Straße und versuchten, im Auto zu schlafen.

Die Nacht war kalt. Beim Morgengrauen ging Frédéric hinaus und kam gleich wieder zurück. Sie standen mitten auf einem Friedhof und hatten einen Platten am rechten Vorderrad.

Immerhin hatten sie eine Oase erreicht. In einem Hause etwas oberhalb tat sich etwas. Es waren zwei Männer, die im Renault R4 auf den Markt im nächstgelegenen Dorf wollten. Sie liehen den Gestrandeten ein Reserverad und führten sie auf den Markt in *Souk-Tleta-de-Tagmoute*.

Während die Touristen im Kaffeehaus am Marktplatz mit einem Frühstück versorgt wurden, flickten zwei junge Männer die Reifen. Nach einer Stunde war der Renault der Schweizer

wieder fahrtüchtig. Und als diese nach dem Preis fragten, winkten die Helfer ab. Auch das Frühstück war selbstverständlich bereits bezahlt worden. Die Schweizer wussten nicht, wie sie sich
für Gastfreundschaft und Hilfsbereitschaft bedanken sollten.

Es folgte noch eine riskante Fahrt über ein steiles und äußerst
schmales Passsträßchen bis auf fast 1900 Meter über Meer mit
steilen Abhängen links der Straße. Manuel wurde es schwindlig,
als ihnen ein Touristenjeep entgegenkam und die linken Räder
beim Kreuzen auf den äußersten Steinen am Abgrund fuhren.

Endlich gelangten sie auf eine asphaltierte Straße, die breit
und bequem aussah, nach allem Vorangegangenen. Zügig erreichten sie gegen Abend *Taroudannt* im *Sous*-Tal.

Sie bezogen ein schönes kleines Hotel mit einem Innenhof, in
welchem Zitronen- und Orangenbäumchen neben den allge-
genwärtigen Dattelpalmen wuchsen. Ein wohlschmeckendes
Abendessen wirkte versöhnlich. Nach Ärger und gegenseitigem
Anschreien während der strapazenreichen Fahrt folgten fried-
liche Gespräche und eine Liebesnacht.

Ouarzazate ist ein hässliches Städtchen an einer wichtigen
Verzweigung im Atlas, von wo aus Straßen in den Süden nach
Zagora und nach Osten nach *Ksar-es-Souk* führen. Sie versuchten, den defekten Stossdämpfer zu ersetzen, war aber zu teuer
und anderntags fuhren sie weiter gen Osten. Wieder besuchten
sie die Dünen von *Merzouga* im *Erg Chebbi* südlich von *Rissani*.
Nun entdeckten sie auch die Seen westlich davon mit unzähli-
gen Flamingos. Auf der Rückfahrt versäumten sie sich, weil ein
kleiner Junge sie ins Nomadenzelt seiner Eltern lockte. Dort gab
es wie üblich Tee für die Gäste, und schließlich kaufte Manuel
dem Knaben auch für einige Dirham einen kleinen Ammoniten
ab, eines der Fossilien, die dort in der Geröllwüste an der Oberfläche herum liegen.

Nun war es bereits Mittag, und die Sonne brannte bei der
langsamen Fahrt über die gewellte Piste erbarmungslos auf das
Autodach. Manuel war heilfroh, als sie endlich in *Rissani* ankamen und im Souk den Schatten aufsuchen konnten.

Fes. Während ein paar Jahren war die Stadt fast eine zweite Heimat. Damals, beim ersten Versuch, die Medina zu durchqueren, hatte Manuel sich heillos verirrt. Nach etlichen Anläufen an der gleichen Verzweigung, hatte er endlich den richtigen Pfad gefunden. Ali und Hassan hatten seit einer Stunde auf ihn gewartet und lachten, als er endlich erschien. Er ließ sich nichts anmerken. „Habe mich eben ein bisschen verspätet." Die Jungs glaubten ihm nicht.

Mit Marietta verirrte er sich ein zweites Mal. Durch enge Gassen, unter Häusern hindurch, in eine Sackgasse und wieder zurück. Von einer Anhöhe sahen sie wenigstens die Richtung, in die sie hätten gehen müssen. Sie fanden schließlich einen Ausgang aus dem Labyrinth, aber völlig woanders als beim eigentlichen Ziel.

Später hätte er als Führer arbeiten können. So vertraut war er mit dem Gassengewirr.

„Wir Europäer orientieren uns an rechten Winkeln. Links, geradeaus, dann rechts, dann wieder links. Was aber, wenn jeder Winkel entweder ein stumpfer oder ein spitzer ist? Und die Gassen nicht gerade, sondern immer leicht gebogen? Dann kommst du ganz woanders hin, als gedacht."

Mit Marietta hatte er die Medina einst mitten in der Nacht durchquert. Nach dem Essen bei Alis Bruder wollten sie die Busstation am anderen Ausgang der Altstadt bei *Bab Bouchloud* erreichen, wo morgens um zwei der Bus in den Süden, nach *Erfoud*, starten sollte.

Auf dem Dach über dem Laden von Ouazzani, dem Teppichfabrikanten, in der Abendsonne sitzen, Karten spielen und Tee trinken.

Sidi Harazem I.

Ouazzani nahm Manuel mit in den Ort außerhalb von Fes mit einer schwefligen Thermalquelle. Bei der Ankunft ein Glas warmes Wasser aus der Quelle. Schmeckte sehr ähnlich wie Vichy, gut für den Magen und die Verdauung. Im großen Restaurant an einem Tisch sitzen, Tee oder Cola trinken, auf der Bühne klassische arabische Musik in Reinkultur und eine Bauchtänzerin.

Sidi Harazem II

Sonntag. Oder war es Freitag? Jedenfalls ein Feiertag. Ganz Fes strömte nach Sidi Harazem, mit Bus, Taxi, eigenem Wagen oder die etwa acht Kilometer von der Stadt zu Fuß.

Fantasia. Auf einem Feld so groß wie ein Fussballplatz stellten sich nacheinander Mannschaften von Berbern auf Pferden auf, jagten möglichst schnell in Reihenformation über den Platz und feuerten nach der Platzmitte einhändig einen Schuss ab. Wer schnell war, die Formation einhielt und den Schuss möglichst gleichzeitig abgab, hatte gewonnen. Großes Volksfest. Ein unvorstellbares Gedränge herrschte am Abend in den Bussen für die Rückfahrt.

Manuel hatte in einem billigen Hotel einen Hautausschlag aufgelesen. Zuerst verspürte er Juckreiz an den Armen und den Flanken. Ouazzani riet zum Bade in Moulay-Yakoub, einem Schwefelthermalbad in den Hügeln westlich von Fes. Das Dorf stank penetrant nach faulen Eiern.

Der reiche Ouazzani suchte nach dem billigsten privaten Nachtquartier für die Gruppe. Vor dem Schlafen schwammen sie ein erstes Mal im Hallenbad. Schwimmen bei einer Wassertemperatur um fünfzig Grad. Die Gruppe von vier Männern schlief im gleichen Raum. Morgens um fünf standen sie auf, um sechs Uhr, noch vor dem Frühstück, waren sie bereits im Hallenbad. Weil das Bad die Nacht über abgeschlossen war, betrug die Temperatur nun 54 Grad, so wie das Wasser aus der Quelle direkt ins Badebecken floss. Man kam sich vor, als würde man gesotten. Nach einer kleinen Angewöhnung war es sehr angenehm, im heißen Wasser zu schwimmen.

Von Fes gelangten Frédéric und Manuel auf ihrer Reise über Al Hoceima nach Melilla, schifften sich nach Almeria ein und verbrachten noch zwei Wochen in Los Escullos. Das Haus hatte einige Zeit leer gestanden und überall hausten Nattern, die sich wieder an die fremden Bewohner gewöhnen mussten.

Frédéric hatte in Marokko eine Gelbsucht aufgelesen, wie und wo auch immer. Manuel hatte es nicht erwischt. Auf der Heimfahrt in die Schweiz saß Manuel zwei Tage lang am Steuer, Frédéric lag trotz Medikamenten eines Arztes aus Almeria die ganze Zeit auf dem Hintersitz und verbrachte anschließend in der Schweiz noch zwei oder drei Wochen im Spital.

Im spanischen Haus hatte Manuel ein Buch gefunden, die Geschichte der Mauren in Spanien, etwas volkstümlich, aber glaubwürdig erzählt. Überall in Andalusien standen noch Zeugen der maurischen Herrschaft. In Los Escullos gleich am Strand eine kleine quadratische Festung mit vier Ecktürmen. Auf dem Hügel, der den Horizont im Osten abschloss, stand ein uralter Leuchtturm.

Eine faszinierende Geschichte der Kultur, der Wissenschaft und der Toleranz zwischen Moslems, Christen und Juden, bis die spanischen Könige das Land zurückeroberten, den letzten maurischen König aus der Alhambra in Granada vertrieben und eine katholische Diktatur errichteten, wobei Landbau, Gewerbe, Bewässerung, der Handel in den Städten zugrunde gerichtet wurden und Andalusien, unter den Mauren eine blühende Landschaft, verarmte. Die Könige Spaniens hatten nur noch das Gold aus der Neuen Welt im Sinn, das eigene Land zerfiel. In Fes erinnert die große Moschee der Andalusier an die Ansiedlung der Flüchtlinge aus Spaniens Süden am Ende des 15. Jahrhunderts.

Dafür wanderten viele der verarmten Andalusier in den folgenden Jahrhunderten in die eroberten Gebiete in der Neuen Welt aus. Lateinamerika spricht andalusisch.

In Spanien las Manuel auch die damals neu erschienene sechsbändige Insel-Ausgabe von „Tausendundeine Nacht". Sein Konzert für Klarinette, Perkussion und Orchester, geschrieben für eine japanische Perkussionistin und einen Schweizer Klarinettisten, spiegelte Eindrücke aus den orientalischen Geschichten und den Erlebnissen in den Gassen von Fes wider. Ein Hochzeitszug mit Musik, Oboen, Flöten und Trommeln zieht durch die orientalische Pracht der Souks.

Im folgenden Jahr fuhr Manuel mit Nicolas nach Spanien.

Der war inzwischen vom Lehrer zum Werbetexter und dann zum Ärzteberater geworden, er verkaufte den Medizinern Antibiotika einer großen amerikanischen Pharmazeutikfirma.

In Los Escullos wollten sie nicht ins seit einigen Monaten leerstehende Haus des Freundes einziehen, das Dach war leck, es hatte vor kurzem stark geregnet, das monatelang trockene Flussbett war von Wassermassen aufgerissen worden und da und dort lagen noch große Pfützen, die Zufahrt zum Haus durchs Bachbett war unmöglich, am Strand hatten die Fluten einen mehrere Meter tiefen See gebildet, der durch einen schmalen Damm aus Geröll vom Meer abgetrennt war.

Sie bezogen ein Appartement im Hotel von Don Pedro, das in den letzten Jahren entstanden war. Die Miete konnten sie erheblich nach unten drücken, weil außer ihnen weit und breit keine Gäste da waren.

Es waren sonderbare Ferien. Nicolas war tagsüber ruhig und ein intelligenter Gesprächspartner, beide lasen viel, Max Frischs „Montauk", und Manuel hatte den „Räuberroman" von Robert Walser mitgebracht. Dann tauschten sie die Bücher untereinander aus. Manuel hörte nun, wie Nicolas am Strand laut auflachte bei den witzig seltsamen Formulierungen und den skurrilen Erlebnissen von Walsers „Räuber" bei seinen Berner Stadtwanderungen.

Nachts besoffen sich Manuel und Nicolas, und allein in der Strandkneipe, die Antonio, einer der Söhne von Don Pedro, ausschließlich für die beiden Trunkenbolde bis in den Morgen offenhielt, wurde Nicolas ausfällig, beschimpfte Manuel aufs Unflätigste. „Schwule Fascho-Drecksau" war noch nicht mal das schlimmste Schimpfwort, das sich Nicolas im Totalrausch einfallen ließ. Nicht umsonst war Nicolas von vielen Leuten, die ihn bloß oberflächlich kannten, gefürchtet. Anderntags hatten sich die Wogen geglättet und die beiden diskutierten gesittet, als ob nichts wäre.

Nicolas hatte für seine Seele einen zu großen Körper. Er sah sportlich, groß und kräftig aus. Wenn er wollte, konnte er mit einem Faustschlag einen Tisch zertrümmern. Er litt darunter. Viele Leute, vor allem junge Frauen, sahen in ihm einen grobschlächtigen Schlägertypen. Er konnte aber, selbst mit einigen Gläsern Wein intus, auch mit eleganter Klinge argumentieren.

Und das Herz war weicher, als die meisten ahnten. Mit Manuel verband ihn über Jahre hinweg eine seltsame Freundschaft. Einerseits voll beiderseitiger Skepsis, andererseits mit vielen scharfsinnigen Debatten.

Nicolas war bei Pflegeeltern aufgewachsen. Der Grund dafür entging Manuel. Er war schon immer ein großer Bub gewesen, dem man zu viel abverlangte, als er in der Seele noch ein kleiner, liebes- und zärtlichkeitshungriger Knabe war. Man gab ihm auch als jungem Erwachsenen zu wenig Zärtlichkeit, weil man nur den Muskelprotz in ihm sah.

Manuel schrieb jeden Tag, zwischen vier und fünf nachmittags, eine oder zwei Zeilen an einem Violinkonzert, das er am Küchentisch zu skizzieren begonnen hatte. Bei hochsommerlicher Hitze war es eine Musik, welche die Kälte und Einsamkeit einfing, die Manuel einige Monate vorher im Herzen gespürt hatte, bis er im Pub Angelo begegnet war. Jetzt, als mit Angelo ein neuer Frühling einzuziehen schien, konnte er die vergangene Eiszeit in Musik bannen.

Er war Angelo bloß einige Male begegnet, einmal hatten sie zu zweit im neu eröffneten China-Restaurant in der Altstadt gegessen. Nun weilte der junge Zeichner für einen Sprachaufenthalt in London. Manuel schrieb ihm ab und zu einen Brief von der spanischen Südküste. Er erhielt knappe, etwas unbeholfene Antworten.

Er hatte sich schon mit seiner Einsamkeit auf Lebenszeit abgefunden. War ein neuer Aufbruch in Sicht? Manuel wagte nicht, daran zu denken. Er widmete das fertiggestellte Violinkonzert, das er auch seine „Winterreise" nannte, Angelo.

Die Siebzigerjahre waren auch gesellschaftlich und politisch Eiszeit. Der Aufbruch der Achtundsechziger war schließlich mit massiver Aufrüstung der Polizei in den Großstädten niedergeschlagen worden. Letzter Widerstand schlug in blanken Terror um, Geiselnahmen, Morde in Deutschland und Italien. Umso mehr staatliche Verhärtung.

Stillstand. Ölkrise. Flugzeugentführungen. Die kommunistischen Regimes in völliger Erstarrung. Es schien, als ob die Welt sich nie mehr bewegen wollte.

In all diesen Jahren, seit der Rückkehr von der ersten Marokkoreise, arbeitete Manuel, neben der Tätigkeit als Korrepetitor und Kapellmeister am Theater, nachmittags in der städtischen Baudirektion. Der Direktor hatte ihn damals gefragt, ob er Berichte redigieren könnte, Beantwortung von parlamentarischen Anfragen, Anträge an die Stadtregierung und das Parlament.

Aus diesen Arbeiten wurde er Sekretär einer Kommission, welche Fragen der Altstadtsanierung behandeln sollte. Es war zunächst darum gegangen, den Abbruch mehrerer Häuser zugunsten eines Neubaus für ein großes Kaufhaus zu verhindern. Manuel fasste den Auftrag weiter und schlug vor, einen Sanierungsplan für die in den letzten Jahrzehnten arg vernachlässigte historische Altstadt zu erarbeiten.

Er präsidierte schließlich die wichtigste Untergruppe der Studienkommission und brachte in mehreren Jahren einen abschließenden Bericht zustande, der auch von soziologischen, demographischen und bautechnischen Untersuchungen untermauert war.

Dies ist längst vergessen, auch, dass er auf eigene Initiative ein Inventar schützens- und erhaltenswerter Bauten in der ganzen Stadt in Angriff nahm, das in der Folge von einer Kunsthistorikerin ausgebaut und verfeinert wurde.

In seinem großen Büro saß ihm ein Architekt gegenüber, der an der Ecole des Beaux-Arts in Paris studiert hatte und der vom Baudirektor mit einer Studie zu einem Gässchen beauftragt worden war, das parallel zu der Hauptgeschäftsstraße verlief. Die Studie war ein Juwel, das Gässchen, in welchem damals vor allem unbenutzte Lagerhäuser von verschwundenen Gewerbebetrieben standen, wäre zu einem Fußgängerparadies mit kleinen Läden und Kneipen umgewandelt worden. Dafür hatte in der Verwaltung niemand Sinn. Die Stadtregierung war von schierem Utilitarismus beherrscht. Das Projekt verschwand in der Schublade.

Der Architekt wurde immer mehr kaltgestellt. Er erhielt zwar sein Gehalt, aber immer weniger Aufträge, sodass er tagelang im Büro an seiner Modelleisenbahn zeichnete. Gelegentlich erhielten sie Besuch, etwa vom städtischen Übersetzer, einem Historiker, Literaten und Hobbyarchäologen. Das gab hochinteressante Gespräche, die einen ganzen Nachmittag dauern konnten. Die Sekretärin des Direktors bediente sie dazwischen fristgerecht mit Kaffee oder Tee.

Fast Jahr für Jahr wurde in den Abonnementkonzerten des Sinfonieorchesters ein Stück von ihm uraufgeführt. Nach den Orchesterstücken über ein Mandala war es das in Auftrag gegebene Konzert für Klarinette, Perkussion und Orchester, das in Spanien entstanden war und gefiel. Im Sommer darauf war, wiederum in Spanien, das Violinkonzert entstanden, welches ein Jahr später aufgeführt wurde. Der Chef dirigierte mit einer Ausnahme alle Uraufführungen.

Manuel dirigierte dafür endlich in einem Abonnementkonzert die Uraufführung eines Westschweizer Komponisten. Das ganze Konzert war ein großer Erfolg. Doch als es darum ging, die Novität in Genf zu dirigieren, brachte sich der Chef ins Spiel. Manuel drängte darauf, auch bei anderen Orchestern dirigieren zu können, die fragten aber seinen Chef und da keimte in Manuel nach und nach der Eindruck, er erhalte nicht unbedingt empfehlende Unterstützung.

Dafür fand das Orchester manche Aufführungen im Theater bei Manuel in besseren Händen als beim Chef, so „Die vier Grobiane" von Ermanno Wolf-Ferrari, ein schwierig zu dirigierendes Stück, wobei sich führende Musiker nach der Vorstellung äußerten, jetzt hätten sie endlich verstanden, wie es gehe. Oder die „Fledermaus", wo Sänger und Orchester einmütig die „richtigen" Tempi lobten, oder in „Macht des Schicksals", wo sich die Protagonisten dafür bedankten, dass Manuel sie hatte atmen lassen. Dafür erhielt er kleinlich nörgelnde schriftliche Rügen, warum er die „Titus"-Ouvertüre von Mozart in zwei statt in vier geschlagen habe, warum er die Romanze von Beethoven in vier statt in acht geschlagen habe.

Manuel wagte es eines Abends, Angelo zu einem Glas Wein an der Bar einzuladen. Er hatte ihn und einige seiner Freunde bereits seit einiger Zeit beobachtet. Die jungen Männer, etwas über zwanzig Jahre alt, stammten alle aus dem gleichen Außenquartier am östlichen Rand der Stadt.

Beinahe zufällig sprach Manuel Angelo an, ob er etwas trinken möchte, und der entschied sich für ein Glas Roten. Sie wechselten bloß einige Worte und begegneten sich am nächsten Abend in derselben Bar und dann wieder und wieder. So erfuhr Manuel allmählich, dass Angelo als Zeichner in einem Büro arbeitete, dass er bei einem Jazzpianisten klassischen Klavierunterricht nahm und in einer Rockgruppe Orgel spiele.

Manuel verriet, dass er am Theater als Dirigent arbeite und das interessierte den jungen Blonden mit italienischer Herkunft. Manuel lud seinen neuen Freund auch mal zu einer Vorstellung ein. Vom Seitenbalkon konnte dieser in den Orchestergraben und auf die Bühne gucken.

Es wurde Frühling und die Sonne spendete wärmere Strahlen, die jungen Leute räkelten sich am Seeufer. Dort traf Manuel auf Angelo in Begleitung eines jungen Mädchens. Es war seine Schwester, genauer die Halbschwester, denn es stellte sich heraus, dass die Mutter Angelos ihn noch in Italien geboren hatte und erst später in die Schweiz kam, hier ihren jetzigen Mann heiratete und noch zwei Töchter gebar. Angelo kannte seinen Vater nicht.

Es waren schüchterne Annäherungen. Manuel wollte sich nicht verlieben, denn er fürchtete die fast unausweichliche Enttäuschung. Angelo interessierte sich für den fast zwei Jahrzehnte älteren Mann mit den vielen Tätigkeiten als Lehrer, Journalist, Musiker.

Damals lud Manuel Angelo zum Essen im chinesischen Restaurant ein, ein paar Wochen später revanchierte sich Angelo mit einem Essen in einem französischen Restaurant.

Es war das Sommerfest der Stadt und am nächsten Morgen wollte Angelo nach London zu einem dreimonatigen Sprachaufenthalt reisen. Beide wollten sich noch am Sommerfest vergnügen und eigene Freunde treffen und so trennten sie sich mitten im Abend.

Manuel hätte am dritten Tag seiner Tessinreise zusammen mit Veronika und ihrem Hund in Melide den Postbus nach Morcote nehmen wollen. Die Ankunft in Melide war trostlos. Gegenüber dem hässlichen Bahnhof eine noch hässlichere Straßenlandschaft mit Tankstelle und Kreuzung. Sie fanden eine Unterführung, die unter dem Straßengewirr hindurchführte und schließlich die Poststation. Der Bus war vor zehn Minuten abgefahren, der nächste wäre in zwei Stunden gefahren. Also ab zur Schiffsstation. Ein Schiff hatte Manuel vorbeifahren gesehen. Wenn sie sich gleich zu Beginn für die Seefahrt entschieden hätten, wäre es vielleicht zu erreichen gewesen. An der Fahrplantafel wieder Enttäuschung: mehr als anderthalb Stunden bis zur nächsten Abfahrt. Also zurück in eine kleine Kneipe. Eine Erfrischung tat dringend not.

Rechtzeitig fanden sie sich wieder am Landungssteg ein, der mäßig besetzte Kahn legte an. Nun aber weigerte sich der noch junge Hund partout, die Landungsbrücke zu überqueren, riss sich aus dem Halsband los und war nicht mehr einzufangen. Die bereits ungeduldig gewordene Schiffsbesatzung zog die Landungsbrücke ein und das Motorschiff „Lugano" rauschte von dannen.

Und jetzt? Wieder zurück an das öde Straßengewirr beim Bahnhof. Sie entschlossen sich, zu Fuß nach Morcote zu pilgern. Sie fanden einen Weg, der eingangs Melide steil in den waldigen Hang führte. „Gemach, gemach", sagte Manuel zu Veronika, er musste den Aufstieg schön dosieren, damit nicht das Herz oder die Luftröhre oder beide zusammen zu klemmen begannen. „Ich habe auf den Bergwanderungen die richtige Atemtechnik gelernt. So kann ich in gemächlichem Rhythmus auch steile Aufstiege bewältigen", keuchte Manuel hinter Veronika. Dann führte der Weg allmählich in behäbigem Auf und Ab den Hang entlang durch den Wald. Ein Wald, der in seiner Vielfalt wie ein tropischer Urwald wirkte, außer Eichen und Buchen ragten Kastanienbäume, Lorbeerbäume, Rhododendren, Stechpalmen und Fächerpalmen neben- und durcheinander in den Himmel und bildeten bei einer Hitze von über dreißig Grad ein willkommenes Blätterdach.

Auf dem Waldboden blühten Zyklamen und blaue Sterne, deren Namen er nicht wusste. Es war auch unter dem Blätterdach drückend heiß und trocken. „Hast du Durst?", fragte Veronika und zauberte überraschend aus ihrer Umhängetasche zwei kleine Tetrapaks mit Fruchtsäften. Der Hund genoss die Wanderung mit Wohlbehagen.

Die Unterhaltung auf dem schmalen Pfad drehte sich vor allem um die Jugendzeit der Tochter. Er kannte noch einige ältere Lehrer des Gymnasiums, die ihn gelegentlich nach dem Befinden seiner Tochter fragten. Sie erkundigte sich nach Lehrern, die bereits gestorben oder pensioniert waren oder den wenigen, die immer noch Unterricht gaben. Manuel war seit zwölf Jahren Mitglied der Schulkommission, hatte einige ältere Lehrer verabschiedet und bei der Wahl etlicher jüngerer mitgewirkt.

Am Wegrand leuchteten reife Walderdbeeren feuerrot aus dem Gras. Veronika pflückte eine Handvoll und überreichte sie Manuel.

Veronika erkundigte sich auch, wieso er eigentlich den Posten am Theater aufgegeben hatte, er hätte doch eine Karriere als

Dirigent anstreben können. „Warum hast du damals alles aufgegeben? War das nicht ein bisschen dumm? Aber ich kenne ja die Umstände nicht. Später bist du wieder zur Musik zurückgekehrt, aber du hast in deinem Leben auch etliche Umwege gemacht, denke ich" sagte sie.

„Ich wollte nicht der Operettenfritz an unserem Theater werden, ich wollte auch Konzerte dirigieren. Weil man mir dies vorenthielt, obwohl ich schon fünf Jahre an diesem Haus arbeitete, beschloss ich, zu kündigen." Was er nicht sagte, war, dass er das Gefühl hatte, nicht weiterzukommen, in seiner Heimatstadt sitzen zu bleiben und genau in der Zeit, in der er sich in Angelo verliebte, schien ihm dies unerträglich. Um nicht bei seinem neuen Freund als Verlierer da zu stehen, kündigte er.

„Die neue – meine letzte – Spielzeit hatte eigentlich gut begonnen. Ich hatte erfolgreich mehrere Vorstellungen von ‚La Traviata' dirigiert. Dann leitete ich eine Eigenproduktion mit vier ganz unterschiedlichen Stücken, „Karneval der Tiere" von Saint-Saëns, ‚Babar, der kleine Elefant' von Poulenc, ‚Prélude à l'après-midi d'un Faune' von Debussy und ‚La création du monde' von Darius Milhaud. Ein unorthodoxer Abend mit Kindern auf der Bühne in ‚Karneval' und ‚Babar', dem Mimen Peter Wyssbrod mit seinen Eleven in ‚Création du monde' und klassischem Ballett bei Debussy. Es war ein schöner Erfolg mit einem völlig anderen Publikum als den gewohnten Abonnenten. ‚Es ist schon ein Wunder, wie du ein so kleines Orchester im „Prélude" von Debussy zum Klingen bringst' hatte mir der Präsident des Orchesters gesagt."

Schon zur Zeit des eigenen Kammerorchesters und während der Studienzeit hatte er auf eigene Faust musikwissenschaftliche Bücher gelesen und war bewandert in mittelalterlicher Musik, Renaissance und Barock. Im Zug zwischen Bern und seiner Stadt, der am Nachmittag fast eine Stunde unterwegs war, an allen Stationen anhielt und manchmal noch Güterwagen auf ein Stumpengleis eines Dorfbahnhofs schob, hatte man reichlich Zeit zur Lektüre. Da nahm er sich Carl Friedrich Emanuel Bachs „Versuch über die wahre Art, das Clavier zu spielen" vor, das er beim Antiquar Hegnauer in der Berner Kramgasse als Reprint gekauft hatte. Von Couperin las er „L'art de toucher le clavecin" und ein kleines Bändchen, das in einem Berner Verlag erschienen war, „Practica Musica" des Engländers Thurston Dart. Eine erste praktische Anleitung zum „Umgang mit alter Musik", wo völlig andere Tempi, völlig andere Behandlung des Rhythmus in Musik der Renaissance, völlig neue Blickweisen auf Verzierungen und Improvisation postuliert wurden, als zu jener Zeit auch bei spezialisierten Kammerorchestern üblich.

Manuel hatte einige Dinge bereits mit seinem Kammerorchester ausprobiert, die Musiker reagierten skeptisch bis ablehnend. Als in den sechziger und siebziger Jahren die ersten Aufnahmen mit „historisch authentischer Aufführungspraxis" auf den Markt kamen, traf die neue Strömung Manuel nicht aus heiterem Himmel. Er hatte dieselben Versuche in der Provinzstadt aus technischen und finanziellen Gründen einfach nicht durchführen können. Etwa das Spiel auf Darmsaiten oder auf Instrumenten mit alter Mensur, oder auch auf Nachbauten alter Blasinstrumente. Immerhin war er weiterum einer der Ersten gewesen, der mit gleichaltrigen Freunden das vierte Brandenburgische Konzert mit Blockflöten aufgeführt hatte. Einige Zeit hatte er sogar mit Freunden in einem Quartett die Tenorgambe gespielt. Sie hatten damals vor allem die Fantasien von Henry Purcell geprobt. Die Canzonen von Giovanni Gabrieli regten ihn damals schon zu einem Quartett für Blechbläser an, das befreundete Bläser in mehreren Kirchen des Jura aufführten. Es war dank Jean-Pierre, dem ersten Trompeter des Quartetts, auch das einzige Werk Manuels, das je in einem Verlag, und erst noch in Paris, erschienen ist.

Der Geiger, der das Gamben-Quartett leitete und mit dem er auch schon das vierte Brandenburgische und Violin-Sonaten von Bach aufgeführt hatte, drängte immer schon auf eine rhetorische, deklamatorische Spielweise, noch in den fünfziger

Jahren, lange bevor Nikolaus Harnoncourt mit seiner „Klangrede" auftrumpfte.

Natürlich hatten einige der jungen Musiker, als Manuel französische Ouvertüren in doppelt so raschem Tempo als damals üblich und mit doppelpunktierten Rhythmen verlangte, protestiert und mit dem Finger auf die Stirn getippt. Doch das hatte sich dann rasch durchgesetzt.

„Nun hatte ich vorgeschlagen", fuhr Manuel in seiner Erzählung fort, „statt der immer gleichen fünf Mozart-Opern, ausnahmsweise ‚Il matrimonio segreto' von Cimarosa auf den Spielplan zu setzen. Steve, ein hervorragender junger Regisseur, mit dem ich schon in ‚Don Giovanni' und ‚Madame Butterfly' zusammengearbeitet hatte, nahm sich der Inszenierung an. Zu Beginn hatte er zwar gestöhnt, das Stück ließe sich nicht inszenieren und man müsse weite Teile der Rezitative streichen. Das war die übliche Reaktion von Regisseuren, die mit Musik wenig anzufangen wussten. Aber Steve war von Haus aus Kontrabassist und konnte einen Klavierauszug lesen. Und er verstand den italienischen Originaltext und entdeckte dessen witzige Pointen. Je mehr er sich in die Materie kniete, desto mehr Striche hob er wieder auf und es entstand in einem einfach raffinierten Bühnenbild mit sechs Türen eine spannende Aufführung.

Mit dem Orchester gab es dagegen von der ersten Probe an Probleme. Eine neue Konzertmeisterin saß als Stellvertrerin des regulären ersten Violinisten am ersten Pult, ohne dass man für nötig befunden hatte, mich zu informieren. Sie hatte bislang in einem nach alter Manier mechanisch spielenden Barockensemble gespielt, aber nie in einem Opernorchester. Ich hatte vor, an den reinen Orchesterproben das Orchester in erster Linie auf Beweglichkeit zu trimmen, denn in manchem, so schien es mir, schimmerte bei Cimarosa bereits der frühe Rossini durch. Da mussten aber Musiker meckern, weil ich vielleicht die Präzision des Zusammenspiels in den Proben nicht in den Vordergrund stellte. Über künstlerische Fragen an Proben zu meckern, wagten die Musikervertreter der Gewerkschaft, wenn sie einen Dirigenten mürbe machen wollten. Zusätzlich hatte man mir zwei ganze Orchesterproben gestrichen, weil Cimarosa ja nicht so schwierig sei wie Mozart.

Die Premiere wäre trotzdem ein Erfolg gewesen, doch der Theaterdirektor fand, die Aufführungsdauer von gut drei Stunden des fast ungekürzten Stückes in der italienischen Originalfassung dauere zu lang. Man war gewohnt, dass die ‚Heimliche Ehe' in deutscher Singspielfassung nicht länger als zwei Stunden dauerte.

Schließlich stellte ich Bedingungen. Mindestens eine Oper neben der obligaten Operette und ein Abonnementkonzert pro Saison. Ich erhielt keinen Bescheid und kein Gespräch, aber über eine Freundin erfuhr ich, der Chef verbreite, man müsse mich leider entlassen, weil meine Bedingungen unerfüllbar seien. Ich war geschockt und wollte der Kündigung zuvorkommen. Da habe ich selbst gekündigt, obwohl der Direktor noch im Spätsommer in einem Zeitungsinterview gesagt hatte, man schätze meine Arbeit und wolle mich auf jeden Fall am Theater behalten. An sich wäre der Vertrag eigentlich diskussionslos um ein Jahr verlängert worden. Die Andeutung der Freundin war eine der kleinen und größeren Intrigen, welche in regelmäßigen Abständen in Szene gesetzt wurden.

Aber während der Saison passierten doch noch einige Dinge. Ich musste Lehars ‚Graf von Luxemburg' übernehmen, obwohl das eine Einstudierung des anderen Kapellmeisters war und ich nicht die allergeringste Lust darauf verspürte. Und die Proben für ‚Wiener Blut' mit einem mehr als konventionellen Regisseur und einem Tenor, dem man die Noten in den Kopf hämmern musste, waren derart mühsam, dass der Entschluss zur Kündigung umso leichter fiel. Zum Abschluss der Spielzeit dirigierte ich dann noch den ‚Vetter aus Dingsda'. Das war mit Franz Matter, einem guten Regisseur, der auch ein guter Freund und ein guter Schauspieler war, zudem viel von Musik verstand, wiede-

rum eine angenehme Arbeit. Es war auch die letzte Zusammenarbeit mit Jenny Rausnitz, der ‚komischen Alten‘.

Ich hängte die Musikerlaufbahn an einen großen dicken Nagel und ging nach Spanien", schnaufte Manuel, denn der Weg
den Hang entlang war plötzlich unterbrochen.

„Einige Jahre später kolportierte der Direktor selber, man
hätte mich zweimal entlassen, wegen Unfähigkeit. Eine dreiste
und unverschämte Lüge. Dabei war die nächste Spielzeit eigentlich schon geplant gewesen, damals, als ich den Bettel hinwarf,
ich hätte ja drei Produktionen leiten sollen. Von Entlassung war
keine Rede. Aber ich hatte das Gefühl, ich komme nicht weiter
und ich zog es vor, lieber aufzuhören, als zu stagnieren."

Ein Unwetter hatte wohl den Steg über ein in den Hang einge-
grabenes Tobel weggerissen, nun führten provisorisch angelegte
Stufen steil hinab bis an den kleinen Bach und auf der anderen
Seite ebenso steil wieder hinauf. Der Weg stieg nun noch eine
Weile wieder hinan, bis die Wanderer die Straße von Carona
nach Morcote kreuzten und auf der anderen Seite in einen Wald-
lehrgang oder etwas Ähnliches gerieten. Vico Morcote konnte
nun nicht mehr weit sein, hoffte Manuel, der leicht ins Schwit-
zen geraten war. Und der Durst meldete sich nun auch wieder.

Nach den ersten Villen unterhalb des Waldes gelangten sie
zu einem Grotto, das zwar Nachmittagsruhe hatte, doch auf der
Terrasse, wo schon zwei Familien mit Kindern an den Tischen
saßen, erhielten sie doch ein Gazoso, eine stark gezuckerte Li-
monade mit chemischem Aroma, das die Kinder heiß liebten.
Die Kinder der Tischnachbarn beschäftigten sich mit unserem
Hund, der ja vom israelischen Kindergarten an die Nähe von
Kindern gewöhnt war und die Streicheleien genoss.

„Eigentlich hoffte ich", nahm Manuel jetzt den Faden wieder
auf, „in Spanien von Aufträgen leben zu können. Das Leben in
Andalusien war am Ende der Franco-Diktatur spottbillig. Mit
ein paar hundert Schweizer Franken im Monat konnte man
dort einigermaßen gut leben. Ich hoffte auf einen Auftrag, er-

hielt auch eine Anfrage, schrieb ein Stück für 18 Solo-Streicher, der befreundete Dirigent, der mich um das Werk gebeten hatte, wollte das zu avantgardistisch geratene Werk jedoch nicht aufführen. Immerhin war es der Chefdirigent unseres Sinfonieorchesters, der dann das Stück ein Jahr darauf doch auf eines seiner Programme setzte. Bei der Aufführung in Bern wurde es vom Kritiker der Berner Tageszeitung ‚Der Bund‘, der vorher das ‚Klavierbuch‘ über alle Maßen gelobt hatte, nach Strich und Faden verrissen.

Ich hatte im Herbst vor meiner letzten Spielzeit am Theater zuvor an einem Kompositionskurs mit Kasimierz Serocki in Basel teilgenommen. Nun probierte ich zum dritten Mal reine Klangfarbenkomposition aus. Ich war zwar auch hier nicht stur und konsequent, sondern ließ einzelne melodische Elemente einfließen. Aber über weite Strecken bestimmend war doch die Arbeit mit unbestimmten Tonhöhen und einem Einsatz von Vierteltönen nicht bloß als Färbung, sondern in einem strukturellen Zusammenhang. Gegen Schluss entstanden Klangfelder in sehr engen Abständen der achtzehn Instrumente. Dazu war es eine freie Form, nicht zielgerichtet von einem Anfang zu einem Ende, die Teile austauschbar.

Im Kompositionskurs hatte ich die Aufmerksamkeit des polnischen Komponisten erweckt. Ich hatte ihm mehrere meiner Stücke gezeigt und während des Kurses ein Duo für Violoncello und Kontrabass begonnen. Der Dozent zeigte sich erstaunt, wie rasch ich das neu dazu Gelernte umzusetzen vermochte.

Serocki hatte mich beim Abschiedsessen auch gefragt, welche Stellung ich am Theater habe. Zweiter nach dem Chefdirigenten. ‚Bleiben Sie auf jeden Fall‘, hatte er geraten. Er wusste, wie schwierig es war, eine gute Stellung an einem Theater zu erhalten.

Für das Violinkonzert erhielt ich aber nachträglich einen Werkbeitrag der Stadt, dazu einen kleinen Aufführungsbeitrag, so dass ich zusammen mit dem letzten Gehalt am Theater ein halbes Jahr in Andalusien leben konnte.

Es reichte sogar zwischendurch für Reisen nach Florenz und gleich darauf nach Paris. Auf beide Reisen nahm ich Angelo mit. Aber mit der Kündigung beim Theater war wieder ein bedeutsamer Lebensabschnitt zu Ende gegangen, ein neues Leben formte sich heraus, das nur sehr unklar und allmählich Konturen annahm."

In Vico Morcote die Kirche *San Fedele e Simone* besucht und innen und außen fotografiert, vor allem – wie auch schon in Carona – die achteckige Kuppel senkrecht von unten. Dann ging es steil hinab nach Morcote, und nach einer kleinen Stärkung unter den Arkaden am Seeufer folgte noch die Besichtigung des Parco Scherrer, auf die Veronika pochte. Wunderbarer Ausblick nach *Porto Ceresio*. Eine Traumlandschaft auf dem jenseitigen italienischen Ufer des Luganersees, in der Manuel für den Rest seines Lebens zu leben gewünscht hätte. Es gab so viele Zauberorte auf der Welt, wo man sein Leben hätte verbringen können. Vorausgesetzt, man hätte die nötigen finanziellen Mittel, um sich ein geruhsam schöpferisches Leben leisten zu können.

VIERTES BUCH

„Er stand immer in der Mitte an der Bar, wo er sich an die Säule lehnte." So hatte Angelo Manuel im Pub wahrgenommen. Der Pub war wiederum seine Wohnstube geworden, nachdem die Szenekneipe, über welcher er gewohnt hatte, dem Abbruchbagger anheimgefallen war. Eine Zeitlang hatte er sogar oberhalb des Pubs in einem großen Studio mit Ali zusammen gewohnt, bevor die beiden eine Altbauwohnung in der Altstadt bezogen.

Seltsamerweise hatte Manuel für den Abbruch des Hinterhauses plädiert, als er noch auf der Baudirektion die Altstadtsanierung vorangetrieben hatte. Nun wohnte er genau in diesem Haus und entdeckte die Wohnqualität dieser versteckten Lage. Es war das Hinterhaus eines einst herrschaftlichen Hauses an der Oberen Gasse, vom Hauptgebäude durch einen kleinen Innenhof getrennt. Hier wohnten einst die Dienstboten. Im Vorderhaus entdeckte man einige Jahre später bei Renovationen wertvolle Deckenmalereien, die eindeutig auf die einst vornehmen Bewohner verwiesen. Auf der südlichen Seite blickte er auf die Dächer der Unteren Gasse und war vom Lärm auch auf dieser Seite abgeschirmt. Die Sonne schien vormittags in die große Küche mit einem breiten alten Rauchfang.

Das Schlafzimmer, wo bald auch ein uralter Flügel und ein hübsches antikes Tischchen mit geschwungenen Füßen standen, beides aus dem gegenüberliegenden Brockenhaus, war mit Fenstern zum Hof immer in Halbdunkel gehüllt und brauchte auch tagsüber Licht.

Angelo war ein guter Freund geworden. Er war ähnlich wie Manuel auf seine Unabhängigkeit bedacht. Wollte er schon Frauen gegenüber nicht auf Freiheit verzichten, dann umso weniger einem Mann gegenüber.

Frédéric und Manuel hatten schon seit einiger Zeit von der gemeinsamen Eröffnung einer Kneipe geträumt. Da beide am

Theater engagiert waren, schlugen sie Angelo vor, die Wirteprüfung zu machen. Dieser hatte auch schon ähnliche Gedanken gehegt. Und als Angelo die erste Premierenfeier mit Manuel und den Künstlern des Theaters verbringen durfte, wurde er zum bewundernden Freund.

Manuel hatte inzwischen viel über Angelo erfahren. Die ganze Geschichte seiner Jugend hatte er ihm in langen Nächten ausführlich erzählt. Von der italienischen Mutter, die als junge Frau von einem schmucken Fliegeroffizier verführt und sitzen gelassen worden war. Von ihrer Arbeit als Putzfrau in der Schweiz, als Angelo schon geboren war. Von der Heirat mit dem spießigen Schweizer, der immerhin Sicherheit und einen Schweizer Pass spendete. Von der Einmischung der Lehrerin, die der Italienerin das Büblein aus der Hand nahm und für seine Ausbildung sorgen wollte. Wie Angelo fortan zur Lehrerin Tante sagen und die Nachmittage mit Aufgabenerledigen bei der unverheirateten Frau verbringen musste, die ihn wohl als Kindersatz betrachtete.

Angelo akzeptierte Manuel als Ersatz für einen leiblichen Vater, den er nie gesehen hatte und von dem er nichts wusste und als Ersatz für einen Stiefvater, den er im Grunde mehr verachtete als hasste.

Nach der letzten Vorstellung der Spielzeit bestieg Manuel mit Beatrice, einer Freundin, die auch eine Zeit in Spanien leben wollte, das Flugzeug in Genf und flog über Barcelona nach Almeria.

Konnte denn nicht einmal im Leben alles übereinstimmen? Jetzt, wo er die tiefste Freundschaft seines Lebens erfuhr, trennten sich Manuel und Angelo für Monate. Manuel dachte dieses Mal sogar daran, nie mehr zurückzukehren und für immer in Spanien oder irgendwo zu bleiben.

In Los Escullos wohnte ein junges Paar im Haus, das dort für eine Südamerikareise seine Spanischkenntnisse erweiterte. Es ließ Manuel und Beatrice bei seiner Abreise den Mehari, einen offenen Gelände-Deux-Chevaux, zurück.

Es regnete oft und für den Monat Juni war es ungewöhnlich kalt. Beatrice und Manuel fuhren trotzdem an die Dorffeste in der Umgebung und betranken sich mit Cuba Libre. Beatrice wollte Manuel vor den Polizisten der Guardia Civil warnen, als sie sturzbesoffen morgens um drei die Heimfahrt antraten. Manuel hatte nichts zu befürchten, er war mit den Polizisten auf du, und außerdem führte der Heimweg über löchrige Naturstraßen, die ohnehin keine gefährliche Geschwindigkeit zuließen.

Im Juli waren viele Gäste im Haus, aber Ende des Monats reisten alle fast auf einen Schlag ab. Auch Beatrice. Nun war Manuel allein im Haus und die Strände leer, nachdem auch noch die französischen Taucher verschwunden waren, die zum Ärger Manuels mit Harpunen nach Muränen jagten. Manuel hatte die Einsamkeit nie vertragen, jetzt forderte er sie heraus.

Ein Brief von Angelo traf ein. Darin berichtete er ohne Arg von einem Openair-Festival, an dem seine Gruppe gespielt hätte und dabei habe ein junges Mädchen neben seiner Hammond-Orgel gesessen und er wisse nicht, ob er sich verlieben solle. Das Mädchen sei etwas gar jung.

Kurz darauf, eines Nachts, er lebte nun schon fast vier Wochen allein in dem einsamen Haus, erschrak er aus tiefem Schlaf wegen eines Lärms. Es war schon einige Male eingebrochen worden, wenn das Haus leer stand. Oder waren es böse Geister? Es wurde gesagt, in dem Haus sei einmal ein Mord passiert und deshalb hätte es kein Spanier aus der Umgebung kaufen wollen. Manuel hatte wohl zu viel Castañeda gelesen, „Die Lehren des Don Juan".

Er wagte es, eine Kerze anzuzünden und einen Rundgang im Haus zu machen. Er schaltete das Radio ein und hörte ganz leise arabische Musik des algerischen Senders, den man nur nachts empfangen konnte. Er schlief dabei wieder ein und träumte, er bummle mit Beatrice durch eine orientalische Altstadt.

Manuel wollte am folgenden Morgen nichts anderes, als so rasch wie möglich zurückzufliegen. Er verbrachte die nächste Nacht in Pedros Hotel. Pedro fuhr am morgen früh mit dem Lastwagen auf den Markt und lud ihn am Flughafen von Almeria ab. Noch am gleichen Abend traf er in seiner Stadt ein.

Er hatte den Spaniern versprochen, in vierzehn Tagen wieder zurück zu sein. Er traf Angelo, der war schon fast jeden Tag mit seiner jungen Geliebten zusammen und fragte Manuel um Rat, ob er sich körperlich mit ihr einlassen solle.

Manuel war geschmeichelt und zugleich krank vor Eifersucht.

Zufällig wurde in der Stadt ein Film gedreht. Manuel und Angelo meldeten sich als Statisten. So waren sie den ganzen Tag zusammen und Manuel verdiente ein wenig Geld. Eine Szene des Films wurde in Manuels alter Küche gedreht, das gab ein Zusatzhonorar.

Einmal lagen Angelo und Manuel zusammen auf dem Bett und genau in diesem Moment gab es einen Riss in der Beziehung.

Manuel flüchtete wieder nach Andalusien.

Den ganzen Oktober verbrachte Manuel in Spanien. Er schrieb emsig die Orchesterstimmen seines Violinkonzertes, das im Dezember uraufgeführt werden sollte, ins Reine. Das Abendessen nahm er bei Lola oder bei Maria ein. Samstags in die Disco.

Manuel kaute an seiner Beziehung mit Angelo, die eigentlich hoffnungslos war, was er aber schlicht nicht wahrhaben wollte.

Immerhin begann er allmählich einzusehen, dass eine schwierige oder gescheiterte Beziehung nicht ein Paarproblem sein musste und dass der Zurückgewiesene und Verschmähte mit seinen Problemen auch ganz allein fertig werden muss.

Plötzlich, an einem Sonntagnachmittag, fasste er den unvermittelten Entschluss, sofort aufzubrechen und zurückzufahren. In Barcelona wurde nachts an der belebtesten Straße gleich neben den Ramblas das Auto aufgebrochen und der Koffer mit dem fixfertigen Aufführungsmaterial des Violinkonzertes geklaut. Das hieß, die ganze Arbeit musste zuhause von vorne beginnen.

Doch zunächst fuhr Manuel mit Angelo nach Florenz. Bis zum letzten Moment war nicht klar, ob die Reise klappen würde. In der Nacht vor der Fahrt klingelte Manuel um zwei Uhr morgens bei Angelo, der nur zwei Minuten entfernt wohnte.

Um fünf starteten sie, fuhren über den Großen Sankt Bernhard, das Aostatal hinab, dann auf der Autobahn an Milano vorbei. Am späten Nachmittag trafen sie bei Luciana ein, die in Florenz bei einem alten berühmten Pianisten Unterricht nahm. Sie hatte einzelne von Manuels Klavierstücken an ihrer Diplomprüfung gespielt und trug sie auch dem großen Meister vor.

Tagsüber war immer große Einigkeit zwischen Manuel und Angelo. Sie besuchten den Dom, die Medici-Kapelle, die Uffizien, machten Ausflüge nach Fiesolo und in die Umgebung, sahen sich einen Film an, „Little Big Man" mit Dustin Hoffman in italienischer Übersetzung, gingen essen, Kalbshirn auf florentinische Art, Pizza, Eis, und lernten einen jungen Dichter und einen Maler kennen. Angelo saugte das Wissen um Kunst und Kultur von Manuel auf.

Nachts herrschte Frost und Angelo, der im selben breiten Bett wie Manuel schlief, ließ nicht die geringste Annäherung zu.

Zu dem Dichter, der in einem großen Landhaus wohnte, fuhren sie eines Abends, um ein einfaches Mahl zuzubereiten und zu genießen. Als sie ankamen, lief er um den großen Tisch in der Küche vor dem Kamin herum und las dem Freund das letzte Kapitel seines Romans, an dem er arbeitete, vor. Es war ein schöner, großer alter Raum, der fast nur durch das Feuer im Kamin erhellt wurde, die Ecken verschwanden im schwarzen Dunkel. Die Szene wirkte wie aus einem alten Film geschnitten, mit richtigen Dichtern, er dachte an Romain Rolland, den jungen Rilke, an Apollinaire, an Gabriele d'Annunzio.

Für die Mahlzeit, genau für eine Vorspeise, fehlte aber nach realistischer Ansicht des Dichters Mascarpone. Ohne Mascarpone war nichts zu machen. Gemeinsam fuhr man zur Käserei im nahen Dorf. Kein Mascarpone. Dann zur Villa auf dem Hügel, die einem steinreichen Antiquar gehörte. Seine Frau hätte immer alles im Haus, was es brauche, versicherte der Dichter. Selbstverständlich hatte sie Mascarpone vorrätig und sie schlug gleich vor, das Essen doch bei ihr zuzubereiten. Die Zubereitung der Vorspeise mit Mascarpone dauerte eine gute Stunde, Manuel wurde dazu auserkoren, auf dem Rost im Kamin die *Costine* zu braten.Dazu wurde eine Flasche des teuersten reifen Chianti entkorkt.

In der nächsten Nacht fuhren Manuel und Angelo zurück in die Schweiz. Sie hatten sich am Abend zuvor nach dem üppigen Fest so verkracht, dass sie beschlossen, nichts mehr gemeinsam zu haben, nicht einmal mehr miteinander zu reden. Stumm fuhr Angelo auf der Autobahn nach Norden. Stumm fuhr Manuel den Tessin hinauf über den San Bernardino. Stumm stieg Angelo zuhause aus. Stumm brachte Manuel den Wagen zurück.

Das war Freitag gewesen. Am Montag fand die offizielle Uraufführung von Manuels „Klavierbuch für Angelo" und zudem des in Basel begonnenen Duos für Violoncello und Kontrabass in Bern statt. Mit anschließendem Empfang durch den Stadtpräsidenten im „Du Théâtre".

Es waren immerhin Angelos Stücke und so rief Manuel am Montagmorgen an. Klar kam Angelo mit nach Bern, zumal ihm Empfänge mit Persönlichkeiten und gutem Essen schon immer behagt hatten.

Es wurde alles so, wie Angelo es liebte. Das Konzert, der anschließende Empfang, ein feines Essen. Sie fuhren gemeinsam zurück. Beim Aussteigen erinnerte Manuel, dass er morgen nach Paris fahren werde. Falls Angelo mitkommen möchte, läge es an ihm, zu entscheiden.

Am kommenden Vormittag sah er Angelo schon ausgangs der Altstadt mit dem Köfferchen auf dem Velo Richtung Bahnhof fahren.

Paris war ähnlich wie Florenz. Tagsüber im *Louvre*, im *Petit Palais*, im *Grand Palais*, im *Jeu de Paume*, im *Centre Pompidou*, abends im Konzert, im Restaurant am Boulevard Saint-Michel feine Lammkoteletts auf provenzalisch gespest, dazu einen wunderbaren *Châteauneuf du Pape*, der sich im Laufe des Essens immer mehr entfaltete. Im Kino schauten sie „Salo" von Pasolini. Der Film war in der Schweiz wegen brutaler und anstößiger Szenen verboten. Zum Glück hatten sie ihn nicht vor dem Essen gesehen.

Angelo wollte unbedingt Freitagabend zurückfahren. Er hatte ganz klar eine Verabredung mit der Freundin. Manuel blieb, weil er am Samstag den Flohmarkt von *Billancourt* besuchen wollte. Er tat es lustlos, nachdem er sich am Abend vorher vor Lokalen herumgetrieben hatte, in denen Live-Sex mit Jungs lief. Hineinzugehen traute er sich nicht. Der Eintritt war auch viel zu teuer.

Zuhause musste das Orchestermaterial zum Violinkonzert neu geschrieben werden. In einer Woche schuf Manuel es. Angelo, der die Arbeit im Vermessungsbüro aufgegeben hatte, half wacker beim Erstellen von Fotokopien.

Die Uraufführung wurde ein Erfolg, Matthias, der Konzertmeister des Orchesters, war Solist und hatte sich hervorragend vorbereitet.

Das Stadttheater hatte Manuel den Auftrag erteilt, eine Oper zu schreiben. Ohne Fristsetzung. Stadt und Kanton teilten sich die Kosten des Werkbeitrags. Manuel hatte sich sogleich an die Abfassung eines Textbuches gemacht. Er hatte bereits eine Geschichte aus „Tausendundeine Nacht" im Visier, einen jener Schachtelromane, die in Zwiebelform angelegt sind, Schale um Schale.

Er benutzte den Kern der Geschichte von zwei Brüdern, die auf die Suche nach geheimnisvollen Schätzen gehen, dabei scheitern und schließlich von der Schwester, die sich auf die Suche nach ihnen macht, vom bösen Zauber befreit werden. Eine Geschichte, die dem Kern nach in verschiedenen Formen auch in europäischen Märchen wiederkehrt.

Manuel straffte die Erzählung, machte aus zwei Brüdern und einer Schwester ein Paar aus Prinz und Prinzessin. Schon bald begann er, die Musik zu schreiben. Morgens schrieb er am Flügel das Particell der Oper, abends arbeitete er als Kellner in einer Altstadtkneipe.

Gleichzeitig nagte Eifersucht an ihm wie ein böses Tier, das ihn von innen auffressen wollte. Er wusste, dass Eifersucht sowohl nutzlos wie auch lächerlich war, konnte sich aber nicht dagegen wehren. Ab und zu suhlte er sich in den Schmerzen, dann wiederum lenkte er sich mit erotischen Abenteuern ab. So mit Silvio, einem Kellnerlehrling mit dem Körper eines Götterknaben, der an freien Tagen und nach ausgiebigen Biergelagen jeweils die Nacht bei Manuel verbrachte.

Fast wären Manuel und Angelo als Kellner und Barkeeper Anfang des Sommers nach Mallorca gefahren. Doch Angelo erhielt von den spanischen Behörden keine Arbeitsbewilligung und so verzichtete Manuel im letzten Moment ebenfalls auf die Reise.
  Hingegen betrieb er ab Frühjahr einen kleinen Handel mit gebrauchten Büchern am Flohmarkt. Und ehe er sich's versah, hatte er einen kleinen Laden in der Altstadt und war Buchhändler und Antiquar geworden.
  Der Laden war zu Beginn nur am Nachmittag geöffnet. Angelo war Taxifahrer geworden und fuhr täglich von fünf Uhr morgens bis vier Uhr nachmittags. Sein Kollege übernahm die Nachtschicht.
  Mittags kochte Manuel für Angelo und wandte seine ganzen Kochkünste an, seinen Gast täglich neu zu überraschen. Die Liebe ging bei Angelo eindeutig durch den Magen. Er hatte sich Manuel zuliebe von der jungen Freundin getrennt.

Am großen Altstadtmarkt im Spätsommer verkaufte Manuel genug Bücher, um sich mit Angelo zusammen drei Wochen Ferien in Spanien, immer im selben Haus in Los Escullos, der verlassensten Ecke von Andalusien, leisten zu können. Marietta und Urs waren auch da. Manuel teilte sich ein Zimmer mit Angelo und auch das Bett. An Nachmittagen nach dem Schwimmen im Meer lagen sie zusammen auf dem Bett und Angelo ließ alles zu. War es Liebe?

In Spanien hatte sich viel verändert. Franco war tot. Alle waren froh, dass der Regimewechsel dank dem jungen König so friedlich über die Bühne gegangen war.

Spanien gehörte fast über Nacht zu den freiesten Ländern in Europa. Wurde früher monatelang eingesperrt, wer auch nur einige Gramm Haschisch auf sich trug, war das Rauschmittel aus dem nahen Marokko nun allgegenwärtig.

Auf den Dorffesten wurde nicht mehr gesoffen bis zum Umfallen, jetzt standen oder saßen Grüppchen etwas abseits des Dorfplatzes und reichten einen Joint im Kreis. Die Fiestas waren dadurch langweiliger geworden.

Der jüngere Bruder von Antonio, José, hatte die alte kleine Kneipe von Don Pedro in eine Disco umgebaut. Der Plattenspieler bezog Strom vom alten Diesel-Generator und so schwankte die Geschwindigkeit des Plattentellers erheblich und beim Anhören der Musik wurde einem schwindlig.

Aber die neusten Hits waren schon vorrätig. Wieder hörte man hier Platten und Musikstile, die zuhause noch fast unbekannt waren, Reggae war der Stil, auf den plötzlich alle abfuhren.

Manuel hatte sich zu Francos Zeiten anfangs Gedanken gemacht, ob man überhaupt in einer faschistischen Diktatur Ferien machen dürfe.

Er dachte an einen alten linken Journalistenfreund, der in einem Artikel geraten hatte, die spanische Bevölkerung nicht allein zu lassen. Gerade die Begegnung mit Leuten aus freien Ländern könne beitragen, die Verhältnisse aufzuweichen und die Diktatur zu stürzen. Auch der kleine Wohlstand aus dem Tourismus könne zu einem allmählichen Wechsel beitragen.

Der alte Franco zelebrierte gegen Ende seiner Diktatur noch unbarmherzige Härte gegen Gegner und angebliche Terroristen, die mit grausamsten Todesurteilen bestraft wurden.

Im Lande selbst, wo über Politik kaum gesprochen wurde, freundete sich Manuel mit Bauern und Fischern, sogar mit Polizisten der Guardia Civil an. Aber auch er befürchtete ein Chaos nach dem Tod des Diktators und dass die alten Militärs die Schraube erst recht anziehen würden. Umso erleichterter war auch er, als der König und sein Ministerpräsident Suarez den Wechsel zur Demokratie ohne Blutvergießen über die Bühne brachten und wenige Zeit später sogar eine sozialistische Regierung gewählt werden konnte.

Nach und nach und unauffällig und ohne richtigen Beginn hatte sich Manuel in einem neuen Leben eingerichtet.

Sein Buchladen schien nach außen zu florieren. Zum kleinen Laden war ein Obergeschoss hinzu ausgebaut worden, später kam noch das Untergeschoss hinzu. Obwohl er nie eine Buchhändlerlehre gemacht hatte, sich aber wohl mit Hilfe von Büchern im Antiquariatswesen, im Buchhandel und schließlich auch im Verlagswesen kundig gemacht hatte, wurde ihm die Bewilligung erteilt, ja er wurde angefleht, einen Lehrling auszubilden.

Aus der Zeit auf der Baudirektion war umfangreiches Material über die Baugeschichte der Stadt vorhanden. Das verarbeitete er jetzt zu einem Buch und gab es im Eigenverlag heraus. Es war sofort ein großer Erfolg, denn seit Jahren war nichts Geschichtliches über die Stadt erschienen, und die Leute schienen förmlich nach etwas zu lechzen, das ihren Wissensdurst löschte.

Es kamen weitere kleine Bücher hinzu, über die engere Altstadt, ein Gedichtbändchen, ein hübsches Bändchen über Ferdinand Hodler. Jede Vernissage war mit einem Fest verbunden, auch schon mal mit einem Volksfest auf dem Platz mitten in der Altstadt, mit Musikgruppen und Tanz, Würsten und Bier bis Mitternacht.

Als Buchhändler hatte Manuel schon berufsbedingt eine Phase, in der er wieder viel las. In den Wochen in Spanien hatte er jeweils außer „Tausendundeine Nacht" auch die großen Romane von Grass, „Der Butt" und endlich auch die „Blechtrommel", und von Handke das „Gewicht der Welt" gelesen.

Nun war die bevorzugte Lektüre die südamerikanische Literatur, von García Márquez bis Vargas Llosa, ferner Italo Calvino: „Wenn einer in einer Winternacht…" und von den Schweizern auch Guido Bachmann mit seiner Trilogie Gilgamesch – Die Parabel – Echnaton.

Ins Kino ging er einige Jahre regelmäßig, aber ihn interessierten vor allem Studiofilme, sodann französische und italienische Regisseure, neben Fellini und Visconti etwa die Lina Werthmüller oder bei den Deutschen der Fassbinder und der Schlöndorff. Angelo war durch ihn nicht nur zum Kunst- und Musik-, sondern auch zum Filmkenner geworden.

Manuel war in diesen Jahren beinahe populär, er hielt auf dem Altstadtplatz die offizielle Rede am Nationalfeiertag. Seine Fans schrien Beifall, während sich die gut patriotischen Organisatoren der Feier über seine Worte ärgerten, ihn dann aber doch zum Wein einluden.

Er erfuhr, dass die Kneipe im engen Gässchen gegenüber dem Buchladen einen neuen Pächter suchte. Seit den Projekten mit Frédéric zusammen war nichts mehr geschehen, obwohl Angelo längst seine Wirteprüfung abgelegt hatte.

Die Besitzerin fand, die Kneipe sei zu groß für die beiden und schlug ihnen ein anderes Lokal vor, am anderen Ende der Altstadt und mit einem sehr zweifelhaften Ruf.

Sie sagten dennoch zu und planten neben der Buchhandlung die Übernahme des kleinen Lokals mit Bar und einer nigelnagelneu eingerichteten Küche.

Stadttheater und Kulturbehörden mahnten die Ablieferung der Oper an, denn das Geld hatte Manuel längst in die Buchhandlung gesteckt. Ein Termin für die Uraufführung wurde festgelegt. Manuel hatte noch ein knappes Jahr Zeit, den letzten Akt fertigzustellen und das Aufführungsmaterial, vor allem die Klavierauszüge für die Sänger, vorzubereiten.

Und einige Monate vor der Uraufführung musste er noch den Sitz im Stadtparlament einnehmen, den ein Journalist, der die Stadt aus beruflichen Gründen verließ, freigemacht hatte.

So kam es, dass er zeitweise in der Kneipe kochte, in den freien Stunden Partitur und Stimmen der Oper ins Reine schrieb und zusätzlich die Unterlagen für die nächste Stadtratssitzung studieren musste.

Um das Pressebüro, in welchem Manuel auch mal beschäftigt war, hatte sich eine politische Bewegung gebildet, die gegen den „Filz", gegen die „eine Hand wäscht die andere"-Politik in der Stadt antrat. Bei den ersten Wahlen hatte sie zu aller Erstaunen zwölf von sechzig Sitzen im Stadtparlament erobert. Manuel war nicht angefragt worden, obwohl er seinerzeit zusammen mit Mark das erste Grundsatzprogramm der Bewegung entworfen hatte.

Nun war Mark schon wieder aus dem Parlament ausgetreten und Manuel hatte für die zweiten Wahlen zugesagt. Manuel hätte etliche Mühe gehabt, unter der Dominanz des eitlen und geltungssüchtigen Mark in der Ratsfraktion mitzuarbeiten. Es war auch typisch für Mark, dass er nicht lange im Parlament blieb. Knochenarbeit lag ihm nicht, er blieb ein Strippenzieher. Graue Eminenz, Einflüsterer, Einfluss ohne Verantwortung übernehmen zu müssen, das war das Lebensziel.

Manuel konnte nicht sofort in den Rat einziehen, aber er war dritter oder vierter Ersatz und knapp zwei Jahre später rutschte er nach, insbesondere auch, weil man einen inzwischen zu stark nach rechts abgeglittenen Kandidaten vom Einzug ins Parlament abhalten wollte.

Schon die Eröffnung der Beiz war ein rechter Stress gewesen. Angelo und Manuel hatten sich auf einen kleinen Betrieb mit wenigen Angestellten eingerichtet. Manuel sollte allein oder mit Aushilfe eines jungen Freundes die Küche besorgen, Angelo sollte im Restaurant nach dem Rechten sehen, zwei Leute wurden als Kellner und ein junger Freund von Angelo als Barmann eingestellt.

Es kam schon am ersten Abend anders als erwartet. Obschon auf Werbung verzichtet worden war, füllte sich das Lokal am Eröffnungsabend zum Bersten, und – oh Schreck – die Leute wollten nicht bloß trinken, sie wollten auch essen.

So war Manuel in der Küche am ersten Abend völlig überfordert. Nach kurzer Zeit kam er nirgends mehr hin, Gäste warteten mehr als eine Stunde auf ihr Essen, es gab kein sauberes Geschirr mehr, bis sich schließlich Angelos Schwester erbarmte und Geschirr und Pfannen spülte.

Es ging in den nächsten Tagen so weiter und Angelo musste sich entschließen, zusätzliches Personal einzustellen. Den Buchladen führte der tüchtige Lehrling im dritten Jahr inzwischen fast allein.

Manuel führte die Küche inzwischen mit einer kleinen Brigade von zwei Leuten. Seine Spezialitäten waren geschätzt. Das Huhn an Safran mit Datteln. Das Fohlen-Hüftsteak an Estragon-Rahmsauce. Das echt indische Lammcurry mit selbst zubereiteter Gewürzmischung. Das Tandoory-Chicken nach original indischem Rezept. Die spanischen Tortillas in acht bis zehn Varianten mit Chorizo oder Schinken, Käse und Tomaten, Spargelspitzen, Erbsen und Peperoni. Die hausgemachten Eisspezialitäten. Das Dessert aus heißem Mangopüree mit Rum über Vanilleeis gegossen. Der hausgemachte Schokoladenkuchen ohne Mehl, nur mit geraspelten Haselnüssen und deshalb feucht und lecker.

Frédéric hatte Manuels Oper inszeniert. Bei den letzten Proben gerieten sie sich in die Haare. Manuel hätte eigentlich eine eher ruhige Inszenierung in einem einfachen Bühnenbild vorgezogen. Jetzt war das Bühnenbild operettenhaft naturalistisch, die Inszenierung voller zusätzlicher Aktivität. An diesem Theater hatte man einfach Angst, es geschehe zu wenig auf der Bühne und die Zuschauer könnten sich langweilen. Man vertraute nicht auf die Musik.

Zudem wechselte das Licht ständig, während Manuel eine allmähliche Entwicklung der Lichteinstellungen gewünscht hätte, so wie sein Lieblingsregisseur Steve es meisterlich verstand, fast unmerkliche Lichtwechsel vorzunehmen, die aber eine magische Wirkung hatten.

„Misch dich nicht ein, das ist mein Job", fuhr Frédéric ihn kaltschnäuzig an, als er einen Einwand wagte.

Die Uraufführung der Oper war dennoch ein Erfolg. Das Publikum liebte – zu Manuels Erstaunen – die Musik, die Sänger hatten Spaß und das Orchester spielte wenigstens auf der Premiere konzentriert. Er gab Interviews für Tages- und Fachpresse.

Während der kommenden Vorstellungen stand Manuel wieder in der Küche. Brachte er ein Fohlen-Hüftsteak genau auf die Garstufe, die der Gast wünschte, war er in Gedanken im Theater und verfolgte im Geist den Verlauf der Vorstellung. Jetzt war das Liebesduett an der Reihe. Jetzt erklingt die Musik, wenn die Prinzessin erfährt, dass ihr Prinz in tödlicher Gefahr ist. Nun das Finale, in dem die Nachtigall der tausend Geschichten alle in Stein verwandelten Prinzen wieder zum Leben erweckt.

Wenn die Küche eigentlich schon geschlossen war, kam die ganze Belegschaft einer nahe gelegenen Beiz und ließ sich von Manuel Bananenhälften braten, mit Cognac flambieren und mit Schlagsahne garnieren.

Und nach Beizenschluss saß das Personal in der Bar zusammen, erlaubte sich noch einen Drink. Im überheißen Sommer fuhr das ganze Personal an den Strand und badete in den heißen Nächten nackt im See und füllte sich anschließend noch die Mägen mit selbst gemachtem Früchteeis, das es damals sonst nirgends gab, Brombeeren, Johannisbeeren, schwarze Kirschen. Ohne Aromen und Farbstoffe. Bloß frische Früchte, Zucker, Ei und viel Sahne.

Silvio war Kellner im Team geworden und wohnte in einer Dachkammer über der Kneipe. Immer noch derselbe, der Körper eines jungen Gottes. Aber er soff jetzt noch mehr.

Manuel hätte sich beinahe einen Ruf als Spitzenkoch geschaffen. Schon verkehrten Gastrokritiker, die er kannte, regelmäßig im Lokal und versprachen in der nächsten Ausgabe des Führers mindestens eine wohlwollende Erwähnung.

Doch eigentlich war das Restaurant immer noch keine Nobelgaststätte, sondern in den Augen mancher Nachbarn eine Spelunke, in der auch Drogensüchtige und Alkoholiker, junge Wilde, Künstler und Bohémiens in zusammengewürfelter Mischung verkehrten. Was für viele wiederum den besonderen Reiz des Lokals bedeutete.

Aber Angelo und Manuel hatten sich wieder verkracht.

Die halbe Stadt verfolgte gespannt oder entsetzt das Drama, das mit der Schließung der Beiz und mit der Pleite der Buchhandlung endete.

Es waren nicht zu teure Einkäufe, wie Angelo Manuel vorgeworfen hatte, sondern zu hohe Lohnkosten, die zum Fiasko führten. Und Manuel rissen endgültig die Nerven, als er den Buchladen in Konkurs gehen lassen musste. Er hatte im Verlag zu viel gewagt, drei Bücher auf einmal verlegt, von denen nur eines ein Erfolg war, aber die Kosten der anderen nicht decken konnte.

Angelo hatte wieder eine Freundin. Die Hoffnung Manuels, nicht allein altern zu müssen, war endgültig zerschellt. Nun stimmte wenigstens alles überein, Pleite in der Liebe und Pleite im Geschäft. Eine Art Zerstörungswut überkam Manuel. Er nannte es das Medea-Syndrom: sich selbst und gleichzeitig alles, was man um sich herum aufgebaut hat und alles, was man liebt, zerstören.

Nächte bis zum Morgengrauen in einer der halb illegalen Bars, die einige seiner früheren Angestellten eingerichtet hatten. Ablenkung suchen. Freundliche junge Männer, die, genau wie Angelo, einer Freundschaft nicht abgeneigt waren, aber mehr als Freundschaft nicht zuließen. Ausnahmen gab es auch in jener Zeit, junge Freunde, die sich zumindest auf ein Abenteuer einließen.

Es gab eine Gruppe von Leuten, die mit finanziellem Einsatz die Buchhandlung retteten. Angelo ließ die Kneipe in Konkurs gehen. Die Buchhandlung steigerte trotz Neubeginn an neuem Standort ihre Umsätze nicht genug und überlebte bloß zwei Jahre.

Angelo und Manuel sprachen nicht mehr miteinander.

FÜNFTES BUCH

Manuel stieg ins Auto und fuhr nach Westen. Immer nach Westen, hatte er sich vorgenommen. Seit dem Weggang vom Theater waren genau sieben Jahre vergangen. Wieder schien eine Episode oder ein ganzes Kapitel des Lebens zu Ende.

Das Auto gehörte Angelo, aber Manuel durfte es gebrauchen. Sie sprachen seit kurzem wieder miteinander, aber nur das Nötigste. Wegen des Hundes. Eigentlich gehörte Manuels Hündin *Chica* Angelo. Sie hatten das Tier eines Abends gemeinsam adoptiert, als die junge Besitzerin es einschläfern lassen wollte, weil sie mit ihrem Freund nach Indien reiste. *Chica* lebte bei Manuel, aber Angelo bezahlte den Tierarzt und die Hundesteuer, in der ersten Zeit sogar ein Kostgeld. Die Hundesteuer war damals fällig gewesen, als Angelo Manuel deswegen wieder ansprach.

Nach Westen. Das hieß, *Neuchâtel, Pontarlier, Lons-le-Saunier, Louhans, Tournus*. Erste Station.

Als Endziel hatte sich Manuel die Stadt *Cahors* vorgenommen. Das älteste Buch, das er jemals im Antiquariat geführt hatte, war eine in Pergament gebundene Geschichte *Cahors* aus dem 16. Jahrhundert. Im *Petit Robert* hatte er herausgefunden, dass im 14. Jahrhundert der Papst Johannes XXII. aus *Cahors* stammte. Der gründete eine Universität und ließ die noch heute bestehende Brücke mit den zwei Türmen bauen.

In *Tournus* fand Manuel in einer kleinen Herberge inmitten der Altstadt Unterkunft und ließ es sich in der alten Gaststätte schmecken. Am anderen Morgen machte er einen Rundgang durch die romanische Kirche, die ganz in der Nähe des Hotels stand.

Nächste Etappe war *Cluny*. Führung durch die Reste des Klosters. Und ab jetzt war er von den romanischen Kirchen angetan. Er besichtigte die große Kirche von *Paray-le-Monial* und dann lenkte er den Renault R4 auf kleinen Straßen nach *Vichy*. Abends kam er in *Clermont-Ferrand an*. Allein in einer kleinen Bar. Manuel hatte den Eindruck einer ziemlich toten Stadt. Am andern Morgen besuchte er zuerst die gotische Kathedrale, „*Gothique flamboyant*" mit riesigen Rosetten über Süd- und Nordportal. Dann die romanische Basilika aus dem 12. Jahrhundert, die beim Bau der Kathedrale zum Glück nicht abgebrochen worden war. Tagsüber machte die Stadt auf der anderen Seite des Hügels einen viel lebendigeren Eindruck. Er hatte am Abend zuvor die falsche Seite des Hügels gewählt, auf dem die Altstadt steht.

Immer den romanischen Kirchen nach, getreu dem *Guide Michelin* folgend. *Issoire* war beeindruckend wegen der Farben, die offenbar seit dem Mittelalter an Wänden und Säulen geblieben waren. *St.Nectaire* stand auf einem Hügel ganz allein. Ein Kleinod mit einer schwarzen Madonna. Man musste Geld einwerfen, damit der Schrein mit der Madonna erleuchtet wurde.

Der Besuch der dunklen Krypta oder allein der Aufenthalt im Dämmerlicht im von dicken Mauern mit kleinen Fenstern eingefassten Kirchenschiff wurde zur inneren Einkehr. Eine gefasste Ruhe erfüllte Manuel, je länger die Reise dauerte.

Es folgte eine Fahrt über die Berge der Vulkanlandschaft der Auvergne. Völlige Abgeschiedenheit, dazu begann es zu regnen, und in den Nebelfetzen auf der Straße die Höhenzüge der *Monts Dore* entlang wirkte die Landschaft noch wilder und schroffer.

Zur Quelle der *Dordogne* und dann immer südwärts. Kein bestimmtes Ziel, bei einer Ortschaft namens *Mauriac* nach links abgebogen und ganz zufällig in *Salers* angekommen. Ein winziges Städtchen aus dem 15. Jahrhundert, in schwarzem Vulkanstein gebaut.

Eingangs des Städtchens fand er ein hübsches kleines Hotel. Für wenig Geld bezog er ein komfortabel eingerichtetes Zimmer. Abends war er im Speisesaal mit Kamin der einzige Gast mit einem älteren englischen Ehepaar. Es herrschte eine sehr seltsame, aber angenehme Stimmung, wie in einem anderen

Jahrhundert. Manuel betrachtete sich in dieser etwas aristokratisch wirkenden Umgebung und war erheitert.

Vor dem Essen war Manuel im Nieselregen den Burgweg hinaufgestiegen, durchs alte Burgtor auf den von alten Häusern gesäumten Platz getreten. Ein Krächzen, er schaute sich um und auf einer Mauer über einem weiteren Tor schlug ein Pfau das Rad in der Stille der Abenddämmerung. Durch den Regen drangen ein paar abendliche Sonnenstrahlen. Alles traumhaft unwirklich. Er trat in die Kirche ein und da erklang leise das Bassthema zu Beginn der Passacaglia c-moll von Bach. Magisch. Einige Sekunden lang war Manuel von Glück erfüllt. Er hätte weinen können. Es war nicht der Organist, der Bach spielte, sondern der Geistliche hatte im Chor der Kirche eine Schallplatte aufgelegt.

Seit er unterwegs war, sprach er mit niemandem als dem Kellner, der ihm eine meist bescheidene Mahlzeit an den Tisch brachte, einige zielgerichtete Worte an den Tankwart, wenige zweckmäßige Worte, um an einer Hotelrezeption ein billiges Zimmer zu mieten.

Umso mehr sog er die Eindrücke auf. In *Cahors* hatte er sich in einer sehr einfachen Herberge eingenistet. Das ganze Wochenende war niemand von der Hotelleitung da, er hatte den Schlüssel in der Tasche, lief die große Straße auf und ab, besichtigte die schlecht unterhaltene und restaurationsbedürftige romanische Kirche mit einer großen Zentralkuppel. Er aß, um Geld zu sparen, bloß Würstchen und Brot, trank Kaffee oder Bier.

Sonntags fuhr er den *Lot* entlang flussabwärts. Eine ähnliche Landschaft, wie sie ihn schon oberhalb der Stadt empfangen hatte, Dörfer aus dem Stein der Felsen klebten an den Rändern des eingeschnittenen Flusstals, kleine Rebberge mit Stützmauern an den steilen Hängen.

Abends weilte er wieder in *Cahors*. Am folgenden Tag ging die Fahrt Richtung *Bergerac*. Mittags kam er in *Sarlat an*. Die Gegend war voller englischer und holländischer Touristen, die mit Campingwagen oder auf Fahrrädern unterwegs waren. Im Tal

des *Vézères* besuchte er die Grotte *Les Combarelles* mit geritz-
ten Felszeichnungen. Nur wenige Leute durften aufs Mal in
den engen Gang, stapften auf dem unebenen Grund bei spärli-
chem Licht hinter dem Führer her, an den Wänden fanden sich
Kratzspuren von Löwen oder Bären, die aber ein paar tausend
Jahre vor den Menschen in den Höhlen gehaust hatten. Ganz
zuhinterst im erschlossenen Teil, mehrere Kilometer im Berg,
betrachtete er die in den weichen Felsen eingeritzten Figuren,
die Menschen vor rund sechzehntausend Jahren hier gezeichnet hatten. Niemand weiß, warum. Mutprobe? Initiation? Bann
von Jagdtieren?

Manuel dachte an die wohl jungen Männer, die sich vielleicht
allein im kargen Licht einer Fackel in die engen Gänge tasteten,
um eine vermutlich für sie wichtige Tat zu vollbringen. Er war
seltsam ergriffen. Erschüttert. Eine Reise ins Innere, ins Innere des Berges, ins eigene Innere, ins Innere der Zeit.

Am anderen Tag Besuch in *Périgueux*. Auch hier besichtigte er
eine romanische Kirche mit riesiger Zentralkuppel, inspiriert
vom Orient, von Konstantinopel, wie die Kuppel von San Marco in Venedig. Der Einfluss der zurückkehrenden Kreuzritter
ablesbar in der Architektur.

Die Kreuzritter bekriegten und ermordeten zuerst die Katharer, bevor sie ins Heilige Land zogen. Tausende von Toten an
einem Tage, blutiges Gemetzel unter Christen, waren der Auftakt zum Feldzug gegen die Muslime.

Aquitanien ist getränkt von Geschichte. Hier fand man den Cro-
Magnon, den Homo sapiens, der in Europa den Neandertaler ab-
löste. Höhlenmalereien, Knochen- und Werkzeugfunde zeugen
von den Vorfahren der heutigen Europäer.

In dieser Gegend wurde Attila, der Hunnenkönig, bei seinem Vormarsch nach Westen von den Westgoten gestoppt und
geschlagen.

Bis in diese Gegend reichte einst die Herrschaft der Mauren in Europa, welche das Westgotische Reich zerschlugen, be-

vor sie vom Frankenkönig Karl Martell über die Pyrenäen zurückgedrängt wurden.

Der Jakobsweg, Pilgerstraße nach Santiago de Compostela, führt hier vorbei, von Norden wie von Osten zogen einst und ziehen neu wieder die Pilger, allerdings jetzt mit dem Auto oder dem Fahrrad, aber manche auch zu Fuß, auf markierten Straßen nach der spanischen Stadt.

Die dreihundertjährige Herrschaft der Engländer vom 12. bis ins 15. Jahrhundert ist überall noch sichtbar an Monumenten, an Städten, Burgen und Schlössern.

Quer übers Land gefahren, an Gehöften vorbei mit Enten und Gänsen fuhr er durchs *Perigord*, den Ursprung der königlichen französischen Küche mit Gänseleber, Trüffeln, feinen Käsen und im *Bordelais* den besten Weinen der Welt. Landschaften, die sich seit dem Mittelalter kaum verändert zu haben schienen, verstreute Höfe mit Herden von Gänsen und Enten.

Vorerst aber hatte es Manuel noch auf weitere Höhlen abgesehen. Er folgte den Wegweisern und über schmale Straßen erreichte er in einem Wald den Eingang der Grotte von *Rouffignac*. Mit einer elektrischen Bahn fuhren die Besucher in das Berginnere und ein Scheinwerfer beleuchtete die Abbilder der Auerochsen, Pferde, Hirsche und Löwen. *Lascaux* war in jenen Tagen geschlossen. Auch die Kopie.

Manuel hatte schon oft den Eindruck gehabt, die römische, griechische und ägyptische Geschichte sei uns noch ganz nahe. Wir sind durchtränkt von Einflüssen und vom Gedankengut jener Zeiten. Weiter entfernt scheinen die Kunst und das Leben der Steinzeit. Aber was sind schon zehn- oder zwanzigtausend Jahre in der Entwicklung der Menschheit. Die Höhlenmenschen des *Magdalénien* sind uns so nahe. Man spürt in den Höhlen angesichts der Malereien ihren Hauch.

In Form einer großen Acht reiste er ab *Bergerac* wieder nach Osten, das *Bordelais* hob er sich für später auf. Jetzt besuchte er noch bei strömendem Regen *Rodez*, zuerst die Kathedrale, dann eine Bar. Pflichtbesuch in *Rocamadour*. Es regnete wie aus Kübeln. In der Flut der Pilgertouristen hätte er Schlange stehen müssen, schon nur bis zum Lift, der zur Kapelle auf dem Felsen hinaufführte. Inmitten der Devotionalienläden kehrte er um.

Immer noch sprach er nur mit Kellnern und Tankwarten. Dann fuhr er das Tal des *Tarn* hinauf. Im kleinen Hauptort *Mende* Übernachtung. Abend in der Hotelbar. Viel fröhlich lärmendes junges Volk. Einsamer Reisender schweigsam inmitten

Über die kurvigen Straßen der *Cévennes* ging es weiter nach Osten. Manuel war neugierig, ob sich jemand im Haus des befreundeten Malers Danilo in der Nähe von *St. Ambrois* aufhielt. Susanne, auch Malerin, hatte Manuel ein Jahr zuvor dorthin entführt, als er wegen Zwistigkeiten mit Angelo depressiv geworden war. Einige Tage in der *Ardèche* sollten ihn ablenken und sein Gemüt aufhellen.

Auch damals hatten sie eine Höhle besucht, der Aufenthalt zwischen den Stalagmiten und Stalaktiten in der engen Röhre hatte Manuel aber bloß depressiver gemacht.

Nun weilten die Frauen zweier Freunde mit ihren Kindern im Haus. Der eine Freund, Nicolas, der „Große Riese" vom Odéon, war vor einem Tag abgereist. Er hatte seinerzeit Wort gehalten, innerhalb eines Jahres nach den Ferien in *Los Escullos* zu heiraten. Nun war seine Frau mit zwei kleinen Söhnen da und eine Freundin, Frau des technischen Leiters des Theaters, Jean-Pierre, früherer Arbeitskollege von Manuel, mit einem kleinen Sohn.

Manuel war willkommen. Platz hatte es genug in dem aus zwei Gebäuden bestehenden alten, einsamen Gehöft auf einem Hügel. Manuel schlief im Maleratelier über der großen Küche. Alle anderen im Haus daneben. Im Dachfenster wartete in der Abenddämmerung ein Schleiereulenpaar auf das Einbrechen völliger Dunkelheit, bevor es zur Jagd abflog.

Er hatte ganz Frankreich auf Nebenstraßen durchfahren und fuhr nach einer Woche nun auch auf Nebenstraßen nach Hause. Das rechte Rhoneufer entlang aufwärts, bei *Valence* ans linke Ufer gewechselt und dann nicht das Tal der *Isère* hinauf wie gewohnt, sondern unten durch, über nie gesehene Talstraßen der oberen Rhone entlang bis Genf und schließlich durch die Weinstrasse der *Côte* über *Orbe*, die Seen entlang in seine Stadt.

Die Tageszeitung hatte ihn angefragt als Musikkritiker. Der Redakteur wollte ihn persönlich dem Direktor von Musiktheater und Orchester vorstellen, der ja sieben Jahre zuvor sein Vorgesetzter gewesen war. Und dieser benützte die Gelegenheit, Manuel anzufragen, ob er nicht die Leitung des Theaterchors übernehmen wolle. Manuel sagte augenblicklich zu.

Wieder am Theater. Eigentlich war Manuel glücklich. Er hoffte, auch wieder Oper und Operette dirigieren zu können. Doch „das Orchester" wollte ihn nicht. Es waren einige hartgesottene Musiker, die Gewerkschaftsvertreter im Orchester, die ihn nicht wollten. Pro forma durfte er ein Probedirigieren absolvieren. Eine Kapellmeisterstelle war frei. Doch eine Chance hatte er von vornherein nicht. Vladimir, ein Rumäne, ein tüchtiger, aber nicht wirklich guter Pianist, erhielt den Vorzug. Ein neues Kapitel der Lebensgeschichte öffnete sich.

Der ausschließlich aus Laien besetzte Chor war in einem erbärmlichen Zustand. Der Direktor hatte den Sieger eines Dirigentenwettbewerbs gleich nach dem Schlusskonzert als Musikdirektor für Oper und Konzerte verpflichtet. Nun musste ein anständiger Chor her. Manuel sollte es richten.

Er hatte gehofft, in den sieben Jahren seit seinem Weggang vom Theater sei der Betrieb professioneller geworden. Einiges hatte sich wirklich verbessert, anderes war geblieben. Geblieben war, dass jeder und jede von Ensemble, Chor und Orchester sich bemüßigt fühlte, sich überall und immer einzumischen.

Einige Chormitglieder waren beleidigt, dass Manuel wieder verpflichtet worden war, und boykottierten den Chor. Manuel sollte es nur recht sein, die Störenfriede vom Leib zu haben.

Angelo war seinerseits losgefahren. Er hatte sich von seinem Ersatzvater Manuel gelöst. Nun suchte er seinen leiblichen Vater. Durch seine Mutter hatte er ein paar vage Auskünfte erhalten. Er fuhr ganz Italien hinunter bis in die Abruzzen, wo er wenigstens eine Spur des Vaters zu finden hoffte.

Auf schmalen Straßen gelangte er in ein Dorf in den Bergen, das ihm beschrieben worden war.

Durch Herumfragen fand er schließlich eine ältere Frau, die Schwester des Gesuchten.

Der, den er gesucht hatte, der war seit langem fort. Nach Amerika. In New York lebte er, hatte dort eine Familie gegründet. Angelo erhielt die Adresse. Mit Begeisterung war er nicht empfangen worden, aber auch nicht abweisend. Der Bastard, der uneheliche Sohn, den bis dahin niemand gekannt, von dessen Existenz man kaum etwas gewusst hatte.

Die erste Produktion mit dem neuen Chef war „Don Giovanni". Im Chor fehlten Herren. Die vorhandenen Stimmen waren unausgeglichen, die einen vorlaut, die anderen Mitläufer, welche wenig brachten.

Allmählich ging es aufwärts. Manuel wurde mit Lob bedacht, obwohl er selbst lange nicht zufrieden war. Er hatte junge Männer rekrutiert. Darunter Angelo, dazu zwei aus der Drogenszene, beide musikalisch begabt und mit guter Stimme.

Der Herrenchor im „Barbiere di Sevilla" war vortrefflich. Manuel sang den Offizier und nahm einen Monat lang jeden Tag eine Gesangslektion, um sich auf die drei zu singenden Sätze vorzubereiten. Das half ihm auch bei der Chorschulung.

Er bezahlte aus eigener Tasche einen Sänger, der den Chormitgliedern Stimmbildung vermittelte. Er studierte Mozarts „Idomeneo" in konzertanter Fassung ein, um mit dem Chor gründlich und ohne den Druck der Bühnenpräsenz arbeiten zu können. Das Konzert war ein Erfolg.

Aber Misstöne hatte es schon wieder im Voraus gegeben. Einzelne Orchestermitglieder waren aus irgendeinem undurchschaubaren Prinzip dagegen, dass Manuel dirigierte. Der Direktor hatte grünes Licht für die konzertante Aufführung gegeben, aber die Aufführungszeit auf höchstens eine Stunde beschränkt, weil das Konzert im Rahmen der Sommerkonzerte stattfand.

Die Fassung, die Manuel hergestellt hatte und die einigermaßen eine Handlungsfolge darstellte, statt einfach Musiknummern nebeneinander zu stellen, dauerte aber gut zwanzig Minuten länger. Im letzten Moment wurde er gezwungen, Wiederholungen bei Chornummern zu streichen, was zwischen Hauptprobe und Konzert für Aufregung und Unmut sorgte.

Es schien immer noch nicht möglich, ein Projekt in Ruhe und ohne Störmanöver durchzuziehen.

Ein junger Mann, Sohn eines früher bekannten Konditors, der für das beste Fruchteis in der Stadt bekannt war und Bruder eines sozialistischen Parlamentariers, erzählte Manuel von seinem Schiff. Einem alten Lastkahn, den er für Passagiertransporte hergerichtet hatte und der auf dem *Canal du Midi* in Südfrankreich verkehrte.

Zuerst dachte Manuel an einen Singkurs für Chorsänger auf dem Schiff. Doch zu diesem Zeitpunkt hatte fast niemand Ferien oder konnte Urlaub nehmen. Schließlich war der Bootsbesitzer und Kapitän einverstanden, eine kleine Gruppe von sechs Personen auf die Reise mitzunehmen, statt das Schiff eine Woche lang leer stehen zu lassen.

Angelo und Manuel waren von der Partie, dazu Kurt, Susanne, die Malerin, mit ihrem Freund, dem Innenarchitekten Hans, und Peter, der Schauspieler.

Man fuhr Anfang Juni nach *Béziers*, um an einem Samstagabend einzuschiffen.

Zuerst wurde der Kahn besichtigt. Das Gepäck der Vorgänger lag noch in den Kajüten herum. So stieg die Gruppe in die Stadt hinauf, eine alte Treppe empor durch eine parkähnliche Anlage, das *Plateau des Poêtes*, in die Altstadt von *Béziers*. Hinter der Kirche von einer Terrasse aus genoss man prächtige Aussicht auf das Hinterland, zu Füssen der Fluss *Orb*, in der Ferne das *Étang de Montady*, erklärte Kapitän Reinhard.

An der Kathedrale befand sich eine Inschrift. Hier wurden im Jahre 1209 durch die königlichen Kreuzritter an einem einzigen Tag zwanzigtausend Ketzer, das waren die Katharer, hingemetzelt. Ein großer Teil verbrannte in der von den Kreuzrittern angezündeten Kathedrale. Schön blutiger Auftakt zum Heiligen Krieg der Christen gegen die Muslime.

In einer schmalen Gasse draußen sassen sie an einem Tisch und verspeisten ein feines Fischgericht.

Endlich Kabinenbezug. Es war schon spät. Provisorisch teilte sich Manuel mit Kurt die erstbeste Kajüte gleich neben dem Schiffsmotor.

Kurt war so etwas wie ein Ersatz für Angelo. Klein und blond, ein Schnösel, hatte er in der Altstadtbeiz die Aufmerksamkeit Manuels auf sich gezogen.

Aber eine richtige Freundschaft entstand nun doch nicht zwischen Kurt und Manuel. Es war nun Kurt, der, wenn sie spät abends in der Wohnung Manuels sich dem Wein hingegeben hatten, auf Sex drängte. Manuel konnte es nur recht sein, nicht der Bittende sein zu müssen.

Am Sonntagnachmittag startete die Fahrt über die erste Sehenswürdigkeit, den Kanalviadukt, über den Fluss Orb gleich ausgangs des kleinen Flusshafens hinter dem Bahnhof von Béziers.

Die nächste Sehenswürdigkeit folgte eine Stunde später, die siebenstufige Treppenschleuse der *Écluses de Foncerannes*. Sieben Schleusen hintereinander überwinden einen Höhenunterschied von einundzwanzig und einem halben Meter.

Daneben entstand ein Schleusenlift. Eine moderne Riesenanlage transportierte die Kähne in einem Becken, das auf riesigen Rädern hinauf- und hinunterfuhr. An diesem Sonntag war die moderne Anlage defekt, im nächsten Jahr bei einer Fahrt in der gegenteiligen Richtung würden sie dieses Monster benützen.

Erster Halt neben der Brücke von *Colombiers*, kleiner Ausflug in die Dorfbeiz. Am nächsten Tag eine erste kurze Etappe bis

Malpas. Hier kreuzten sich Kanal, Straße und Eisenbahnlinie in einem einzigen kleinen Hügel übereinander. Zuoberst die Straße, darunter der Kanal und zuunterst die Bahnlinie nach Spanien, die Manuel so oft befahren hatte, ohne von dieser merkwürdigen Situation etwas zu merken.

Zusammen mit Kurt fuhr er mit dem Fahrrad zum *Oppidum d'Ensérune.* Hier treffen auf einem Hügel in einer Fundstätte mehrere Kulturen zusammen. Seit dem 6. Jahrhundert v. Ch. durch keltisch-iberische Völker bewohnt, trieb der Ort Handel mit Griechen und Etruskern und war einer der wichtigsten Handelsorte des französischen Mittelmeerraums. Nach der Romanisierung der Gegend wurde die Siedlung auf der Anhöhe verlassen. Die Römerstraße verlief unterhalb des Hügels.

Vom Oppidum aus sah man im Norden das *Etang de Montady* in seiner ganzen Ausdehnung. Eine einst sumpfige Ebene, welche nicht wie einst angenommen durch die Römer, sondern in der Mitte des 13. Jahrhunderts durch Mönche sternförmig entwässert wurde. Bereits damals wurde ein Entwässerungstunnel nach Süden durch den Hügel von *Ensérune* gegraben. Eine fast kreisrunde Ebene von fast zwei Kilometern Durchmesser präsentierte sich von oben wie ein riesiges Wagenrad und wird bis heute durch das jahrhundertealte System ent- und bewässert. Die Schifffahrt ging beschaulich voran. Wenige Stunden am Tag morgens und am späten Nachmittag wurde gefahren. Bei großer Hitze am Mittag wurde der Kahn unter den schattenspendenden Platanen, die den Kanal säumen, vertäut.

Dörfer, kleine Städte an der Wasserstraße. *Capestang* mit einer unvollendeten Riesenkathedrale, von der nur der Chor gebaut wurde.

Besuch in einem Weingut. Alle versuchten den letztjährigen Wein und fanden ihn scheußlich. Es waren Massenweine, die hier zum großen Teil hergestellt wurden. Trotzdem musste man ihnen ein wenig Zeit zur Reife gönnen. Der versuchte Wein war noch herb und verschlossen. Die Tischweine, welche die Gruppe trank, wurden in Fünf-Liter-Kanistern gekauft und kosteten damals etwa vier oder fünf französische Francs den

Liter. Manuel kaufte sich für den Abend eine bessere Flasche für vielleicht fünfzehn oder zwanzig Francs.

Manuel kochte abends ein Essen, das am langen Tisch im großen Raum auf Deck eingenommen wurde. Mittags aß man im Freien Salate und Obst, Käse, Wurst und Brot.

Der Matrose Killy liebte skurrile und derbe Späße. „Du siehst aus, als ob du in einem Lastwagenpneu geschlafen hättest", pflegte er morgens Manuel wegen des zerknitterten Gesichtes zu foppen.

Fahrräder waren auf dem Schiff für kleine Ausflüge. Ein altes Auto wurde vom Kapitän oder vom Matrosen nachgefahren.

Angelo und Manuel fuhren nach *Minerve*. Ein Nest hoch oben auf einer Felskuppe, die Felswände gingen senkrecht in die Wände der Häuser über, die bis an den Abgrund gebaut waren.

Minerve war eine der Katharerstädte, die dem Angriff des Kreuzritters *Simon de Montfort* trotzten. Nach langer Belagerung und Beschuss durch eine Belagerungsmaschine von der anderen Seite der Schlucht der *Cesse,* die fast die ganze Stadt umgibt, musste *Guillaume de Minerve* 1210 kapitulieren. 140 Bewohner, welche dem katharischen Glauben nicht abschworen, darunter Guillaume und sein Sohn, wurden auf dem Scheiterhaufen verbrannt.

Im Unterschied zur Ebene wird in den kalkigen steilen Hügeln um *Minerve* ein kräftiger, mundender Rotwein und ein herbsüßer *Muscadet* angebaut.

Auf dem Kanal hatte man den Eindruck, weitab von der Welt zu sein. Das Schiff steuerte leise brummend durch die oft engen Kurven des Kanals. Höchste Präzision war vom Steuermann gefordert, wenn die aus der Bauzeit des Kanals im 17. Jahrhundert stammenden Bogenbrücken unterfahren werden mussten. Links und rechts blieben wenige Zentimeter, auf Deck mussten die Fahrgäste den Kopf einziehen.

Nicht weit entfernt, von den Schiffsreisenden unbemerkt, verliefen Eisenbahnlinien, Autobahnen, die alten *Routes natio-*

nales, das hektisch pulsierende Leben. Das Schiff war wie eine Oase in der Zeit.

Manuel bereitete sich auf ein kommendes Konzert mit dem Budweiser Orchester und jungen Solisten vor, das vierte Violinkonzert von Mozart, Arien aus „Idomeneo", die Streicherserenade von Dvorak, ein neues Stück eines jungen Komponisten, das er in Auftrag gegeben hatte. Angelo übte derweil auf dem verstimmten Klavier Mozarts Fantasie in d-moll. „Wieso kannst du Mozart dirigieren und andere können es nicht?", bemerkte Angelo nach dem Konzert mit dem Violinkonzert. Angelo bewunderte Manuel als Musiker, aber die Beziehung war und blieb eine Achterbahnfahrt.

Nach einer Woche endete die Schiffsreise in *Carcassonne*. Eine weitere Katharerstadt. Iberer, Römer, Westgoten, Sarazenen gaben sich die Klinken der Stadttore friedlich oder meist unfriedlich in die Hand. Auch hier hatte *Simon de Montfort* zu Beginn der Kreuzzüge 1209 mit der Ketzerei der Katharer aufgeräumt. So viele Ketzer getötet, da musste man ja in den Himmel kommen.

Die Ankunft per Schiff war spektakulär. Der Hafen lieg mitten in der Stadt. Bei der Einfahrt fährt man unter einer Brücke durch. Der Wasserstand war zu hoch, so dass Kapitän Reinhard bei der Schleusenbehörde ein Absenken des Kanals verlangen musste. Das dauerte und dann tauchte der Kahn um Millimeter unter der Brücke durch, auf welcher zahlreiche Schaulustige das Manöver beobachteten.

Im Hafenbecken bereitete der starke Seitenwind Schwierigkeiten, beim Wendemanöver wurde das Schiff gefährlich abgetrieben und mit Mühe gelang es Reinhard, den Kahn in die Nähe der nördlichen Hafenmauer zu steuern. Schließlich musste Manuel an Land springen und mit einem Tau den Kahn vor dem weiteren Abtreiben sichern.

Abends Ausflug in die alte Burg. Touristenattraktion sondergleichen. Alles sehr gepflegt restauriert. Fast zu schön.

Anderntags bestiegen sie mit den Zug nach Béziers zurück. In einer knappen Stunde zogen die wichtigsten Orte der einwöchigen Schiffsreise am Zugfenster vorbei.

Und schon wieder wurde Manuels Arbeit argwöhnisch beäugt. Er ließ sich vorerst nicht beirren. Er wollte bloß gute Arbeit machen und dachte, diesen Posten, der ihm finanziell wenig einbrachte, dafür umso mehr Zeit beanspruchte, möglichst lange zu versehen.

Die beiden jungen Chorsänger, welche regelmäßig harte Drogen nahmen, waren ein Vorwand, um ihm Stolpersteine in den Weg zu legen.

Einer der jungen Kapellmeister war von den Fähigkeiten Manuels auch als Dirigent überzeugt. Manuel sollte den Kapellmeister bei Aufführungen der Operette „Viktoria und ihr Husar" vertreten. Der Kapellmeister hatte ein Auswärtsengagement und musste für eine gleichwertige Vertretung sorgen. Manuel hasste eigentlich diese Art von Operetten. Aber hinter seinem Rücken wurde ein Komplott geschmiedet.

Bei der ersten Vorstellung, die Manuel dirigierte, hatte sich ein Teil des Orchesters verschworen und spielte ganz offensichtlich und absichtlich falsch und ungenau. Man nennt das in der Musikersprache, „so spielen wie der Chef dirigiert" oder Dienst nach Vorschrift, wenn man den Chef nicht mag und wenn man es sich leisten kann, ihm eins auszuwischen. Man erlaubte sich dies gegenüber einem zahlenden Publikum.

Die folgenden Vorstellungen wurden besser, denn Manuel hatte sich nicht beirren lassen. Sanktionen wurden keine ergriffen.

Premierenfeier nach dem „Barbiere di Sevilla".

Proben und Vorstellungen waren spannend verlaufen. Es war die erste wirkliche Produktion, wie sie dem neuen Chef vorschwebte. Er hatte einen polnischen Regisseur aus Warschau geholt. Im Ensemble sangen Freunde aus Polen und den USA. Ausgezeichnete junge Sängerinnen und Sänger, die sonst an viel größeren Häusern auftraten.

Der Regisseur inszenierte so, dass zunächst Stirnrunzeln und Augenrollen überwogen. Die Sänger fügten sich ins Konzept und waren von Tag zu Tag mehr begeistert. Es war eine durch und durch choreografierte Inszenierung, in der jede kleinste Bewegung exakt vorgegeben war. Auch für den Chor.

Die Kostüme und die Ausstattung waren so etwas von surreal durchgedreht. Das Resultat war eine unglaublich witzige, freche und komische Aufführung, die Musik blitzsauber und tadellos.

Die Feier endete in der Villa eines wohlhabenden Musikfreundes. Der Tenor hatte ein Auge auf Angelo. Der war wie immer geschmeichelt, in erlauchter Gesellschaft auch noch beachtet zu werden. Nach der Party landeten Manuel und Angelo wie von selbst in Manuels Wohnung. Betrunken und müde lagen sie nebeneinander auf dem Teppich, aber Manuel fürchtete eine Annäherung, zu viel Angst, abgewiesen zu werden.

Nach einer Probe oder einer Vorstellung wollte Manuel eines Nachts noch nicht nach Hause. Mit einem befreundeten Paar besuchte er ein stadtbekanntes Tanzlokal. Sie fanden einen Tisch gleich neben der Tanzfläche und lästerten ein wenig über ein ungleiches Paar. Sie bereits über vierzig, der junge Italiener knapp über zwanzig.

Die Band machte eine Pause, das Licht wurde noch etwas schummeriger. Da knallte es ein paar Mal, Manuel sah Blitze in der Dunkelheit auf der gegenüberliegenden Seite. Da lief eine Gestalt zwischen den Tischen und stürzte Manuel vor die Füße. Ein Mann hinter ihr und nun stand er Manuel gegenüber und hatte die Pistole auf die Frau gerichtet. Er drückte ab, aber das Magazin war leer. Wortlos verließ der Mann, dessen Gesicht Manuel auch schon im Pub gesehen hatte, das Lokal.

Die Frau hatte mehrere Schusswunden in Brust und Hals. Sie lebte. Sanitäter waren rasch zur Stelle. Sie atmete kaum, das Herz schlug schwach. Aber sie überlebte am Ende. Es war die Frau, über welche Manuel gespottet hatte. Ihr junger Freund war tot. Er hing blutend über dem Stuhl. Der eifersüchtige Rivale hatte ihn mehrmals in den Bauch geschossen.

Die nächsten Jahre kehrten dieselben Sänger und derselbe Regisseur jeweils für eine Produktion zurück. Es war „Le nozze di

Figaro", die auf den „Barbiere" folgte, im Jahr darauf „Cosí fan tutte". Beides wiederum hervorragende Produktionen von außergewöhnlicher Qualität im kleinen Provinztheater.

Der ehrgeizige Chef hatte sich aber nicht nur viele Freunde und Bewunderer geschaffen. Wie üblich sägten auch viele in- und außerhalb des Theaters an seinem Stuhl. Der Nimbus, dass er aus dem Provinzorchester ein ernst zu nehmendes Ensemble machen könne, war geschwunden. Eigentlich wollte man dies auch nicht, es störte zu viele Musiker in ihrer Bequemlichkeit.

Als Manuel ein halbes Jahrhundert alt war, erreichte Angelo das Drittel eines Jahrhunderts und ein Freund Angelos ein Viertel. Alle waren im Sternzeichen Fisch geboren, dazu schwammen in den befreundeten Künstlerkreisen noch etliche Fische.

Anlass und Grund genug, ein großes Fischfest zu Ehren Manuels zu feiern. Im „Cardinal" kochte Meisterkoch Jack ein Menü aus mindestens fünf Gängen mit Meerestieren. Das begann mit Jakobsmuscheln, setzte sich mit einem Austernsüppchen fort, dann folgte ein gebackener Fisch, vermutlich folgte Salm in Safran-Rahmsauce und einen Zwischengang erfand Jack bestimmt noch. Seine Fantasie kannte kaum Grenzen.

Auch nicht bei einer kulinarischen Woche in einem Spiegelzelt vom Beginn des zwanzigsten Jahrhunderts. Jeden Abend gab es ein Konzert mit einem anderen Musikstil. Manuel bestritt mit einem Freund zusammen eine Sonntagsmatinee mit vierhändiger Klaviermusik, Brahms, Debussy, eine Sonate von Mozart zu Beginn.

Aber Manuel erinnert sich gerne an den Abend, als das Jazzquartett von BBFC Bovard, Bourquin, Francioli, Clerc spielte. „La Grande Guerre du Sonderbund", eine Erzählung von Charles Ferdinand Ramuz, vorgetragen von einem französischen Schauspieler mit Originalmusik von Bovard. Dieser war einige Jahre zuvor Posaunist im Sinfonieorchester gewesen, das Manuels Mandala-Stücke aufführte. Er ist, nach Erfolgen als Jazzmusiker und Komponist, mit kaum über fünfzig Jahren gestorben.

Neben dem Theater war Manuel wieder Organist an derselben Kirche wie früher. Die hatte inzwischen eine kleine Orgel mit Charakter erhalten, Typ französischer Barock mit siebzehn Registern. Seit fünfzehn Jahren hatte er kaum eine Orgel berührt. Er war selbst erstaunt, wie gut das alte Repertoire noch in den Fingern steckte.

Wie genau zwanzig Jahre zuvor hatte er seinen ersten Dienst in der Osternacht. Nach der Karfreitagszeremonie fand eine Probe mit dem Chor für die Osternachtfeier statt. Er erinnerte sich, wie überwältigt er war von der Osternachtfeier, damals noch im lateinischen Ritus. Das Osterfeuer im Hof vor der Kirche, die Osterkerze, die Kerzen der Gläubigen, die Kirche brechend voll, die Zeremonie mit dem Taufwasser, die Gesänge, gregorianischer Choral, den er begleiten musste, polyphone Gesänge des Chors.

Zwanzig Jahre später war alles viel einfacher und kürzer geworden. Die Priester dieser Kirche galten als besonders aufgeschlossen. Vor allem die deutschsprachigen, während die französisch sprechende Gemeinde konservativere Formen pflegte.

Aber einem französisch sprechenden Priester hörte er gerne zu in der Predigt. Es waren einfache, sehr menschliche Gedanken, die er entwickelte, nichts von oben herab, sehr natürlich und persönlich empfunden. Im Anschluss an die Predigt setzte Manuel an der Orgel die Gedanken mit einer kleinen Improvisation fort.

Und er schrieb Konzertkritiken, und auf ausdrücklichen Wunsch des Direktors auch Opernkritiken. Doch gleich wurde ihm übelgenommen, wenn er über Sänger, Regisseure oder Dirigenten ein kritisches Wort verlor. Kollegenschelte. Das war ungebührlich.

Manche Regisseure verlangten vom Chor Unmögliches, auch Frédéric, der vom Regieassistenten aufgestiegen war und nun Opern und Operetten inszenierte. Manuel tat alles, damit der Chor an der ersten Bühnenprobe musikalisch vorbereitet war. Aber komplizierte Schritte lernen, sich in alle Richtungen bewegen, die Partnerin herumtragen und dazu noch fehlerfrei singen und alles bei der ersten Probe. Zu viel verlangt. Der Kapellmeister warf Manuel vor, er hätte den Chor absichtlich nicht optimal vorbereitet. Aus Neid, oder aus Fahrlässigkeit oder aus welchem Grund auch immer.

Für „La Bohème" hatten sich Chorleiter und Chor zusammengerauft und wollten nur eines, eine glänzende Leistung vorzeigen.

An der ersten Bühnenprobe staunten Frédéric und der Korrepetitor. „Noch nie habe ich den Chor so sicher erlebt", meinte Frédéric anerkennend und der Pianist Bernhard stimmte zu.

Die Premiere kam. Manuel hatte drei Frauen beauftragt, die paar Worte zu Beginn des dritten Aktes am Schlagbaum zu singen. Auch einzelne Chorherren hatten kleine Einwürfe zu singen. Die Herren bestanden die Prüfung, die Frauen waren vor Lampenfieber erstarrt und brachten die wenigen Töne nicht hervor.

In der Kritik der Tageszeitung aus Bern stand darauf, die Chorleistung sei fragwürdig gewesen und man müsste sich endlich überlegen, wie man den Chor verbessern könnte. Klar, dass Manuel der Schuldige war.

Weil sich all die kleinen Nörgeleien wiederholt hatten, weil andererseits die Verbesserungsvorschläge, die Manuel eingebracht hatte, nie berücksichtigt worden waren, kündigte er den Vertrag wiederum nach fünf Jahren.

Es war der Zeitpunkt, an dem auch der einst strahlende musikalische Leiter dem Städtchen den Rücken kehrte. Zwar mit dem Versprechen, regelmäßig wiederzukehren. Aber wie Manuel in der Zeitung sehr zum Ärger des Direktors vorausgesagt hatte, kam es ein einziges Mal zu einer Rückkehr ans Pult des Sinfonieorchesters und das hatte erst noch besondere Gründe.

Was Manuel wirklich ärgerte: andere, seine Vorgesetzten, der Direktor, der Chef, alle machten auch Fehler, oft grobe Fehler. Sie saßen die Angriffe aus und blieben auf dem Posten. Oder sie schlugen zurück.

Es gab schon immer Leute, die Manuel vorwarfen, er besäße zu wenig Ausdauer.

Er hasste die breiten Ärsche, die Angriffe und Kritik einfach aussitzen konnten.

Er zog schon immer die Unabhängigkeit der Unterwerfung vor. Im Pressebüro hätte er sich Mark unterziehen sollen, im Theater einem Chef und einem Direktor, die beide selbst viele Schwächen und Angriffsflächen hatten. Da war auch Neid im Spiel: Manuel durfte keinesfalls besser dastehen als seine „Vorgesetzten". Sowohl im Pressebüro wie im Theaterbetrieb waren Manuels Erfolge und die guten Einschätzungen von außen auch Gründe, ihn loszuwerden.

Sogar in der Beiz hätte er sich Angelo unterziehen sollen, der grundlegende Fehler beging und sehr gehässig werden konnte, wenn man mit aller Vorsicht darauf hinwies. Er hatte sich eben auch das ganze Leben lang dreinreden lassen müssen und wollte endlich ohne Einmischungen entscheiden.

Manuel war gewiss kein einfacher Mensch. Manche behaupteten, mit ihm könne man nicht zusammenarbeiten, er sei nicht teamfähig. Gleichzeitig wurde ihm zugutegehalten, er habe ein umfassendes Wissen auf vielen Gebieten. Meistens wusste er alles besser als seine Mitmenschen, durfte aber nicht als Besserwisser auftreten. War er Untergebener, durfte er nicht besser sein als seine Chefs, war er Chef, nahm man ihm übel, wenn er seine Überlegenheit durchsetzte oder auch nur durchzusetzen versuchte.

Die nächsten Konflikte kündeten sich schon wieder an.

Ein Orchestermusiker hatte sommerliche Meisterkurse ins Leben gerufen. Manuel schrieb in der Zeitung darüber. Ein Jahr später war das Unterfangen in Schwierigkeiten. Manuel bot sich an, das festgefahrene Schiff wieder flott zu machen.

Er gründete einen Trägerverein, erwirkte bei der Stadt eine bescheidene Unterstützung. Auch die Bank war bereit, ihren Sponsoringbeitrag zu erhöhen.

Für einen Dirigierkurs reiste ein Orchester aus dem südböhmischen Budweis an. Manuel fand, das Orchester sollte auch Gelegenheit erhalten, sich dem Publikum mit einem Konzert vorzustellen. Alle im Komitee waren einverstanden, dass er das Konzert dirigieren sollte, da der Dozent im Fach Dirigieren sich nicht zusätzlich belasten wollte.

Er organisierte auch weitere Konzerte, um den Kursen die Ausstrahlung eines Festivals zu geben.

Im Jahr darauf plante Manuel mit einem jungen Kursteilnehmer, der seit Jahren durch seine Qualitäten aufgefallen war, das Violinkonzert von Brahms aufzuführen.

Die Orchesterproben fanden diesmal in Budweis statt. Manuel wurde von Angelo in dessen altem Mercedes hingefahren. Die Hündin Chica reiste auch mit.

Das ergab Probleme an der österreichisch-tschechischen Grenze. Obwohl die Botschaft in Bern versichert hatte, es gebe keinerlei Probleme und für Manuel und Angelo Sondervisa ohne vorgeschriebenen Wechselkurs ausgestellt hatte, verlangte der tschechische Grenzbeamte ein ganz frisches Arztzeugnis für den Hund.

Sie fuhren zurück in die nächste Kreisstadt, fanden dort den Kreistierarzt, der kritzelte murrend etwas auf einen Zettel und verlangte umgerechnet etwa dreißig Franken.

Wieder an die Grenze mit doppeltem Stacheldrahtzaun und scharfen Schäferhunden, wurden sie diesmal durchgelassen.

Mit Verspätung kamen sie in Budweis an, fanden mit Hilfe eines vorsichtigen jungen Bewohners, der sichtlich Angst hatte, sich mit Ausländern einzulassen, das Hotel und hatten bei der Ankunft einen Motorschaden. Der wurde schwarz behoben mit Hilfe eines Freundes, denn, so sagten die tschechischen Musiker, offiziell wäre es wohl mindestens drei Wochen gegangen bis zur Reparatur.

Wegen des Hundes durfte Angelo nicht im Hotel schlafen, sondern wurde auf einen Zeltplatz außerhalb der Stadt verwiesen, wo er in einem Bungalow aber eine ganz hübsche Unterkunft erhielt.

Orchesterproben fanden am Vormittag in einer zum Probelokal umgebauten Kirche statt. Abends fuhr das Orchester in eine nahe gelegene Stadt, wo es unter einer amerikanischen Dirigentin im Rahmen eines kleinen regionalen Festivals ein Konzert gab. Das Konzert fand in einer Kirche in einem Park neben dem Fluss unterhalb des Städtchens statt. Noch nie hatte Manuel so viele Fledermäuse in der Luft gesehen. Beim Eindunkeln vor dem Konzert umschwirrten sie in Schwärmen den Kirchturm und die Bäume des Parks.

Geprobt wurde außer dem Violinkonzert von Brahms eine Sinfonie von Haydn, die „Oxford". Das Orchester machte außerordentlich willig mit und das Arbeitsklima war vom angenehmsten.

Auf dringendes Anraten des ersten Kontrabassisten machten Manuel und Angelo einen Ausflug nach Krumlow. Wunderschöne Altstadt in einer Flussschleife der Moldau. Einige Häuser waren saniert, das meiste aber zu jener Zeit in einem erbärmlichen Zustand. In den engen Seitengassen roch es penetrant nach Urin.

Eindrucksvoll war das Schloss des alten böhmischen Geschlechts der von Schwarzenberg. Der Park nach dem Vorbild von Versailles sah verwahrlost aus. In der Schlossbibliothek finden sich immer noch unentdeckte musikalische Kostbarkeiten vor allem aus dem 18. Jahrhundert. Ein befreundeter Oboist aus Prag hatte dort Oboenkonzerte eines Italieners, der zeitweise in Böhmen lebte, ausgegraben.

Abends lud Angelo seinen Freund ins Camping ein. Im Bungalow plauderten sie ein wenig. Unverfängliches. Sie saßen oder lagen halb auf einem Sofa. Sie fühlten sich einen Augenblick, ein Wimpernzucken lang, sehr nahe. Bevor sie sich in die Arme sinken konnten, standen sie auf und gingen hinaus auf die Terrasse des kleinen Restaurants. Der freundliche, noch junge Wirt brachte ihnen als Vorspeise gerollten Schinken mit Meerrettich-füllung, dann einen sauren Braten und zum Schluss genossen sie einen Palatschinken.

Manuel hatte die tschechische Küche, die in manchem der österreichischen und der bayrischen gleicht, schätzen gelernt. Deftiges Schweinefleisch mit Kohl, Kalbsbraten mit saurer Sahne und Preiselbeeren, dazu Knödel. Im Hotel ließ er sich mehrmals „Speisen unserer sozialistischen Bruderländer" bringen, am liebsten Filet Stroganoff. Dazu wurde meist ein ganz angenehmer mährischer Merlot serviert.

Angelo brachte Manuel am Ende des Abends ins Hotel zurück. Beim Zurückfahren wurde er auf der Brücke über die Moldau von einem Polizisten auf Alkohol getestet. Erfolglos. Am Abend an derselben Stelle genau dasselbe mit demselben Polizisten. Ebenso erfolglos. „Der wird sich ärgern", lachten die Musiker, denen Angelo die Geschichte erzählte, „er muss nämlich seine Teströhrchen selbst bezahlen." Und bei einem Auto mit ausländischem Nummernschild wäre er sich doch so sicher gewesen, dass der Fahrer gesoffen hatte.

In den Plattenläden konnte man zu Spottpreisen alle Seltenheiten aus Russland kaufen, mit Svjatoslav Richter, Tatjana Nikolaeva, Vater und Sohn Oistrach, den Leningrader Philharmonikern unter Mavrinsky und sonst einiges, das man im Westen kaum finden konnte. Essen kostete mit dem günstigen Wechselkurs fast nichts, Schuhe und Hemden konnten sie ebenfalls für wenig Geld erstehen.

Sie brachten einen Kofferraum voll echtes tschechisches Budweiser Bier nach Hause. Die Ignoranten zu Hause glaubten immer noch, Budweiser Bier komme aus Amerika.

Mit dem Orchester fuhr Manuel nach Konzerten in der Schweiz nach Frankreich an das Festival von *Flaine* in Hochsavoyen. Im künstlichen Wintersportort aus Beton, der im Sommer drei Monate lang mit Musikkursen und Konzerten belebt wurde, empfing man sie großzügig. Unterkunft im Fünf-Sterne-Hotel, ausgezeichnete Mahlzeiten, Eintrittskarten für Hallenbad und Sporthalle, freie Fahrt mit der Luftseilbahn auf einen Gebirgssattel mit großartigem Ausblick auf den *Mont Blanc*.

Manuel fuhr einmal mit dem jungen Solisten hoch. Beim Abstieg in der Hälfte der angegebenen Zeit begegneten sie Murmeltieren aus nächster Nähe. Und im Anschluss mietete sich der junge Australier gleich ein Mountainbike, fuhr noch einmal mit der Bahn nach oben und dann mit dem Bike über Gletscher, Felsen und einen steinigen Fußweg hinunter. Er beklagte sich anschließend über Schmerzen im Handgelenk.

Das Konzert wurde mit Brahms' Violinkonzert und der Prager-Sinfonie von Mozart vor jungem Publikum ein glanzvoller Erfolg. Die Figaro-Ouvertüre gab es als Zugabe. Anschließend fand ein Essen mit der Festivalleitung statt und in einer Bar um zwei Uhr morgens schauten sie ein Video, worauf Augustin Dumay „*Tzigane*" von Maurice Ravel in hinreißender Art spielte. Hier galt Manuel etwas, wurde als Dirigent von allen ganz selbstverständlich ernst genommen.

Nach der Rückkehr in die Schweiz hagelte es Vorwürfe. Das Festival, obwohl von einer großen französischen Bank gesponsert, hatte die Gage für Orchester und Solist nicht gleich bezahlt. Obwohl der Musiker im Vorstand vorher von den Qualitäten des Festivaldirektors geschwärmt hatte, hieß es plötzlich, der sei unzuverlässig und es sei höchst unsicher, ob das geschuldete Geld jemals eintreffen würde.

Manuel telefonierte in der Folge einige Male nach Paris ins Sekretariat des Festivals, wurde vertröstet, aber das Geld traf schließlich ein. Aber zu spät, Manuel hatte den Meisterkursen zu diesem Zeitpunkt schon den Rücken gekehrt.

Obwohl viele Entscheide gemeinsam gefällt worden waren, war am Ende Manuel für alle Fehlbeträge und alle Fehlentscheide verantwortlich. Und Erfolge wie den Abstecher an das Festival in Savoyen mochte man ihm schon gar nicht gönnen. Aus ganz tiefstem und vollem Herzen nicht. Da war viel Neid im Spiel,

„nein, nein, der Manuel soll nicht meinen, er könne noch eine Dirigentenkarriere starten."

Er wollte sich diesmal nicht so einfach hinauswerfen lassen. Aber da hatten Vorstandsmitglieder schon bei Subventionsgebern und der Bank vorgesprochen. Die machten hinten herum die weitere Gewährung von Beiträgen abhängig von der Entfernung Manuels und so musste er im Interesse des Weiterbestands der Kurse zurücktreten.

Wieder hatte es ein Jahr der Entscheidungen gegeben. Manuel orientierte sich neu und wagte auf fast allen Gebieten einen Neuanfang.

SECHSTES BUCH

Gibt es einen Neuanfang? Es gibt doch immer Überlappungen. Ein früheres Leben hat Ausläufer in das neue Leben. Ein früheres Leben holt uns ein.

Frühere Fehler vermeiden. Alte Muster aufgeben. Was wissen wir über uns!

Der Vater eines Freundes hatte sich mit sechzig umgebracht, weil er nicht ertrug, dass ihn der Sexualtrieb immer noch quälte.

Kann man seiner Haut entfliehen?
Ist Sexualität bloß Triebhaftigkeit?
Ist Triebhaftigkeit schlecht?
Wieso wollen wir die Natur überwinden?
Wieso wurden in unserer Kultur Naturkräfte zu
Blumen des Bösen gezeichnet?

Lust. Gemeinsame Lust. Genug ist nicht genug.
Schönheit. Jugend. Leben.
Maßlos. Grenzenlos. Schrankenlos.
Federleicht und gelöst.
Auch Schmerz kann maßlos sein.
Glück stößt an Grenzen.
Unschuldiger Genuss.
Das Grinsen eines Jungen, der dir alles geben will.

Ein altes Lied: Nie stimmt im Leben alles überein. Hatte Manuel künstlerisch Erfolg, ging es ihm finanziell mies. Ging es ihm finanziell einigermaßen, war er von allen verlassen. Stieg er beruflich auf, gingen Beziehungen in die Brüche. War er verliebt, brach die Karriere zusammen. Pech im Spiel, Glück in der Liebe. Oder auch beides zusammen. Oder keines von beidem.

Mit Kurt im reißenden Fluss nackt baden.
Zuschauen, wie Silvio erregt wird
und sich die Kleider vom Leib reißt.
Marc zeigt sich in stolzer Männlichkeit.
Franz möchte bewundert werden.
Joachim möchte nicht enttäuschen.
Bruno hofft auf Zuneigung.
Marco will Unterstützung.
Dani findet es lustig.
Patrick will Geld und Genuss noch dazu.

Es gab auch in diesem Sommer überhängende Geschichten. Die zweite Schiffsreise mit Angelo, Kurt, Peter, Hans, Susanne auf dem *Canal du Midi*.

Diesmal abwärts mit Ziel im Hafen von Sète.

Das Theater hatte er aufgegeben, dafür hoffte Manuel auf mehr freie Hand bei Kursen und Konzerten.

Man verkrachte sich endgültig. Aber da war noch eine Tournee mit einem Kammerorchester in der Westschweiz. Sehr schlecht besuchte Konzerte, abgesagte Termine. Schulden.

Viele Momente, in denen Manuel nicht zum ersten Mal an Gift oder eine Kugel dachte.

Vorwürfe, Anschuldigungen, kaum Unterstützung.

Dafür Einladungen für Konzerte in Budweis, den USA, und anschließend in Teplice. Bahnte sich doch eine späte Karriere an?

Eric tauchte aus dem Nichts auf, war plötzlich da, Eric, der mit der Unbekümmertheit des waghalsigen Zwanzigjährigen alle Sorgen wegpustete. „Was machst du dir Sorgen wegen Geld? Es ist niemand umgekommen. Alle können die Verluste verschmerzen. Setz' dich einfach darüber hinweg. Sei stolz auf alles, was du erreicht hast."

Schalmeien in der Nacht. Nein, zu erobern war Eric nicht. Schon bei der ersten Begegnung im „Cardinal", der damaligen Szenebar, hatte es Manuel fast den Atem verschlagen, als sich

Eric ihm gegenüber hinsetzte. Gleich war klar: Diese Trauben hingen zu hoch. Oder doch nicht?

Eric spielte sein kleines Spiel. Und gleichzeitig war er der Stecken und Stab in Manuels finsterem Tal der Niedergeschlagenheit. Schon nur die Gegenwart des niedlichen Blonden mit dem selbstverständlichen Selbstbewusstsein war Aufrichtung. Stehe auf und wandle, schien er Manuel mit jedem Blick zu sagen. Er verbrachte halbe Nächte am Tisch in der Stube von Manuel und hörte zu. Er genoss es, zuzuhören, wenn Manuel erzählte. Geschichten von Erfolgen und Enttäuschungen, Geschichten von Beziehungen mit ihren Höhen und Tiefen. „Langweilt dich diese Geschichte nicht?" „Erzähl weiter." Für Manuel war es wie Therapie, schon die bloße Gegenwart von Eric war eine Wohltat. Eric genoss die Freundschaft des Älteren.

Er hatte eine gute Beziehung zu seinem Vater, einem kleinen erfolgreichen Industriellen. Doch der Vater forderte. Manuel forderte nichts, beide fühlten sich wohl in Gegenwart des anderen.

Sie wanderten durch den Wald zur Wohnung von Eric. Eric hatte Blumen gepflückt für sein Zimmer. Sie liefen zum See hinunter und Eric legte sich nackt auf die Hafenmauer. Himmel, welch ein Körper. Wohlgeformt, rund und prall, reine Haut auf Rücken und Arschbacken an der milden Frühherbstsonne. „Hat schon manchen gelüstet", lachte Eric, „Jack durfte mir mal den Rücken einseifen unter der Dusche." Jack war der geniale Koch des „Cardinal" und für alle Lüste des Lebens zu haben.

Manuel wurde nach Budweis in Südböhmen für drei Konzerte eingeladen. Er erhielt eine Einladung in die USA für ein Konzert mit einem Provinzorchester. Es gab wieder Aufhellungen.

Das Orchester in Amerika wollte ein Stück von Manuel aufführen. Er hatte den Chefdirigenten in Heidelberg getroffen. Eigentlich hatte er kein Stück für große Besetzung auf Lager, aber er versprach, eins zu schreiben. Er dachte dabei bloß an eine Umarbeitung eines Teils des frühen Mandala-Werks. Es wurde, zwar aus altem Material, ein neues Stück. Die Partitur musste ins Reine geschrieben werden, Orchestermaterial ins Reine geschrieben werden. Um Mitternacht kamen Anrufe des Chefdirigenten aus den USA, die Manuel mit seinem spärlichen Englisch zur Not bewältigte. Arbeit, die ablenkte und auch Vorfreude war. Wie würde er mit dem großen Orchester umgehen? Es war das erste Mal, dass er eine solch große Formation vor sich hatte. Im Programm waren ebenfalls das Klavierkonzert von Grieg und die dritte Sinfonie von Brahms vorgesehen.

In Osteuropa hatte sich in kürzester Zeit alles verändert. Noch in den achtziger Jahren hatte Manuel oft gesagt, solch ein Stillstand könne nicht dauern, es käme ihm vor wie die Erstarrung vor der Französischen Revolution. Und spaßeshalber fügte er hinzu: „1989 gibt es die Revolution."

Sie kam. Zum Glück auf samtenen Sohlen. Noch im Sommer hatten sie den Direktor des Budweiser Orchesters, strammer Kommunist, der auch auf die Orchestermitglieder im Ausland aufzupassen hatte, gefragt, wann die Perestroika in Tschechien Einzug halte. „Langsam", hatte der geantwortet, „wir dürfen nichts überstürzen."

Und dann überstürzten sich die Ereignisse im November doch.

Auch die Musiker waren auf die Straße gegangen. Sie hatten mitgeholfen, lokale Machtträger zu entfernen. Auch ihren Direktor und den Chefdirigenten, alle, die Mitglieder der Partei waren und eine leitende Stellung innehatten.

Im Januar reiste Manuel in die freie Tschechoslowakei, in der nun Vaclav Havel an der Spitze des Staates stand. Eine Nacht in Prag im teuersten Hotel. Abends Besuch beim Geiger Boris, der bei der missglückten Tournee im Sommer zuvor Solist gewesen war. Er hatte seine Konzerte gespielt und sein Honorar erhalten und war deshalb immer noch ein guter und hilfreicher Freund.

In der Nordböhmischen Philharmonie hatte es auch einen Umsturz gegeben. Der junge Assistent Jan war zum Chef erhoben worden. Und der lud an diesem Abend Manuel ein, in Teplice ein Konzert zu dirigieren. Es war für den März vorgesehen. Und Manuel sollte dort auch sein neues Stück aufführen.

Am andern Tag besuchte er zum ersten Mal die Altstadt von Prag. Ohne Stadtplan zog er vom Bahnhof hinunter zum Pulverturm am Eingang zur Altstadt und planlos durch die Gassen. Angelo hätte hier sein müssen! Auf Schritt und Tritt wurde Manuel an „Amadeus", den Film von Milos Forman, erinnert, jeden Augenblick konnte eine Kutsche mit Wolfgang Amadeus um eine Ecke biegen.

Nachmittags bestieg er den Zug nach Budweis. Durch die Wälder Böhmens. Manuel fühlte sich wie auf der Flucht vor Gläubigern und all den Neidern, die endlich einen Haken gefunden hatten, an dem man ihn aufhängen konnte. Sich tief im Wald verstecken wie ein verletztes Tier.

In Vesely musste er umsteigen. Er erwartete den letzten Zug, der an diesem Abend nach Budweis fahren sollte. Der hatte aber schon dort gestanden und fuhr plötzlich los. Der Stationsvorstand realisierte die Situation blitzschnell und hielt den Zug nochmal an. Er half Manuel, die drei Koffer über die Gleise zu tragen und im letzten Wagen einzusteigen.

Er logierte in Budweis im selben Hotel wie im Sommer zuvor, im 22. Stock des Hotels Gomel.

Es war Februar und kalt. Das Wasser im Stadtgraben um die Altstadt war gefroren, ein toter Schwan im Eis gefangen. Manuel lernte auf den Spaziergängen rings um die Altstadt die Partituren auswendig. Die vierte Sinfonie von Schubert und „Sommernacht" von Othmar Schoeck. Vaclav Snitil, Violinprofessor aus Prag, war Solist im Konzert von Beethoven.

Die Proben verliefen gut, Snitil war sehr zufrieden mit der Begleitung, die zweiten Violinen bewältigten endlich auch die raschen Figuren in der Sinfonie.

Das Programm wurde dreimal gespielt. Nach Budweis fuhr man mit dem Bus in die Städtchen JindrichuvHradec und Třebon. Das Konzert fand in einem wunderschönen kleinen Theater aus dem 18. Jahrhundert statt. Fast wie in seiner Stadt, aber beinahe in originalem Zustand.

Im Hotel lernte er täglich eine Lektion Englisch für die bevorstehende Amerikareise.

Die neue Freiheit war beinahe grenzenlos. Musiker und Leute auf der Straße genossen es, nicht mehr aufpassen zu müssen, was man mit wem besprach. Der Kontrabassist Milan und seine Frau, die Cellistin, luden Manuel zu sich nach Hause ein.

„Vor ein paar Monaten hätte ich der Partei melden müssen, dass ich einen Ausländer zu Hause hatte. Sonst hätte es ein Nachbar getan. Jetzt kann ich dich einfach einladen, ohne jemanden zu fragen. Unglaublich."

Im Hotel grölten junge Österreicher, die über die nahe Grenze gekommen waren und sich für fast kein Geld besoffen wie die Hunnen. Manuel verdiente für drei Konzerte den dreifachen Monatslohn eines einfachen Tschechen.

Er konnte das Geld nicht ausführen. Doch im Lande konnte er sich damit fast alles leisten. Er füllte einen Koffer halb mit Schallplatten und CDs, Büchern, Schuhen, Hemden, einen kleinen Lederkoffer, er hätte gern einen Frack gekauft, doch selbst in Prag fand er keinen. Es sei denn, er hätte in ausländischer Währung bezahlt.

Er rief Angelo an. Er hätte ihn am liebsten für ein Wochenende nach Budweis eingeladen. Doch der hatte keine Zeit.

Nach fast drei Wochen flog er zurück, hatte gerade mal zwei Tage Zeit zuhause und dann folgte der Flug nach Amerika.

Chicago hat einen riesigen Flughafen. Manuel fand wie von Geisterhand gelenkt alles im Nu, den Ausgang an der schwarzen Grenzbeamtin vorbei, einen Lift in ein oberes Geschoss für nationale Abflüge, das Gate für den Weiterflug nach Milwaukee. Bloß hatte der Flug dann anderthalb Stunden Verspätung.

Nach einem kurzen Flug wartete in Milwaukee der Manager des Orchesters von *Sheboygan* geduldig, brachte ihn auf dem Highway in die kleine Stadt hundert Meilen weiter nördlich am Lake Michigan. Ein geräumiges Hotelzimmer erwartete ihn und auf dem Bett Willkommensgeschenke der Freunde des Orchesters. Blumen, Wein, Gebäck, Süßigkeiten.

Sheboygan empfing ihn wie einen Star. Die erste Probe verlief so gut, dass der Chefdirigent noch am gleichen Abend einige Kollegen anrief, er hätte einen ausgezeichneten Gast und ihn weiterempfahl.

Am dritten Tag machte die „Sheboygan Press" ein Interview mit ihm, das groß aufgemacht erschien. Die Journalistin war sofort angetan und verliebte sich ein wenig in ihn, sie gingen einige Tage später am großen See im Schnee spazieren und Manuel lud sie nach dem Konzert in ein italienisches Restaurant zum Essen ein. Er drückte sich auf Englisch unbeholfen aus. Das machte wohl auch den Charme aus, auch bei der Serviererin in der Kneipe um die Ecke, bei der er jeden Morgen seine gebratenen Eier, seinen Toast mit Jam und den schwachen Milchkaffee einnahm.

Der Präsident des Orchesters war Staatsanwalt des Bezirks. Zuerst lud er Manuel mit Notabeln in den Segelclub ein, hervorragendes Essen, nette Konversation. Die meisten Clubmitglieder waren schon einmal nach Europa und in die Schweiz gereist und kannten mindestens Zürich, Lugano und Zermatt. Dann lud er ihn samt der ganzen Familie mit zwei Söhnen zu einer Spazierfahrt durch die Gegend ein, die in einem „typischen" ländlichen Restaurant endete. Eine Arbeitersiedlung der hauptsächlichen Industrie, der Herstellung von Badewannen und Sanitärartikeln – bis zum Whirlpool aus Teakholz mit vergoldeten Armaturen – war zum Kongresszentrum mit Restaurant umgebaut worden.

Das Konzert war wiederum ein großer Erfolg, der jamaikanische Pianist Nigel Coxe, der in Boston an der Universität lehrte, war begeistert: „Manuel, you are wonderful", rief er nach dem Klavierkonzert von Grieg aus. Das Orchester spielte viel besser als zunächst erwartet, denn es war vor allem aus Musiklehrern an Schulen, die sich für ein halbes Dutzend Konzerte pro Jahr trafen, zusammengesetzt.

Er erntete eine hervorragende Kritik in der „Sheboygan Press": „Andres and Coxe create exciting concert" stand in großen Lettern. Zwei Tage später gab es eine weitere Einladung, diesmal beim Präsidenten zu Hause, in einer Villa mitten in einem kleinen Wäldchen am Rand der Stadt. Zu Ehren Griegs gab's ein norwegisches Buffet, wozu wiederum Industrielle und Anwälte mit ihren Gemahlinnen geladen waren. Die Gastgeberin war liebenswürdige, Manuel wie Nigel wurden herumgereicht und verwöhnt.

Die Rückreise war hektisch. Beim Manager Bob schaute sich Manuel das Video des Konzerts an, bis endlich gegen Mitternacht mit Verspätung der Chefdirigent eintraf. Draußen hatte es zu schneien begonnen und auf dem Highway begann ein Schneesturm. Eingangs Milwaukee streikte der Wagen, der Chef, er hieß zufällig auch Manuel, sein Vater war gebürtiger Kubaner, ging Hilfe holen bei einer nahen Tankstelle. Unterdessen fragten zwei bullige Polizisten mit ausgesuchter Höflichkeit nach dem Befinden von Manuel, der allein im Auto saß. Glücklicherweise kehrte der Chef zurück, das Auto ließ sich – oh Wunder – wieder starten und sie erreichten das Haus des amerikanischen Dirigierkollegen.

Der telefonierte noch bis morgens gegen vier nach New York, nach Boston zum Chef der Philharmonie von São Paulo und an den Chef von Savannah im Staat Georgia. Alles Kollegen, denen er von Manuel schwärmte. Manuel hätte überall eingeladen werden können, wenn er sich bloß ein bisschen bemüht hätte. Aber wieder zurück in der Schweiz rührte er keinen Finger.

In Milwaukee ging auf dem Flughafen gar nichts. Fast alle Flüge waren annulliert wegen Eis und Schnee, schließlich brachte ihn ein Kleinbus in letzter Minute nach Chicago, dort wurde er am Check-In vorbeigeschleust und musste mit dem ganzen Gepäck bis zu allerhinterst in dem einen halben Kilometer langen Gangway hetzen, wo ihn die Flugbesatzung ungeduldig und beinahe vorwurfsvoll erwartete.

Sein Platz war durch eine stillende junge Amerikanerin mit Baby besetzt. Er nahm in der Reihe davor Platz, hatte dafür die ganze Reihe in der Mitte des Flugzeugs für sich, betrachtete zuerst widerwillig, dann immer mehr gefangen einen Film, „Der Club der toten Dichter" oder so ähnlich, schlief noch eine halbe Stunde und dann wurde das Frühstück serviert und schon landete die Maschine in Kloten.

Während des Schneesturms in Amerika wütete in der Schweiz der Sturm „Viviane", die Heimatstadt wäre fast überschwemmt worden, die Wassermassen erreichten die Höhe der Brücken in der Stadt, berichtete die Schwester, welche Manuel am Bahnhof abholte.

Er hatte noch Zeit, einige Sachen in seinem neuen Stück zu korrigieren, eine kleine Kürzung vorzunehmen und schon reiste er wieder nach Prag. Am Flughafen holte ihn der Chefdirigent in seinem kleinen Skoda ab und fuhr ihn nach Teplice in Nordböhmen.

Er war in einem alten Hotel mit verblühtem Charme des Sozialismus untergebracht. Aber die Prager Ente mit Sauerkraut, die ihm Jan, der junge Dirigent, empfohlen hatte, war ausgezeichnet. Im Untergeschoss des alten Theaters war ein Nachtclub mit Bar, wo Manuel die freien Abende bis spät in die Nacht verbrachte und dem Barmann die ganzen Vorräte an echt französischem Cognac wegtrank.

Das Orchester probte in einem neuen Konzertsaal, vor wenigen Jahren erbaut, mit allen Einrichtungen, die sich das Orchester in seiner Vaterstadt höchstens erträumen konnte.

Schon das Budweiser Orchester war in einer umgebauten alten Kirche hervorragend untergebracht. In Teplice gab es Garderoben, Aufenthaltsräume für Musiker und Dirigenten, Cafeteria, Räume für Instrumente. Und der große Saal war zwar akustisch etwas trocken, aber zum Proben sehr angenehm. Daneben befanden sich in dem Gebäude Restaurants und kleine Säle, der große Saal wurde auch für Rockkonzerte benutzt.

Schon wieder stand Grieg auf dem Programm, diesmal die „Peer Gynt"-Suiten. Manuel sollte es recht sein, dazu ein Harfenkonzert von Krumpholz, eine Suite von Otokar Ostrčil, von dem Manuel bisher nicht mal den Namen gekannt hatte, und das neue Stück von Manuel.

Mit einigen Musikern freundete sich Manuel rasch an. Einige fanden sich in einem Salon-Orchester, das nostalgische Klänge aus den zwanziger Jahren darbot.

Der Sozialismus hatte viel Nostalgie hinterlassen. Da alles Moderne aus dem Westen während Jahren verpönt war, hatten sich hier Dinge erhalten, die Manuel in einer wunderlichen Zeitreise um Jahrzehnte zurückversetzten. Im Theaterrestaurant mit den alten, abgewetzten Tischtüchern und den seit einem halben Jahrhundert nicht ausgewechselten Vorhängen schien die Zeit seit den Vorkriegsjahren stillgestanden zu haben.

Auf einer Bühne spielte ein Orchester dieselben Melodien, die schon in den zwanziger und dreißiger Jahren Mode gewesen waren. Die befrackten Kellner bedienten mit einer Förmlichkeit wie in den Zeiten des österreichisch-ungarischen Kaiserreichs, zu dem auch das altehrwürdige Böhmen gehört hatte. Sogar die Speisekarte atmete etwas von großbürgerlicher Kurhauszeit.

Teplice war einst einer der berühmtesten Bäderorte Europas, wo Beethoven und Goethe einander kurz begegneten, Goethe herrschaftlich in der Kutsche, der zwanzig Jahre jüngere Beethoven zu Fuß. Auch andere Geistesgrößen suchten hier Linderung von ihren Gebresten. Am niedrigen Haus im menschenleeren Gässchen zwischen Schloss und dem modernen Kulturhaus war eine Tafel angebracht, die an den Aufenthalt Beethovens erinnerte, er hätte jederzeit die Straße heraufspazieren können, es hatte sich in diesem Viertel wenig verändert seither.

Die Thermalquellen waren wegen des Kohlebergbaus zeitweise versiegt, aber eine Bewegungsklinik zog immer noch Patienten auch aus dem westlichen Ausland an. Zum Beispiel den italienischen Gitarrenprofessor, der das Konzert Manuels besucht hatte, schlicht begeistert war und Manuel nach dem Konzert im Auto um Mitternacht zum Schloss der Waldstein in Duchcow führte, wo Casanova seine letzten Jahre als Bibliothekar verbracht hatte und wo er auch gestorben war.

Im Auto saßen sie nebeneinander vor dem großen Portal und betrachteten im Licht der Scheinwerfer die Fassade des Barockschlosses. Gedenkminute für den *Chevalier de Seingalt.*

Dann fuhren sie zurück und aßen in einer grauenhaft vulgären Kneipe, die einzige, die noch offen stand, inmitten lärmiger besoffener Jugendlicher in den ersten Morgenstunden eine billige scharfe Wurst.

Im Gärtnerhaus des Schlosses gegenüber den ehemaligen Bädern ließ sich Manuel nach den Proben von jungen Kellnern, die hier eine professionelle Ausbildung genossen, nach Strich und Faden verwöhnen. Denn wiederum hatte er ein Honorar, mit welchem er im Westen nichts anfangen konnte, aber hier im postsozialistischen Osten damit leben konnte wie ein kleiner Fürst.

Jahre später sagte Manuel zu den Freunden am Stammtisch in der Altstadt: „Damals dachte ich ab und zu, ich sei wer, vor allem, wenn Jan, der junge Dirigent, der mich eingeladen hatte, vom Fürstenhaus Schwarzenberg erzählte, zu dem seine Familie Beziehungen pflegte und von Karl Fürst von Schwarzenberg, der ein enger Vertrauter von Vaclav Havel und Leiter des Präsidialamtes unter Havel war. Es war, als würde ich demnächst dem Schwarzenberg und dem Havel begegnen."

Jan hatte ihm für das Wochenende ein kleines Hotel in Prag besorgt. Es war das „Drei Strauße" am Ende der Karlsbrücke auf der Kleinseite. Ein Haus aus dem 15. Jahrhundert. Vom recht einfach eingerichteten Zimmer sah man auf den Teil der Karlsbrücke, der über die tiefergelegenen bebauten Teile am Ufer der Moldau führte.

Es war ein überaus warmes Märzwochenende. Sommerlich warm. Auch in der Nacht blieben die Lüfte lau und auf der Brücke fand ein Fest statt. Straßenmusiker, Straßenkünstler, vom Land waren Musikgruppen in die Stadt gekommen mit Handharmonikas und Flöten. Eine spielte vor dem Fenster vor Manuels Hotelzimmer.

Manuel lag im Bett und war glücklich. Er atmete förmlich den Duft der neuen Freiheit wie die Prager. Er genoss das Privileg, bei diesem Ausbruch von neuer Lebensfreude dabei zu sein. Tag und Nacht mischte er sich unter das Volk in den Straßen, feilschte ein bisschen mit den Straßenkünstlern, kaufte kleine Andenken, fühlte sich als Teil dieser bunten Gesellschaft.

Bei der Sängerin Jana, vormals eine Berühmtheit an der Nationaloper, war schon dreimal eingebrochen worden. Stanislav, der als Staatskünstler preisgekrönte Cellist, bejammerte all die Chefdirigenten, die entlassen worden waren, weil sie Parteimitglieder waren. „Jetzt freuen sich die Mittelmäßigen", knurrte er.

Dennoch knüpfte er eifrig Kontakte für Manuel. Nach Ostrava zur Janacek-Philharmonie, nach Moskau zum Pianisten Victor Meržanov und der georgischen Geigerin Marina Jashwili, mit Boris, dem Leiter des Kammerorchesters „Solisti di Praga" und Inhaber einer Agentur. Der wiederum machte ihn mit Josef Suk und seinem Kammerorchester und mit einem der berühmten Streichquartette in Prag bekannt.

Manuels Spätkarriere schien auf besten Wegen. Wieso antwortete er nicht auf die Angebote aus den USA? In seiner Stadt machten ihm die Gegner wieder einen Strich durch sämtliche Rechnungen.

Zuerst führte er ein kleines Festival am Bielersee durch. Von seiner Stadt aus hatte man noch fleißig intrigiert, Manuel könne die Honorare für das Orchester nicht bezahlen. Die Musiker waren erstaunt, aber sie reisten trotzdem an. Mit den Streichern begab er sich auf eine kleine Tournee. Nachbarstädte, ein Auftritt im Bäderhotel von Yverdon. Griegs Holberg-Suite, Mendelssohns kleines Violinkonzert in d-moll und eine Jugendsinfonie für Streicher. Die Budweiser wurden im Fünf-Sterne-Hotel verwöhnt.

Dann folgte eine Reise in die Provence. Manuel fuhr einen Bus, Angelo den zweiten. Wohnen auf einem Bauernhof, baden in einem klaren Stausee, nachts um zehn Konzert auf dem Bauernhof, morgens um zwei Interview mit der Regionalzeitung, Rückfahrt in die Schweiz.

Die Proben fanden in einem gut eingerichteten Berghaus statt Angelo sorgte mit Frauen des Orchesters für die Küche. Die Bläser reisten für ein Konzert in der Kirche Ligerz an.

Stan, der junge Geiger, hatte das Violinkonzert von Hermann Götz einstudiert. Manuel hatte die einzige Sinfonie des Schweizer Romantikers Theodor Fröhlich von Hand aus dem Manuskript abgeschrieben.

Manuel täuschte sich immer wieder in der Neugier des Publikums. Er hoffte immer auf Interesse für Neues und Ungewohntes und wurde regelmäßig grausam enttäuscht. Das Konzert mit den Schweizer Komponisten Theodor Fröhlich und Herrmann Götz war miserabel besucht, ein gutes Dutzend Zuhörer fand sich in einer Kirche im Rebberg bei strömendem Regen ein.

Das Hilliard-Ensemble, damals bereits weltberühmt, kam bereits zum zweiten Mal und zog trotz bescheidener Eintrittspreise bloß ein paar Dutzend Hörer an. In Zürich war das Konzert restlos ausverkauft.

Aber am Schluss hatte er alle Musikergagen bezahlt. Ein kleines Defizit blieb, es konnte abbezahlt werden.

Im nächsten Jahr richtete er mit größerer Kelle an. Es war 1991, Mozarts zweihundertstes Todesjahr. Ein vierstündiges Konzert war zu diesem Anlass angesagt. Als Eröffnung des Festivals wurde das Programm der ersten Akademie, die Mozart 1781 in Wien durchgeführt hatte, gespielt.

Aus Ostrava reiste ein Kammerorchester an, das Manuel mit Hilfe von Stanislav und dem Konzertmeister der Janacek-Philharmonie gegründet hatte. Er hatte einige Tage zuvor mit den Musikern in Ostrava geprobt. Die Haffner-Sinfonie, drei Arien mit der Sopranistin Jana Jonasová, zwei Klavierkonzerte, die Posthorn-Serenade, dazu noch die Klaviervariationen „Unser dummer Pöbel meint".

Er war auch in Ostrava gastfreundlich empfangen worden, hatte im Ferienhaus des Konzertmeisters an einem kleinen

Stausee logiert, hatte einen Ausflug zum Geburts- und Wohnort von Leos Janáček unternommen, dafür von der schwarz verstaubten, hässlichen Stadt Ostrava im Kohlenpott Schlesiens fast nichts mitbekommen.

Die Mozart-Akademie war gegen alle Erwartungen ein Flop. Die Matinee mit der Posthorn-Serenade auf dem schönen Platz des mittelalterlichen Städtchens wurde von zwei Dutzend Leuten besucht. Am Nachmittag war es unsäglich heiß. In praller Sonne, nur von einigen großen Schirmen beschattet, wurden die Sinfonie und das Klavierkonzert KV 415 gespielt. Die Pianistin Kristina litt unter Schweißausbrüchen und nassen Händen. Wiederum hörte nur zwei oder drei Dutzend Leute zu. Am Abend kam nur wenig mehr Publikum, doch mitten im Klavierkonzert KV 175 begann es zu regnen. Der Flügel musste von den bereitstehenden, schon leicht betrunkenen Transportarbeitern in einer abenteuerlichen Aktion in die danebenstehende Kirche gestemmt werden.

Manuel machte trotzig weiter. Josef Suk trat mit seinem Kammerorchester auf. Manuel dirigierte die vier Konzerte von Bach, die an diesem Abend in der Stadtkirche gespielt wurden.

Boris kam mit seinen Solisten aus Prag. Manuel hatte die Konzerte in Prag geprobt und auch dort aufgeführt. In der St. Georgs-Basilika oder im Clementinum fanden die Konzerte vor ausverkauftem Haus statt. Die Camerata Silesia aus Ostrava reiste an. Immer wieder suchte Manuel neue Aufführungsorte. Die wiederaufgebaute Klosterkirche in St. Johannsen, einer Strafanstalt. Das Schloss Erlach, ein Erziehungsheim. Die Kirche von Diesse, früher Sitz der Herrschaft der Hochebene. Die Kirchen von Ligerz und Twann selbstverständlich. Die kleine Kirche von Sutz und die romanische Kirche von Vinelz, die Klosterkirche Gottstatt, das Rebhaus Wingreis.

Alte Musik, neue Musik, neueste Musik. Das Amati-Quartett spielte sämtliche Quartette von Bartók. Das Kocian-Quartett spielte Manuels neues Streichquartett in Prag im Lobkowitz-Palast und am Bielersee in der Kirche von Twann. Meistens reichte das Geld für die Gagen. Freunde und Familie mussten aushelfen. Manchmal mussten die Honorare nachgeschickt werden, wenn die staatlichen Defizitgarantien endlich eingetroffen waren. Schlaflose Nächte. Nervenkrieg. Verzweiflung. Hoffnung.

Ein Workshop für junge Komponisten, den Manuel mit dem Orchester aus Teplice durchgeführt hatte, brachte zwar Erfolg und Beachtung, aber so ein junger Pfadfindertyp, der die Lotteriegelder verwaltete, kürzte im letzten Augenblick gegen alle mündlichen Zusagen die finanzielle Unterstützung für das Projekt um ein Drittel. Manuel konnte das Orchester nur zum Teil bezahlen. Er dachte nicht, klein beizugeben und organisierte fürs kommende Jahr die Mittel, um auch noch den Fehlbetrag vom Vorjahr zu begleichen. Aber da verweigerte die Stadt ihm boshaft und zynisch jeden auch noch so kleinen Beitrag. Womit der Beitrag des Kantons auch hinfällig wurde und die Beiträge der eidgenössischen Kulturstiftung und der Sponsoren endgültig nicht mehr ausreichten, so dass Manuel das Handtuch warf und das ganze Projekt stoppen musste. Eigentlich war er dumm. Er hätte auf einen anderen Ort ausweichen können und ein kleiner Beitrag einer Gemeinde hätte genügt, die restlichen Subventionen auszulösen. Aber Manuel war müde ob all der Querschläge. Nun stand er beim Teplice-Orchester endgültig in der Kreide und eine vertrauensvolle und zukunftsträchtige Zusammenarbeit war auf einmal zerstört.

Anfänglich saß er immer noch im Stadtparlament. Er hatte sich eine kleine, angeblich unabhängige Partei ausgesucht. Sie hatte bloß wenige Mitglieder in der Stadt. Sie waren froh, jemanden auf die Wahlliste setzen zu können, der mit fast völliger Sicherheit seinen Sitz im Parlament auch halten würde.

Kurze Zeit später wurde er Präsident der Partei. Das amtierende Oberhaupt wollte sich für höhere Weihen freimachen, er wollte Kantonalpräsident werden. Dort erhielt er jedoch eine blamable Abfuhr. Zwei Jahre später war Manuel in diesem Amt.

Zusammen mit dem Sekretär waren sie ein gutes Team. Die Entwicklung der Partei schien erfolgsversprechend. Immer mehr mischte sich Manuel in die Belange der Partei auf eidgenössischer Ebene. Zwei Jahre danach war er an der Spitze der Landespartei.

Ein seltsamer und unerwarteter politischer Aufstieg. Der Abstieg ließ nicht auf sich warten.

Angelo war jetzt mit einer Freundin fest verbunden. Manuel konnte es endlich akzeptieren. Es war die Freundin, die wünschte, Manuel sollte Pate ihres kleinen Sohnes werden.

Manuel hatte zeit seines Lebens einen Draht zu denen, die nicht dazugehörten. Zu Alkoholikern, Spinnern, zu denen vom Stadtrand, zu denen, die in Baracken oder Wohnwagen gleich neben der Kehrichtdeponie wohnten. Stadtweit gefürchtete Schläger taten ihm nichts, boten sich an, ihn zu beschützen. Notfalls.

Der Jenische, vor dem sogar der Pfarrer Angst hatte. Der Sohn des reichen Industriellen, der im Rausch mit seinem Schmetterlingsmesser die ganze Szenebeiz in Schrecken versetzte. Sie schworen, ihm würden sie nie ein Haar krümmen. Nils, der Industriellensohn, versprach, er würde bei Gefahr für Manuel in zehn Minuten vom Berg durch den Wald hinab bei ihm sein, um ihn zu beschützen.

Der Vater bezahlte das zerbrochene Inventar der Beiz, die Mutter schickte ihn ins Kampfsporttraining und in die Zen-Meditation, um ihn vor Gewaltausbrüchen zu bewahren. Er schnitt sich wenige Jahre später trotz aller Therapien die Pulsadern auf. Tage zuvor hatte ihn Manuel noch vor der Kneipe in der Altstadt getroffen, nach Jahren wieder einmal. Er schien vergnügt.

Manuel fühlte sich zu den Reichen und Gebildeten hingezogen wie zu den Einfältigen und Einfachen.

Aber wieso er immer genau so gerne mit denen ganz zuunterst zusammen war, blieb vielen seiner Freunde ein Rätsel. Vielleicht, weil er auch von weit unten kam. Vielleicht, weil er sich nie einbildete, besser zu sein. Vielleicht, weil er sich zu den kleinen Schandtaten, deretwegen seine kleinen Freunde gelegentlich im Knast saßen, auch fähig fühlte. Vielleicht, weil er auch von Behörden, Polizei und Betreibungsämtern gequält wurde wie Künstlerkollegen und Gescheiterte, die ihre Alimente und ihre Miete nicht bezahlen konnten, denen der Quartierpolizist ein lausiges, mitleidiges Leumundszeugnis verfasste. Vielleicht, weil ihm das Selbstvertrauen zu einem selbstsicheren Auftreten fehlte.

Er war im Guten wie im Schlechten zu allem fähig, nichts Menschliches schien ihm fremd. Er war zum Erbarmen fähig, wie er ab und zu Erbarmen brauchte. Er war ein Gescheiterter, wie die große Menge, denen seit Anbeginn alle Träume ausgetrieben worden waren. Wenigstens hatte er noch Träume.

All die Jahre lebte er mit Tom zusammen. Tom, der manchmal auch Michael hieß, oder Patrick, oder Nick. Je nach momentanem Geisteszustand.

Tom hatte sich eines Tages an Manuel gehängt. Er sprach ihn in der Altstadt an, maulte, man verspreche zwar, aber halte nichts ein.

Nach einigen Besuchen und reichlich Haschisch-Konsum wollte Tom, der damals gerade Michael hieß, bei Manuel übernachten. Der ließ es ausnahmsweise zu. Doch Michael war hartnäckig, und von einem nicht genau bestimmbaren Zeitpunkt an wohnte Patrick bei Manuel.

Es ging gut, bis Nick alias Michael Hans traf und behauptete, sein Vater werde ihn mit dem Helikopter abholen und mit ihm nach Amerika fliegen.

Manuel musste sich maßlos über das städtische Sozialamt ärgern. Es bezahlte Tom, Michael, Nick, Patrick monatlich Gelder aus, ohne sich um das Weitere zu kümmern. Manuel musste dem zuständigen Sozialarbeiter erläutern, dass Nick, Patrick, Tom krank sei, wahrscheinlich schizophren, oder einfach psychotisch.

185

Tom war in die Waldau eingeliefert worden. Wer kümmerte sich um ihn? Wer besuchte ihn jeden Mittwochnachmittag? Wo wollte Tom nach seiner Entlassung wohnen?

Es ging mehrmals hin und her. Einlieferung. Entlassung. Einlieferung. Entlassung. Gespräche mit dem Arzt, dem Sozialarbeiter, dem Leiter der Gärtnerei, in der Tom schließlich zur Beschäftigungstherapie arbeiten durfte.

Tom hatte als Sechzehnjähriger die Mutter umgebracht. Psychiatrie. Erziehungsheim Tessenberg. Freilassung. Diebstähle. Strafanstalt. Freilassung. Sozialamt.

Alle Behörden schienen von Blindheit geschlagen. Anscheinend. Tom schipperte dahin und daher. Dabei war Tom ein Harmloser.

Die Psychiaterin war erstaunt, dass Manuel alles wusste. „Hat er Ihnen wirklich alles erzählt?" Nein, Akteneinsicht hatte er nie. Amtsgeheimnis. Er wusste mehr als die Behörden. Tom hatte ihm stundenlang seine ganze Geschichte geschildert. Niemandem sonst.

Wegen der Politik hatte Manuel einige Jahre die Musik fast ganz an den Nagel gehängt. Er hatte nach dem Theaterchor einen katholischen Kirchenchor übernommen, dazu eine zweite Organistenstelle an einer evangelisch-reformierten Kirche, hatte dort einen kleinen Chor gegründet.

Neben den sonntäglichen Diensten gab es auch einige Konzerte. Sowohl im Organistendienst wie auch als Chorleiter musste er sich von Laien sagen lassen, was er zu tun und zu lassen hatte. Schon vor der Wahl zum Chorleiter in der katholischen Kirche kam es zur kleinen Machtprobe.

Die Stelle wurde offiziell ausgeschrieben, Manuel aber nicht davon unterrichtet. Einige Kandidaten führten Probedirigieren durch. Manuel war nicht dazu eingeladen. Als sich schließlich alle Bewerber zurückgezogen hatten, weil der Chor überaltert war, wurde Manuel angefragt, ob er sich nicht auch bewerben wolle. Und weil er gottverdammt auf diesen gut bezahlten Dienst finanziell dringend angewiesen war, bewarb er sich formell und wurde schließlich gewählt.

Als junger Mann hatte Manuel als verlässlich, pünktlich, nicht sehr ordentlich, aber zuverlässig gegolten.

Das Pressebüro verbreitete ab einem unbestimmten Zeitpunkt, er sei nicht verlässlich, eher unzuverlässig, unordentlich, ein Chaot, nicht teamfähig, einer, mit dem man nicht zusammenarbeiten kann.

Und dann das mit der Loyalität! Von ihm verlangte man unbedingte Loyalität! Ein reines Unterdrückungssystem.

Als Manuel damals – es war schon viele Jahre her – das Angebot erhielt, für eine groe Zürcher Tageszeitung die Westschweiz abzudecken, durfte er nicht zusagen. Man erwartete von ihm, dass er die Arbeit nur im Rahmen des Pressebüros annehmen würde. Genau das aber wollte der Chefredakteur der Tageszeitung nicht, denn das Pressebüro und der überall scharwenzelnde Mark erweckten auch Misstrauen und Abneigung.

Den Auftrag erhielt schließlich ein anderer befreundeter Journalist und Manuel übernahm fast zufällig beinahe gleichzeitig das Lausanner Büro für andere Zeitungen im Auftrag des Pressebüros, wurde aber zwei Jahre später kaltschnäuzig abgehalftert.

Im Orchester regierte eine ähnliche Mentalität. Manuel hatte loyal zum Chefdirigenten und zum Direktor zu sein. Der Direktor hatte bloß den Fehler, dass er junge Korrepetitoren und junge Dirigenten öfters gleich für genial hielt und es Manuel übelnahm, wenn er nicht gleicher Meinung war.

Manuel hatte nichts gegen Vladimir, den Korrepetitor und Kapellmeister, der hatte aber auch keine Erfahrung und dirigiertechnisch schwere Mängel. Erhob Manuel eine sachliche Kritik, wurde daraus gleich eine Feindschaft stilisiert, obschon sich die beiden eigentlich recht gut verstanden und Vladimir sogar bereit war, von Manuel zu lernen. Beklagte sich der geniale Vladimir umgekehrt, Manuel habe den Chor ungenügend vorbereitet, so war dies einfach Tatsache. Dabei hatte der Chor an der Bühnenprobe Vladimirs Gefuchtel einfach nicht verstanden.

Eine, die ihm das Vertrauen nie entzogen hatte, war Rose. Sie hatte schon die Meisterkurse unterstützt, hatte ihm Geld für die missglückte Tournee zugesteckt. Sie saß auch in den Gremien von Theater und Sinfonieorchester. Sie war eine unbedingte und unbeirrbare Förderin des polnischen Chefdirigenten Tomasz.

Rose war eine ältere Dame, die vor Energie nur so sprühte und die zwanzig Jahre jünger wirkte, als sie war. Zum siebzigsten Geburtstag schenkten ihr Tomasz und befreundete Musiker ein Konzert in der alten Wallfahrtskirche in den Rebbergen.

In den folgenden Jahren wurde dies wiederholt. Ein kleines Festival war entstanden. Tomasz bildete jeweils ein eigenes Orchester, vom Kammerorchester bis zum Sinfonieorchester. Viele der Orchestermusiker waren auch glänzende Virtuosen und ausgezeichnete Musiker, die auf internationalen Wettbewerben Preise geholt hatten.

Angelo war eine Stütze in der Organisation des Festivals. Er behielt die Übersicht, wenn aus ganz Europa die Musiker eingeladen wurden und anreisten und untergebracht werden mussten. Er verwaltete Partituren und Orchestermaterial, er überwachte die Aufstellung des Orchesters.

Manuel hingegen wurde zugezogen bei der Programmgestaltung, seine Vorschläge wurden nicht immer, aber doch gelegentlich berücksichtigt. Tomasz hatte seinen eigenen klaren Willen und ließ sich eigentlich ungern dreinreden. Aber er hörte gerne auf den Rat von Manuel, selbst wenn er ihn nicht immer befolgte.

Da waren auch Freundschaften entstanden in einem Netz, das von Warschau bis Madrid reichte. Polnische Musiker führten das Streichquartett von Manuel in einem umgebauten Bauernhaus in den Hügeln des Greyerzerlandes auf. Da gab es tagelang Kammermusik, bloß unterbrochen von kräftigen Mahlzeiten mit Suppe im Kessel auf offenem Feuer, herzhaftem Brot und Käse von der Alp.

Weltberühmte Solisten kamen und spielten für ein symbolisches Honorar: Krystian Zimmerman, Pascal Rogé, Boris Belkin, Pierre Amoyal.

Andere Musiker beglückten das Publikum und die Freunde ebenso, auch ohne Weltruhm.

Nach zehn Jahren war der Spaß vorbei. Rose war achtzig geworden. Immer noch rüstig, aber sie hatte fast ihr ganzes Vermögen in die Kunst, in ihr Festival gesteckt.

Jetzt lud sie noch ab und zu zum Hauskonzert.

Rose war einige der ganz Wenigen, die nicht die Engherzigkeit und den Krämergeist, die Engstirnigkeit und Kleinmütigkeit verbreiteten, denen er in der Kleinstadt und im Kleinstaat auf Schritt und Tritt begegnete.

Er wäre gerne ausgewandert. Weg von einem Land, das in seinem ganzen Reichtum sich ständig bloß Sorgen um seinen Wohlstand machte und stets fürchtete, zu verlieren und nicht merkte, dass es dabei im Begriffe war, alles, die Berechtigung seiner Existenz, zu verlieren. Aber er hatte seine Heimatstadt kaum verlassen, bloß die mickrigen zwei Jahre, als er Journalist in der Westschweiz war.

SIEBENTES BUCH

Veronika war am Morgen abgereist. Andrea hatte Manuel vorgeschlagen, zwei Tage länger zu bleiben und mit ihr anschließend ins Engadin zu fahren. Sie hatte noch Arbeiten zu erledigen in einem Engadiner Dorf. Die Heimreise mit dem Zug könne er von St. Moritz aus antreten. Er profitierte vom zusätzlichen Tag für einen Ausflug nach Como, den ihm Veronika empfohlen hatte. Das Seeufer und die größtenteils ansprechend renovierte Altstadt, eine kleine Mahlzeit in einer kleinen Bar auf einem kleinen Platz inmitten enger Gassen hinterließen angenehme Eindrücke.

Andrea kannte ein Grotto in Meride. Manuel wollte unbedingt endlich das Baptisterium in Riva San Vitale besichtigen, eine der ältesten, vielleicht die älteste der christlichen Bauten der Schweiz. So fuhren Mutter und Buben und Großväterchen am späten Nachmittag los. Die Buben vertrieben sich die Zeit auf dem Schulhausplatz von Riva San Vitale in der Halfpipe mit Inline-Skate und Rollbrett, während Andrea und Manuel das *Battisterio San Giovanni* aus dem fünften Jahrhundert suchten und innen und außen fotografierten.

Am Seeufer traf man sich nach einer Stunde wieder. Manuel hatte es sich attraktiver vorgestellt. Immer noch prüfte er die Dörfer, ob sich auf Dauer vielleicht irgendwo leben ließe, wenn er alles in seiner Heimatstadt losließe. Nein, hier war nicht unbedingt der Ort.

Wieder im Auto steuerte Andrea – auf Umwegen, wie Manuel schien – über Arzo und Tremona nach Meride. Nach der Dorfbesichtigung bei einbrechender Dunkelheit machten sich Manuel und die Buben bei einsetzendem Regen zu Fuß auf zum Grotto am gegenüberliegenden Hang, während Andrea das Auto, das sie auf dem Parkplatz am Dorfeingang stehen gelassen hatte, abholte.

Das Grotto empfing sie mit starkem Rauchgeruch, die Polenta wurde hier nach alter Tradition im Kupferkessel über dem Holzfeuer zubereitet. Sie ließen sich verwöhnen mit Coniglio und Polenta, der ältere Bub bestellte Osso bucco, erhielt eine so riesige Portion, dass Manuel auch noch davon kosten konnte. Zu allem ein herrlicher Merlot-Cabernet aus der Gegend. Die Buben vergnügten sich zwischendurch draußen mit dem Skateboard. Andrea und Manuel genossen den Wein.

„Ich hatte schon immer den Eindruck, du könnest dich im Leben durchsetzen. Ich habe es nie gekonnt, du hast es gelernt und ich beneide dich darum." Manuel schaute über das Weinglas zu seiner Tochter hinüber.

„Ich musste mich entscheiden, mein Selbstgefühl zu stärken, sonst könnte ich ja nie vor widerspenstigen Bauern und Gemeindebehörden auftreten, oder ich hätte von vorneherein verlorenes Spiel. Was denkst du, wie es ist, wenn du vor einer Gemeindeversammlung stehst und du hast Argumente, aber die wollen einfach nicht darauf eingehen, weil sie auf ihren Vorurteilen beharren?"

„Du hast aber die Chance gepackt, scheint mir, ich habe mich nie entschließen können, Kurse zu besuchen oder zu einem Psychologen zu gehen wie du.

Ich habe zwar, als ich Kapellmeister war, daran gedacht, meinen befreundeten Schriftsteller und Psychiater aufzusuchen. Ich dachte zu Zeiten, er könnte das Problem lösen, dass ich mich trotz überlegenem Wissen immer unterlegen gefühlt habe. Mir fehlte das entscheidende Selbstgefühl immer, wenn ich Widerständen begegnete. Es sind nicht eigentliche Minderwertigkeitsgefühle, vielmehr, glaube ich, komme ich mir seltsamerweise immer noch jung und unerfahren vor, und ich fühle mich selbst Jüngeren gegenüber oft als Schulbub, als derjenige, der noch viel zu lernen hat. Ich habe Fehler zugegeben, das sollte doch eine Stärke sein, aber die Gegenseite hat daraus immer den Beweis meiner Fehlbarkeit und Schwäche abgeleitet. Letztlich habe ich auf den Psychiater verzichtet, weil ich dachte, bis der mich so gut kennt, wie ich mich zu kennen glaube, vergeht viel zu viel Zeit."

„Kennst du das Tagebuch von Max Frisch, in dem er schreibt, wie er als Architekt einen Fehler in der Berechnung einer Treppe zugegeben hat? Von da an wurde er auf dem Bau für jeden Fehler verantwortlich gemacht", hakte Andrea ein.

„Man macht ja ab und zu wirklich Fehler", lachte Manuel, „sie zuzugeben sollte nicht schwierig sein. Irrtum ist menschlich. Aber man reagiert empfindlich, wenn man darauf hingewiesen wird, genau wie andere pikiert reagieren, wenn man sie bei einem Fehler ertappt."

„In der Theorie ist es eine Stärke, Fehler zugeben zu können. In der Realität ist man aber seiner Stellung nicht immer sicher und dann möchte man ja keinen Irrtum auf sich sitzen lassen. Fehler zuzugeben gilt als Schwäche, weil man seine eigene Stellung untergräbt oder zumindest glaubt oder annehmen muss, sie zu untergraben und man lenkt selbst unter mündigen Erwachsenen lieber auf jemanden anderen ab, als einen Fehler zuzugeben."

„Ich habe Dirigenten erlebt, die bei jedem ihrer Fehler abgebrochen haben und sofort einen Fehler bei einem Musiker korrigiert haben. Irgendetwas, das einem nicht gefällt, findet man immer."

„Es ist ein alter, aber schlechter Trick, von eigenen Fehlern mit dem Hinweis auf die Fehler des Gegenübers abzulenken."

„Gute Musiker durchschauen diesen Trick auch ziemlich sofort. Am besten funktioniert doch die Zusammenarbeit, wenn beide Seiten es gelassen nehmen, wenn eine Arbeitsatmosphäre herrscht, bei der Fehler zugelassen sind, wenn diese zwar korrigiert werden, aber nicht gleich ein persönliches Versagen daraus abgeleitet wird. Meist sind es nicht technische Malheurs, die sind recht unproblematisch, gute Musiker beseitigen sie, ohne dass man ein Wort verlieren muss. Aber unterschiedliche Auffassungen in der Interpretation können – wenn einer entscheidet und ein anderer unterliegt – zu Frustration führen. Ich konnte erst später solch heikle Situationen umschiffen und da erhielt ich plötzlich Komplimente wie ‚das Orchester spielt gerne unter Ihnen' oder ‚mit Ihnen erreicht man in den Proben schnell gute Ergebnisse'. In Tschechien und den USA hatte ich nie solche ‚psychologischen' Probleme."

„Das ist aber eine Einstellung, die man lernen und üben muss. In Kursen haben wir ähnliche Situationen durchgespielt. Man muss immer im Auge behalten, dass es um eine Sache geht und nicht um persönliches Versagen oder sogar Prestige. Und dass man durchaus verschiedene Auffassungen haben kann. Und manchmal muss man eine Entscheidung fällen, obwohl man sich nicht ganz sicher ist und andere Möglichkeiten denkbar wären. Das müssen auch die einsehen, welche die Entscheidung dann auszuführen haben. Heikel ist die Fehlerproblematik zwischen ‚Vorgesetzten' und ‚Untergebenen', weil man sich als ‚Vorgesetzter' angeblich keine Schwäche leisten kann. Zwischen Gleichgestellten ist das alles viel weniger ein Problem."

„Ja, aber Emotionen sind doch oft im Spiel. Man mag jemanden nicht und dann wartet man auf Fehler oder eben Fehlentscheide, die er begeht, damit man ihn abschießen kann. Umgekehrt muss der Angeschossene oder der Abzuschießende eine Verteidigungsstrategie entwickeln, um sich unangreifbar zu machen, entweder weil er der Chef ist, oder weil er nicht auf den Posten angewiesen ist. Ist man nicht Chef und zudem noch auf den Posten angewiesen, führt das zu Panik und Stress."

„Diese Situationen erlebt im Grunde jeder, der mit seiner Sicht der Dinge andere überzeugen sollte", griff Andrea ein. „Seien es Musiker, eine Schulklasse, ein Parlament oder wenn ich Bauern und Gemeindebehörden überzeugen soll. Und es wird dann schwierig, wenn man selbstkritisch ist und sich selbst immer wieder in Frage stellt. Was eigentlich eine Stärke sein sollte, wird von der Gegenseite als Schwäche ausgelegt. Doch genau dann muss man selbstsicher sein und darf sich nicht in eine Ecke drängen lassen. Eigentlich geht es immer darum, das Spiel zu durchschauen. Dann könnte man sogar zugeben, dass man seiner Sache noch nicht ganz sicher ist, und dass man gemeinsam Erfahrungen machen möchte."

„Ja schon", griff Manuel ein, „aber die alte Schule will doch, dass der Vorgesetzte genau weiß, was er will, und das auch klipp und klar durchgibt, sonst ist er ein Schwächling. Ich habe oft Regisseure in der Oper beneidet, die können ohne Weiteres sagen, wir machen das jetzt so, vielleicht ändere ich aber morgen alles wieder, die können ausprobieren, es entsteht eine kollegiale Arbeitsatmosphäre, während Dirigenten – auch aus Zeitgründen – sich verhalten müssen, als hätten sie keine Zweifel."

„Ja", entgegnete Andrea, „das sind die alten Muster. Ich mache die Erfahrung, dass jüngere Leute langsam davon abkommen, dass überhaupt allmählich das Bewusstsein für eine Fehlerkultur steigt."

„Ich glaubte schon vor Jahrzehnten", wandte Manuel ein, „diese Muster seien überwunden, doch ich habe selbst in der Politik noch vor kurzem die gegenteilige Erfahrung gemacht: Die Leute wollen klare Aussagen, eindeutige Meinungen, einfache Parolen. Gibt man zu, dass man eine Sache auch von einer anderen Seite betrachten könnte, dass man somit selbst nicht ganz sicher ist, das Richtige zu wollen, wird das gegenüber denjenigen, die sich sicher sind, zum Fallstrick. Leute, die sich sicher sind, haben deshalb immer noch mehr Macht, weil sie das Gefühl der Unsicherheit gar nicht kennen. Drastisch gesehen stellt der Dumme nichts in Frage und genau deswegen ist er eher zu Macht fähig. Ich habe mich diesen Situationen immer entzogen, indem ich mich zurückgezogen habe, nach dem Motto: ‚Dann macht doch euren Dreck alleine'."

„Das kann man sich aber nicht immer leisten", war der Einwand von Andrea, „wie soll ich mich und meine Buben ernähren und meinen Verpflichtungen nachkommen, wenn ich meine Einkünfte aus dem Beruf verliere? Mir bleibt nichts übrig, als mich durchzusetzen und manchmal muss man halt auch hart werden. So schwer es einem fällt." Andrea lachte und bestellte noch eine halbe Flasche Wein. „Das Spiel zu durchschauen und dem Gegner verstehen zu geben, dass man es durchschaut und ihn auf Regelverstöße hinzuweisen, das ist die Kunst. Und sie ist lernbar."

„Wir könnten es uns eigentlich gar nicht leisten, jeden jederzeit wegen eines Fehlers von seinem Amt zu entfernen. Aber seltsamerweise wird das gerade in der Politik wieder Mode, vielleicht, weil man keine sachlichen Argumente hat. Und die Rechthaberei nimmt seltsamerweise wieder überhand", entgegnete Manuel.

„Es braucht Fehlerbewusstsein und dazu als Gegengewicht ein bisschen Sturheit", räumte Andrea ein.

„Und ich habe mich immer entzogen", schmunzelte Manuel zurück. „Ich mochte mich gar nicht auf das Spiel einlassen. Ich hasse die Selbstsicheren, die Angriffen gegenüber immun sind und auf ihrem breiten Hintern sitzen bleiben. Oft habe ich genau deswegen das Gefühl, in allem gescheitert zu sein, nichts zu Ende gebracht zu haben, weil ich genau das Aussitzen nie konnte. Ich habe sogar Angst vor Kritik, nicht im Kleinen, aber wenn man meine künstlerische Arbeit in Frage stellt, fühle ich mich und mein Leben in Frage gestellt. Dies könnte man schließlich auch feige nennen. Jedenfalls fühle ich mich selten überlegen."

„Und doch gibt es viele Leute, die dich bewundern, ob allem, was du erreicht oder bewirkt hast", wandte Andrea ein.

„Feige oder mutig. Das ist ja die Schwierigkeit, selbst im Alter, sich so zu sehen, wie andere einen sehen. Manche sehen die kleinen Erfolge, die einem gelangen, andere sehen nur die Misserfolge. Es ist eine Frage der Optik.

„Es gab ja auch genug Leute, die auf mein endgültiges Scheitern gewartet haben. Aber ich habe doch immer etwas Neues angefangen und wenigstens halbwegs ist mir auch oft wieder einiges gelungen. Anderes ist missglückt. Es gelang mir nicht einmal, endgültig am Ende zu sein", lachte Manuel.

„Ich konnte nicht einmal mehr fliehen, ich hätte nicht gewusst, wohin. Ich habe diese Situation sogar herausgefordert und doch taten sich umgehend neue Türen auf. Da kamen genau rechtzeitig die Einladungen nach Tschechien, nach Amerika, worauf wieder neue Einladungen folgten, und da fasste ich wieder Mut.

Ich habe mich selbst oft auch zu wenig ernst genommen. In gewisser Weise bin ich ein Spieler, eben: etwas ausprobieren, das Leben auf Probe. Kommt es gut, okay, geht es schief, probiert man was Neues. Oft war ich ein schlechter Spieler und habe verloren. Ich versuche, wenigstens ein guter Verlierer zu sein. Man hat auch ein Recht, zu scheitern.

Ich sehe mich als Pessimisten, als melancholischen, depressiven Pessimisten. Aber um endgültig aufzugeben, war ich immer eine Spur zu starrköpfig. Und ich bin eben auch ein unverbesserlicher Optimist, begeisterungsfähig bis zum Kopf verlieren, bis zum Realitätsverlust. Wagemutig wie ein Gaukler ohne Netz und ohne doppelten Boden. Alles aufs Spiel gesetzt und oft verloren."

Am Nachbartisch wurde es immer lauter. Andrea und Manuel schwiegen eine Weile und Manuel betrachtete wie abwesend das Funkeln des Weines im Glas.

Andrea gegenüber hatte er immer ein schlechtes Gewissen gehabt. Sie war kaum ein paar Monate alt bei der Scheidung. Sie wurde als Kleinkind morgens um sieben in die Krippe gebracht. Ihre Mutter hatte oft gesagt, wie leid es ihr tue, das kleine Mädchen frühmorgens aus dem Schlaf zu reißen.

„Ich hatte immer das Gefühl, du müsstest unten durch", sagte Manuel leise. „Umso größer war der Wunsch, dass du im Leben deine Ziele erreichst, dass du dich behaupten kannst. Ich war so froh über deine Erfolge an der Hochschule und stolz auf deine Intelligenz. Es tut weh, wenn ich dich in Nöten sehe, wenn deine Beziehungen schwierig werden."

„Mach dir nichts daraus, Väterchen", lächelte Andrea durch ihre Brille. „Alle haben ihre Problemchen. Wenn ich an das Bauernehepaar denke, diejenigen, welche die Ziegen und Schafe oben hinter dem Dorf halten, das sieht alles auch viel harmonischer aus, als es ist, wären nicht reiche Eltern, die sie unterstützen, könnten sie mit vier Kindern von den Geißen und Schafen auch nicht leben und die Frau ist nicht sehr glücklich auf dem Dorf, sie könnte in Zürich ganz anderes unternehmen mit ihren Fähigkeiten und ihrer Bildung, aber sie ist nun mal ihrem Mann gefolgt und muss im Sommer ein hartes Leben auf der Alp verbringen. Ich glaube, wenn die Kinder größer sind, ziehen sie wieder in die Stadt, schon wegen der Ausbildung."

„Weißt du", fügte Manuel an, „ich denke immer öfter, jetzt wo ich älter werde, es war alles flüchtig und nichtig. Was ist denn schon von Dauer? Ein paar Manuskripte vielleicht. Aber sind wir nicht wie Herbstlaub im Sturm? Wir schaukeln auf Wellen und haben keinen Einfluss, wohin die Welt treibt. Ja, früher, da glaubte ich noch daran, eingreifen zu können, etwas bewirken zu können. Wir hatten damals als junge Politiker und als Journalisten sehr hochfliegende Pläne.

Manche Leute werfen mir vor, meine Talente vergeudet zu haben, keine Karriere gemacht zu haben. Was ist eine Karriere? Das ist dermaßen relativ, und hätte ich eine mittlere Karriere tatsächlich gemacht, ich glaube nicht, dass ich glücklicher oder erfüllter wäre.

Ohnehin habe ich nie etwas als definitiv empfunden wie die meisten Leute. Heiraten, militärische Karriere, beruflicher Weg – ich wollte mir immer alles offenhalten, das ist mir erst spät bewusst geworden. Sich ein für alle Mal festlegen zu müssen, erscheint mir als Graus. Eine Zumutung. Ich wünschte mir ein Leben auf Probe – man kann alles ausprobieren und vielleicht im nächsten Leben das Richtige wählen. Ob man dann das Richtige wählte, bleibt aber eine offene Frage.

Es geht auf und ab, das Pendel schlägt hin und her. Es gibt Zeiten der Hoffnung in denen wir glauben, es gehe aufwärts und vorwärts und wir trügen das Unsere dazu bei, und ebenso gibt es Zeiten, in denen das Rad rückwärtsläuft und wir ohnmächtig sind und bloß warten können, bis die Richtung wieder umschlägt. Andere fühlen sich derweil mächtig und einflussreich, bis ihnen das Ruder genauso entgleitet und die Fahrt in die Gegenrichtung geht und sie sich genauso ohnmächtig fühlen. Anscheinend bedeutende Leute wurden nach oben gespült, glauben, die Welt im Griff zu haben und kaum sind sie weg, bleibt nichts als blasse Erinnerungen. Ich habe Leute erlebt, die machten eine steile Karriere, aber noch vor dem fünfzigsten Jahr starben sie. Was bleibt dann? Und andere hinterließen scheinbar nichts. Erst später begann man zu schätzen, was sie geschaffen haben. Aber auch darauf kann man nicht zählen.

Wer steuert die Welt? Manche glauben an geheime Kräfte, an Geheimbünde und Verschwörungen."

„Und ist es nicht so, dass nicht ein Pendel hin- und herschwingt, sondern mehrere gleichzeitig, die aber überhaupt nicht aufeinander abgestimmt sind?", wendete Andrea ein. „Das macht, dass wir oft den Überblick verlieren, die Orientierung nicht halten können und – um beim anderen Bild anzuknüpfen – im Sturm von mehreren Winden aus verschiedenen Richtungen gepackt werden", gab Andrea zu bedenken. „Dein Bild vom Leben auf Probe ist nicht übel. Viele Menschen entscheiden sich für einen Lebensweg und am Ende haben sie das Gefühl, auf den falschen Weg gesetzt zu haben. Wenn es zu spät ist."

„Früher glaubte man eben an einen Lenker, der alle Fäden in der Hand hält", räumte Manuel ein. „Heute scheint es, als ob Ereignisse willkürlich purzeln, in einer Kette vielleicht noch kausal, aber es gibt mehrere Ereignisketten auf verschiedenen Ebenen, die gleichzeitig ablaufen und miteinander in Berührung kommen können, ‚die Parallelität akausaler Zusammenhänge', wie ein Freund gerne zu zitieren pflegte. Der hatte das, glaub ich, von C.G. Jung, wenn ich mich nicht täusche.

Dein Bild von den verschiedenen Pendeln gefällt mir. Wir leben sehr oft gleichzeitig in verschiedenen Zeiten, will sagen, die Zeit läuft auf verschiedenen Ebenen unterschiedlich schnell. Während wir auf der einen Ebene betulich und beschaulich etwas ablaufen lassen, läuft uns auf einer anderen Ebene alles davon."

„Im Schamanenkurs haben wir nebst anderem auch gelernt, die Zeit differenziert zu erleben. Wenn wir uns bewusst in verschiedene Zeitabläufe versetzen können, hilft das unglaublich gegen Stress.

Eine Vollmondnacht bewusst draußen erleben, sich dabei in alte und neue Geschichten versenken, eine Wanderung unternehmen, sich ein Ziel setzen zu einem bestimmten Zeitpunkt, etwa bei Sonnenaufgang an einem bestimmten Ort zu sein. Sich nicht unter Druck setzen, aber Zeitabläufe gleichzeitig in verschiedenen Geschwindigkeiten erleben. Das müssen wir doch täglich und immer, aber wir lassen uns unter Druck setzen oder stehen unter Druck, weil wir uns der verschiedenen Geschwindigkeiten des Lebens nicht bewusst sind."

Der Wirt kam am Tisch vorbei und fragte, ob sie noch etwas wünschten. „Ja, vielleicht eine Nachspeise in einigen Minuten, wenn die Kinder wieder da sind." Im Hintergrund prasselte das Kaminfeuer und Manuel wurde es allmählich zu heiß im Raum. Als sie ankamen, waren sie die ersten Gäste und der Raum fast zu kühl gewesen.

„Es geht auch um Denken und Handeln", nahm Manuel den Faden wieder auf. „Die Welt wird immer beherrscht von Machern. Die wirklichen Denker bleiben im Hintergrund, werden wahrscheinlich immer unterschätzt. Die Wirkung des Denkens wird unterschätzt.

Die Macher durchschauen das Geschehen oft nicht, die Denker durchschauen auch ferne Folgen und hüten sich deshalb vor dem entschiedenen Handeln. Denker gelten als Zauderer.

Macher haben eine einfachere Denkstruktur, bei denen geht es geradeaus. Wie oft wurde ich spöttisch als Philosoph bezeichnet, dem keine dezidierte Handlung zuzutrauen ist.

Denker sehen die Gefahren, spüren den schwankenden Boden, sehen mehrere Möglichkeiten, wählen Umwege statt der direkten Linie.

Und vielleicht haben die Denker auf lange Sicht, auch in der Weltgeschichte betrachtet, den längeren Atem und wirken auch nach Jahrhunderten noch nach."

„Sind Umwege nicht auch eine Bereicherung? Sieht man auf einer Wanderung nicht viel mehr, wenn man gemächlich verschlungene Wege geht, statt auf geradestem Weg von einem Punkt zum andern zu eilen? Der direkte Weg ist meist der schnellste. Macher wollen keine Zeit verlieren, sondern schnell ans Ziel gelangen. Wer am schnellsten im Ziel ist, der ist doch Sieger, nicht wahr!"

„Aber wer hat den wirklichen Gewinn?"

„Und was ist der wirkliche Gewinn?"

„Wir können es uns immerhin leisten, über solche Dinge nachzudenken", erwiderte Andrea, „viele müssen darüber nachdenken, wie sie den heutigen oder den nächsten Tag organisieren, damit es weitergeht im Leben.

Bist du nicht auch ein Privilegierter? Konntest du nicht dein Leben so leben, wie du wolltest? Wer kann schon, wenn ihm hier alles zuwider ist, nach Spanien und Afrika abhauen, umherreisen, zurückkehren und etwas Neues aufbauen? Und jetzt hast du soviel Zeit, dein Leben zu gestalten, wie es dir gefällt. Das ist kein Vorwurf, ich versuche das ja auch auf meine Art."

„Es kommt auch immer wieder darauf an, was man überhaupt will im Leben. Mir könnte man ohne weiteres vorwerfen, ein Hedonist zu sein. Auf irgendeine Art habe ich immer gemacht, was mir gefiel, was mir Lust macht. Wichtig war mir eben gerade, den eigenen Lebensrhythmus zu finden. Ständig nach einem aufgezwungenen Rhythmus zu tanzen macht, glaube ich, krank. Ich fühle es wenigstens so. Aber ich strebte auch immer nach ein bisschen Ruhm und Ehre, mindestens Anerkennung, auch wenn es nur im kleinen Bereich ist. Wahrgenommen werden. Nicht ein bedeutungsloses Nichts sein.

Und andererseits spürte ich immer wieder die Verpflichtung, für die Gesellschaft nützlich zu sein, als Journalist wollte man in unserer Generation doch Veränderung bewirken. Uns schien in den sechziger Jahren alles so verkrustet, deshalb waren wir damals kritische Journalisten, welche den Dingen auf den Grund gehen wollten. Als Politiker sowieso, aber sogar als Beizer hat man eine gesellschaftspolitische Aufgabe, und als Künstler glaubt man zumindest ab und zu daran."

„Es ist doch schon seltsam", schloss sich Andrea an, „dass du oder ich, dass wir uns überlegen, ob unser Tun in irgendeiner Form nützlich ist, nicht nur Nutzen für uns bringt, sondern der Allgemeinheit oder wenigstens einigen Menschen einen Wert bringt. Woher kommt das? Ich hätte immer ein schlechtes Gewissen gehabt, mit einer Tätigkeit einfach Geld zu scheffeln und es mir wohl sein zu lassen. Oder einzig dafür große Energie, alle meine Energie aufzuwenden. Die Tätigkeit als solche, den Sinn den wir dabei empfinden, ist doch ein Teil des Lohns, den wir empfangen möchten."

„Nützlichkeit. Ich spotte über Leute, die bloß das Nützliche sehen. Nutzen. Eigennutz. Vor allem materieller Nutzen. Sogar Kunst soll neuerdings Nutzen bringen."

„Es gibt den direkten Nutzen und es gibt den ideellen Nutzen. Du hast die Achtundsechziger erlebt, ich damals in Zürich die Achtziger. Wir wollten einen Fortschritt für die Gesellschaft, das hieß gerade auch weniger Eigennutz, mehr Solidarität, mehr Gemeinsamkeit. Vielleicht eine Illusion, aber auch eine Utopie. Etwas tun, das alle weiterbringt, dazu beitragen, dass es vielen besser geht."

„Ich wollte schon früh immer etwas zur Kultur meiner Stadt beitragen. Unsere Stadt war ein ‚kultureller Holzboden', wie man sagte. Dazu beizutragen, das zu ändern, war für mich ein wichtiges Motiv. Dafür erwartete ich keinen Lohn, sondern bloß die Teilhabe an der bereicherten Kultur der Stadt. Kultur ist das, was in hundert und mehr Jahren übrig bleibt von einer Stadt, von einer Gesellschaft. Ich interessierte mich für die Geschichte der Stadt. Ich hätte auch Historiker werden können. Ich wollte immer wissen, wie und warum sich alles so entwickelt hat, wie es heute ist. Ich hätte noch viele Wege einschlagen können. Nichts war ein für alle Mal festgelegt.

Ich konnte mich auch während des ganzen Lebens in eine andere Richtung bewegen. Das ist aber nicht Unstetigkeit oder Flatterhaftigkeit oder Entscheidungslosigkeit. Das hat mit dem Reichtum des Lebens zu tun und mit der Freiheit, mir den Reichtum des Lebens anzueignen.

Ich wusste lange nicht mal, ob ich intellektueller oder gefühlsbetonter Künstler sein will. Ich habe es bis heute nicht entschieden. Wobei das eine das andere nicht ausschließt. ‚Sowohl als auch' ist ohnehin ein gutes Motto. Künstler mit Emotionen, die für die Kunst aber intellektuell kontrolliert werden. Im Leben bin ich gegen die Kontrolle der Emotionen, obwohl die völlige Unkontrolliertheit auch dumm und peinlich sein kann.

In der Politik wie in der Kunst wird das ‚sowohl als auch' scheel angesehen. Ein fauler Kompromiss. Aber wieso soll ich etwas von der Vielfalt und vom Reichtum der Möglichkeiten ausschließen?

Als Kind war ich intelligent, betrachtete mich aber auch als Gefühlsmensch, ich galt immer als introvertiert. Als Künstler wollte ich zu Beginn bloß ein guter Handwerker sein, das war in den Fünfzigerjahren auch so eine Haltung. Als Journalist wurde ich zum ‚Linksintellektuellen‘, es galt, die gesellschaftlichen Verhältnisse auf höchstmöglichem Niveau, soziologisch, philosophisch, politologisch, historisch zu analysieren. Und das färbt wiederum auf die Haltung zu Kunst und Kultur ab. Naiv schaffen ist zu wenig.

Aber die Intellektualisierung der Kunst oder gar die Gleichsetzung der Kunst mit Wissenschaft und Technologie, das ist mir wiederum zu anbiedernd und eigentlich absurd. Musik ist nicht das Resultat von Akustik und Mathematik und Informatik und Statistik und Vermeidung des schon Gewesenen, sondern auch das pure Gegenteil von allem. Ein Gegenentwurf zum Bestehenden. Geht man mit, oder geht man dagegen an, ist eine ganz grundsätzliche Frage. Mitgehen korrumpiert, denkt man, also ist dagegengehen schon fast Verpflichtung. Aber daraus darf wiederum kein Dogma werden. Freiheit bewahren.“

„Auch gute Wissenschaft ist zu einem großen Teil Intuition, unmittelbares Verständnis für Zusammenhänge. Liebe zu den Dingen. Ich wäre keine gute Biologin, hätte ich nicht Freude an den Pflanzen, den Schmetterlingen, Käfern und den Vögeln. Aber man braucht immer auch den Abstand, das blanke Wissen, die abstrakte rationale Klarheit, ich glaube, in der Kunst ist es nicht viel anders.“

„Wie rational denken und handeln wir? Wie viel Irrationalität lassen wir zu? Für rationale Menschen unserer Zeit ist das Zulassen von Irrationalität ein Verrat. Verrat an der Aufklärung. Rückschritt ins Obskure. Romantik statt Moderne.“

„Das ist die falsche Fragestellung. Es geht nicht um ob, sondern um wann und wie viel. Wie wir Emotionen zulassen müssen, müssen wir auch Träume zulassen. Mit einfacher Berechnung lässt sich kein Leben bauen. Aber man sollte einigermaßen wissen, wo die Welt rational sein muss und welche Bereiche wir dem Unberechenbaren, dem Unwägbaren, dem Richtungslosen überlassen dürfen. Und wo wir daraus sogar Gewinn schöpfen. Erkenntnis kann auch aus Intuition gewonnen werden."

„Zurück zum Nutzen.

Ich fühlte mich nie zum Menschenbeglücker geboren. Ich wäre nie Urwalddoktor geworden, oder Helfer in einem Entwicklungsland. All diese heroischen und selbstlosen Dinge! Immerhin habe ich mich um Leute am Rand gekümmert, auch ganz selbstlos. Wie oft habe ich Aufgaben übernommen, für die es weder Lohn noch Lob gab. Man hat mich geradezu in solche Aufgaben gestoßen. Im ganz Kleinen habe ich Aufgaben übernommen und wäre ich jetzt jünger, würde ich mich vielleicht für eine Aufgabe in einem Rettungs- oder Helferteam überzeugen lassen. Aber man müsste ja entsprechende Fähigkeiten mitbringen, ich war nie sehr begabt in praktischen manuellen Tätigkeiten. Ein Held war ich auch nie."

„Um an deinen Pessimismus anzuknüpfen: Kürzlich las ich den Satz: ‚Der Mensch unterscheidet sich vom Tier dadurch, dass die kulturelle Evolution die biologische Evolution überlagert.‘ Das heißt doch nichts anderes, als dass wir unser Schicksal in die eigenen Hände nehmen können und nicht von äußeren Gegebenheiten abhängig sind. Wir sind doch recht frei, wenn wir bloß wollen."

„Du hast Recht", sagt Manuel, „aber ich sage auch immer häufiger, der Mensch sei nicht intelligent genug für die Welt, die er sich selbst geschaffen hat."

„Aber du sagtest doch selbst einmal", gab Andrea zu bedenken, „dass das Böse und das Gute immer fast auf gleichem Rang um die Vorherrschaft ringen, das gilt wohl auch für Dummheit und Intelligenz. Gib der Intelligenz eine Chance."

„Ich erinnere mich. Teufel und Gott. Gut und Böse. Es scheint, dass die Pole seit ewigen Zeiten im Gleichgewicht sein müssen. Macht die Menschheit einen großen Schritt Richtung Friedfertigkeit, entsteht beinahe im nächsten Augenblick ein Krieg, der frühere an Grausamkeit und Sinnlosigkeit noch übertrifft."

„Stimmt schon", wendete Andrea wieder ein, „du kennst doch die alten Geschichten, bei Hiob, bei Faust, wie Gott und Teufel miteinander eine Wette eingehen. Haben sie eigentlich vor der Erschaffung der Welt, also vor dem Urknall, auch um die Beschaffenheit der dereinstigen Welt gestritten?"

„Im Gleichschritt wie die Waffen des Friedens entstehen immer vollkommenere Instrumente der Zerstörung. Es ist wie im Krimi: Dort haben die Ganoven immer einen Vorsprung, doch die Häscher holen auf, aber die Verbrecher werden sie nicht überholen.

Das Gute muss sich gewaltig anstrengen, um mit dem Bösen im Gleichgewicht zu bleiben in unserer Welt."

Sie stießen mit den Gläsern an, die Andrea mit den letzten Tropfen in der Flasche noch halb aufgefüllt hatte.

„Ich werde mir aber auch immer wieder bewusster, dass die Kultur eine dünne Schicht ist, noch dünner als die Erdkruste über dem flüssigen und glühenden Kern der Erde", fuhr Manuel fort.

Der Nachbartisch warnoch lauter geworden, so dass Manuel jetzt mit kräftiger Stimme reden musste, damit ihn Andrea noch verstand.

„Bereits wird schon wieder als Entschuldigung vorgebracht, dass sich die Natur des Menschen halt nicht ändern lasse, die Gewalt wird dadurch gerechtfertigt, Aggressivität gehöre nun mal zur menschlichen Natur, das mächtigste Land der Erde beruft sich ganz offen gerade heute wieder auf das Recht des Stärkeren. Die biologischen Eigenschaften des Menschen werden in den Vordergrund gerückt gegenüber dem kulturgeschichtlich Erworbenen", sagte Andrea.

„So, wie der Erwerb von Reichtum, der materielle Gewinn, doch schon wieder als die stärkste Triebfeder des Menschen und sogar der menschlichen Entwicklung gepriesen wird", ergänzte Manuel. „Man predigt und lebt Materialismus pur. Soll uns das etwa Hoffnung auf eine friedfertigere und gerechtere Gesellschaftsordnung geben? Kultur ist doch je länger, je mehr das Sahnehäubchen auf der Torte, ein bisschen Verschönerung und Dekoration, oder neuerdings noch schlimmer: selbst bloß ein Wirtschaftsfaktor.

Obschon das Wissen vorhanden ist, sind wir im Bewusstsein in letzter Zeit um mindestens zwei Jahrhunderte zurückgekrebst, scheint mir."

„Oder Wissen und Bewusstsein sind sehr ungleich verteilt", erwiderte Andrea. „Einige Leute sind in der Analyse der Gesellschaft sehr weit fortgeschritten, das gemeine Volk aber weiß darüber immer weniger. Umgekehrt ist das einfache Volk meist anständig und weiß um seine Grenzen, während die Reichen und Mächtigen arrogant werden."

„Das macht mir auch mehr und mehr Sorgen für die Politik", ergänzte Manuel, „die Demokratie wird immer anfälliger für Missbrauch. Einfaches Denken in einer festen Richtung wird salonfähig. Das Abtauchen in Irrationalität und der Appell an Instinkte wird Bestandteil der Spielregeln.

Es wird geleugnet und als fahrlässiger Idealismus hingestellt, dass wir heute mehr Ergebnis der Kultur- als der Naturgeschichte sind. Gewisse Leute, etwa auch solche aus der Wirtschaft, wollen uns heute glauben machen, wir seien doch immer noch die alten Krieger um Territorien und Beute, die wir in der Steinzeit waren. Damit kann man den Kampf aller gegen alle, die Abschaffung aller gesellschaftlichen Regeln rechtfertigen."

„Sei nicht schon wieder Pessimist", mahnte Andrea. „Man kann alles relativieren oder gar ins Lächerliche ziehen. Was – bloß als Beispiel – ist es schon, wenn ich ein paar Pflänzchen auf einer Blumenwiese zu schützen versuche!"

„Und was ist es schon, wenn jemand einen Roman oder ein Musikstück schreibt!"

„Das Ankämpfen gegen die Vergänglichkeit und die Zerstörung. Man kann nicht einfach zusehen, wenn auf der Welt Arten aussterben, die in Millionen Jahren entstanden sind, nur, weil die heutigen Menschen unachtsam und gleichgültig sind."

„Und jedes Gedicht, jedes Musikstück ist ein Aufbegehren gegen die Zweckmäßigkeit. Das Unnütze erhält uns am Leben, der Gedanke hat länger Bestand als Mauern und Festungen. In der Zwecklosigkeit finden wir die Freiheit. Kunst ist eine Wette auf das Leben, während Materie immer einmal zerfällt und vergeht.

Und eines der Schlüsselwörter der Gegenwart müsste Symbiose sein. Wir können nicht mehr gegeneinander leben, wir können nicht Natur und Technik, Natur und Kultur gegeneinander ausspielen, es geht nicht mehr um Ich oder Er, Ich oder Du. Wir müssen endlich lernen, voneinander zu lernen, miteinander umzugehen, ohne dass es Gewinner und Verlierer gibt. Die Symbiose kennt nur Gewinner."

„Siehst du", entgegnete Andrea mit einem schon fast schelmischen Lächeln, „du entwickelst wenigstens Gedanken, du bist nicht stehen geblieben, und wenn andere Leute den Eindruck haben, du seist gescheitert, du hättest es zu nichts gebracht, so hast du es immerhin zu Einsichten gebracht. Weißt du, dass dich Menschen bewundern, weil sie fühlen, dass du dich als Mensch entwickelt hast? Trotz Niederlagen und Rückschlägen bist du weitergegangen und hast weitergedacht. Neider hast du auch. Ich beneide dich um deine Kreativität und sogar um den Mut, weiterhin so kreativ zu sein. Und du hast die Chance des Alters. Zu einer Zeit, wo andere abbauen und ans Ende denken, hast du noch Jahre vor dir, in denen du Pläne verwirklichen kannst. Das könnte nun wirklich neidisch machen."

Jetzt schwieg Manuel. Was sollte er auch antworten?

Die Kinder stürmten herein und fragten nach der Nachspeise. Sie trafen eine gute Wahl mit halbgefrorenem Karamellpudding, hausgemacht und lecker, leckerer noch als Manuels Sorbet. Die Gesellschaft im anderen Teil des Lokals wurde mit zunehmendem Alkoholgenuss richtig ausgelassen. Erst jetzt bemerkten Manuel und Andrea, dass sie Zürcher und nicht Tessiner Dialekt sprachen. Es war schon spät, als sie aufbrachen.

Andrea verschlief am nächsten Morgen. Als sie nach einem kurzen Frühstück starteten, war es schon hell, aber die Sonne hielt sich noch hinter dem Monte Generoso versteckt. Erst als sie jenseits der italienischen Grenze an den Comersee hinunterfuhren, blinzelte sie hinter Berggipfeln hervor, versteckte sich wieder und tauchte schließlich das westliche Seeufer in morgendliche Lichtflut.

Andrea hatte von den Buben erzählt, wie der eine nun in Riva San Vitale in die Mittelschule gehe, der kleinere immer noch in die Dorfschule. Wie der Jüngere mit einem gleichaltrigen Nachbarsbuben im Duett Geige spiele, der Ältere aber maule und mutlos werde, weil der Klavierlehrer so streng sei und jedes Detail korrigiere, ihn dazu monatelang die gleichen Stücke spielen lasse, so dass er überhaupt jede Lust am Klavierspiel verliere.

Die Dörfer entlang des Ufers des Comersees sahen leicht am Verfallen, aber wunderschön aus. Das wäre doch auch eine Gegend zum Leben. „Schau diese herrlichen Gärten und diese Villen die darin stehen. Fensterläden geschlossen. Ob die Häuser leer stehen?"

„Es gibt schon noch reiche Italiener, die die alten Villen kaufen", meinte Andrea. „Es schaut alles morbid aus, aber es täuscht auch."

In einem Städtchen hielten sie auf dem Platz an und genossen inmitten meist älterer, munter drauflos gestikulierender Einwohner den ersten morgendlichen Cappuccino.

Andrea hielt viel auf die Beziehungen zur Familie von Manuel. Eine Tochter seiner Schwester Hedi mochte sie besonders gerne, eine, die viel lachte, zwei dunkelhäutige Buben hatte und ihr Leben auch beruflich gut meisterte. Sie sprachen auch von den Töchtern eines inzwischen verstorbenen Bruders, von denen eine Musikerin geworden war, als eine der wenigen der Nichten und Neffen auch religiös geblieben war und mit ihrem Mann, ebenfalls Musiker, eine Organisten- und Chorleiterstelle in einem Thurgauer Städtchen teilte.

Sie ließ durchblicken, dass sie die Familie von Manuel viel lässiger fand als die Brüder ihrer Mutter, welche, beide Akademiker, sehr viel formeller waren und ein streng geordnetes Leben führten, so wie die Schweizer sich die Deutschen immer noch vorstellen.

Gerade weil Veronika und ich in einer Pflegefamilie aufgewachsen sind, finde ich es für mich entscheidend, dass die Beziehung zu deiner Familie nie abgebrochen ist. Das sind für mich sehr wichtige Wurzeln, sagte Andrea auf der Weiterfahrt den oberen Comersee entlang.

Manuel hätte ein schlechtes Gewissen haben können, dass er jahrelang die Beziehung zu seinen Kindern vernachlässigt hatte. Was waren die paar Besuche bei der Großfamilie, wo seine Töchter aufwuchsen! Auch später, in der Gymnasialzeit und während des Studiums an der Technischen Hochschule, blieben die Kontakte sehr sporadisch. Selbst als Andrea neu verheiratet in der Südschweiz lebte, kam es nur zu weit auseinanderliegenden Besuchen. Zu der Taufe des älteren Buben etwa, wonach wieder eine Pause von drei oder mehr Jahren folgte.

Seit die Schwester drei Tage vor ihrem achtzigsten Geburtstag gestorben war, musste er zweimal an Beerdigungen von Geschwistern teilnehmen. Ein Bruder lief noch mit sechsundsiebzig erfolgreich den Hundert-Kilometer-Lauf, verbesserte seine Zeit um fast eine halbe Stunde, ein Jahr darauf war er tot. Der älteste Bruder feierte noch seinen achtzigsten, blieb den Kirchenchorproben immer häufiger fern, kam noch ans letzte Konzert des Chors vor seiner Auflösung, dann musste er ins Spital und kehrte nicht mehr heim.

Hedwigs letzte Jahre waren leidvoll gewesen. Nach einer als sehr harmonisch geltenden Ehe, in der Hedi klar dominierte und ihr geduldiger Ehemann sich zurückzunehmen hatte, erlitt ihr Mann kurz vor oder kurz nach der Pensionierung einen Schlaganfall und war fast völlig gelähmt. Dank geduldiger Therapien erholte er sich sehr langsam und konnte nach fast einem Jahr wieder Hände und Finger bewegen und gebrauchen. Da ereilte ihn ein zweiter Schlaganfall, dem er unter den Augen der sich aufopfernden Gattin erlag.

Sie fiel in tiefe Depressionen, vielleicht vermischt mit nicht eingestandenen, wohl auch unnötigen Schuldgefühlen, erhielt starke Medikamente, wurde davon süchtig, musste sich Suchttherapien unterziehen, wurde rückfällig, wurde wieder in eine Entzugsklinik verbracht. Zuletzt lebte sie in einem Alterswohnheim in sich selbst zurückgezogen, mochte kaum Besuche empfangen, schickte die Besuche nach wenigen Minuten wieder weg, haderte gleichwohl mit der Einsamkeit und starb einige Tage vor dem achtzigsten Geburtstagsfest, für welches ihre Kinder bereits Geschwister und Verwandte in ein Restaurant eingeladen hatten. Statt des Geburtstagsessens gab es ein Begräbnismahl.

Er ärgerte sich im Nachhinein, dass er nachgegeben hatte und bei der Abdankungsfeier des Bruders ein paar Worte gesprochen hatte. Die Worte gingen in den Tränen unter.

Es waren Tränen für seine eigene Jugend, für sein eigenes Leben.

Bei Urs, dem befreundeten Künstler, war es anders. Da konnte er gefasst eine kleine Abdankungsrede vor vollem Krematorium halten. Auch bei Peter, seinem ehemaligen Küchenmitarbeiter, der an einer Überdosis Heroin starb, obwohl er gar nicht süchtig war. Er hatte bloß einmal probiert.

Bei Matthias hatte er nicht gesprochen. Er saß in der hintersten Reihe der alten Kirche von Meyriez, neben Schulkameraden des jungen Toten. Auch Matthias war nicht süchtig gewesen. Nur einmal im Monat hatte ihn die Versuchung gepackt. Einmal war es zu viel. „Idioten", fluchte Manuel.

Matthias hatte er geliebt. Eine Liebe, die nichts wollte. Er war jung, hübsch, intelligent, begabt, kühn in den Gedanken, er stieß Leute vor den Kopf. „Trag etwas mehr Sorge zu dir", sagte ihm Manuel. „Unkraut kommt nicht um", lachte ihn Matthias an. Eines Tages stand sein kleiner Bruder im Treppenhaus. „Matthias ist tot. Überdosis. Morgen ist die Beerdigung."

Er konnte nicht unter die Leute, die am Grab standen. Er stand an der Ecke der Kirche und der Tränenstrom floss ungehemmt ins Hemd und auf die Brust. Er schlich sich tränendurchnässt davon.

Dabei war er auch zornig auf Matthias. Warum musste der so leichtsinnig sein!

Junge Leute hatten oft ein leichtfertiges Verhältnis zum Leben. Sie hingen nicht daran und gingen Risiken ein. Sie spielten. Das Leben großzügig verschleudern. Reue käme ohnehin zu spät. Das wusste Manuel aus eigener Erfahrung. Mit zwanzig dachte er auch, wenn er mit dreißig stürbe, hätte er durchaus genug vom Leben gehabt. Je älter man wurde, desto stärker klammerte man sich ans Leben. Das konnte sogar peinlich werden, auch das war Manuel bewusst.

Christoph war vierzig Jahre jünger als Manuel. Jeden zweiten oder dritten Tag sagte er ohne besonderes Bedauern, er werde wohl noch vor Manuel sterben. Er hatte eine Hepatitis, aufgelesen von einer unreinen Injektionsnadel.

Manuel war eine Spielernatur. Er konnte nichts Endgültiges, Ewigwährendes auf dieser Welt anerkennen. Nicht einmal das Militär, nicht einmal die Ehe. Jeder hatte doch das Recht, sich zu verändern, sich zu entwickeln! Etliche Kollegen hatten sehr jung geheiratet, schon nach wenigen Jahren hatten sich die Paare in völlig entgegengesetzte Richtungen entwickelt. Keine Verpflichtung ist ewig. Obschon Verlässlichkeit auch ein Gut ist.

Biografen nehmen ihre Opfer oft beim Wort: als junger Mann behauptete Mozart dieses oder jenes, der Tod sei sein Bruder, zum Beispiel. In späteren Jahren war er gegenteiliger Ansicht. Was galt nun? War Mozart wankelmütig? Unsicher im Urteil? Opportunistisch?

Nein, bloß ein Mensch, der im Laufe des Lebens Entwicklungen durchgemacht hatte.

Matthias hatte er eines Morgens im Zug nach Bern getroffen. „Ist hier noch frei?", fragte er und der junge Mann knurrte: „Typisch Schweizer, fragen, ob frei ist, dabei sieht man's ja." Er war eben aus Berlin zurückgekommen, stellte sich beim Gespräch heraus. Er hatte den Sohn des ehemaligen Besitzers der Steinmetzwerkstätte, bei der er die Lehre machte, besucht. Der war Bildhauer in Berlin. „Heit der nicht etwa Martin?" „Genau. Kennen Sie etwa diesen Verrückten?" Ja, den kannte Manuel, denn das war derjenige, der vor gut zwanzig Jahren bei ihm Unterschlupf gefunden hatte, als er sich vor der Lehrabschlussprüfung drücken wollte. Der dann auch Journalistenvolontär in Manuels Pressebüro war.

Sie trafen sich nun ab und zu im Zug, später auch bei Manuel zuhause oder in Matthias Wohnung oder in der Beiz. Matthias spielte auch ein wenig das Raubein, provozierte sein Gegenüber gern, hänselte den viel älteren Manuel mit Vorliebe, trieb ihn aber auch an, das Komponieren wieder aufzunehmen. Er liebte Orgelmusik von Bach, obwohl er zu seiner Mutter, die Organistin war, ein gespanntes Verhältnis hatte. Der Vater war Biologe, aber seit Jahren von der Mutter getrennt, und kompliziert und verklemmt, meinte jedenfalls Matthias. Es war ihm ohnehin alles zu muffig und zu kleinkariert in dem putzigen historischen Städtchen, in welchem er aufgewachsen war.

In der größeren Stadt fühlte er sich freier, hatte aber auch hier an allem etwas auszusetzen. Die Stadt war größer als sein Geburtskaff, aber doch nicht groß genug, sie nahm sich selbst zu wichtig, fand Matthias. Er nahm ab und zu Kokain, ab und zu Heroin, fühlte sich zu Höherem berufen. Bildhauer, Skulpteur oder Musiker. Er wollte mit einem bekannten Jazzmusiker zusammen eine Musik aufnehmen, die ausschließlich aus Geräuschen der Steinmetzwerkstatt bestehen sollte. Dazu war es nicht mehr gekommen.

Es machte Manuel nicht mehr traurig, wenn er daran dachte, dass ihm nur noch eine befristete Zeit bleibt, die von Jahr zu Jahr kürzer wird. Es hätte auch schon längst vorbei sein können. Und es konnte heute oder morgen sein, dass ihm der Gevatter auf die Schulter klopfte. Jedes Jahr ist ab jetzt eine Zugabe, scherzte er.

Viele waren schon gegangen. Urs half er noch, die letzte Ausstellung vorzubereiten. Es war Hoffnung da, aber auch das sich Fügen ins Unvermeidliche. Es war kaum mehr als ein halbes Jahr vergangen, seit Urs Manuel zum Essen eingeladen hatte. Zum Essen kam es nie mehr. Eine Woche später war Urs im Spital. Keine Operation, aber Chemotherapie. Eine zweite Therapie. Dazwischen malen, die Ausstellung fertig stellen. Die Ausstellung ging vorbei. Noch eine Therapie. Kaum wieder zuhause, schlief Urs einfach ein.

Und die Liste der Selbstmörder und der an einer Überdosis Umgekommenen in seinem Bekanntenkreis war bereits lang.

Aber die Vergänglichkeit. Bedeutete Vergänglichkeit nicht auch Sinnlosigkeit?

Sie hatten die von leichten Morgennebeln durchzogene Ebene oberhalb des Comersees zügig hinter sich gebracht, Chiavenna lag auch schon hinter ihnen, sie hatten erneut die Grenze zur Schweiz passiert und Andrea steuerte routiniert die kurviger werdende Straße Richtung Malojapass hinauf.

„Bei diesen Grenzübergängen weiß man nie, woran man ist", sagte Andrea. „Einerseits ist es reine Routine und meist wird man durchgewinkt. Fährt man aber einfach durch, so stürmen sie mit Maschinenpistolen aus dem Häuschen. Einmal musste ich deswegen lachen, da wurden die Grenzwächter böse und ich musste ihnen sagen, sie sollten bitte meinen Kindern, die hinten im Auto saßen, nicht Angst einjagen."

Er hatte von seinen Wohnpartnern erzählt, Tom, oder jetzt Christoph, die alle nicht Freunde im engeren Sinn waren. Aber für Manuel war das Leben doch angenehmer in einem Zweierhaushalt. Er hatte eine kleine Aufgabe und fühlte sich weniger einsam, auch wenn die Wohnpartner keine tiefsinnigen Gesprächspartner waren.

Manuel war wieder einmal nach Prag gefahren und erzählte Andrea von seinen Reisen. Er hatte die Stadt genossen, die nach einigen Jahren Abwesenheit noch schöner geworden schien. Man trug einigermaßen Sorge zum Kulturerbe, auch wenn in einem barocken Palais plötzlich ein McDonalds untergebracht war. Neue Architektur fand er recht attraktiv. Im Gegensatz zur architektonischen Mittelmäßigkeit seiner Heimatstadt, die ihn maßlos ärgerte. Er besuchte Gegenden, die ihm noch nicht bekannt waren. Er entdeckte Gässchen, die er noch nie betreten hatte.

Er besuchte zum ersten Mal in Prag Konzerte. Die Zweite von Mahler mit dem Philharmonischen Chor und den Sinfonikern. Er traf den früheren Chefdirigenten von Budweis. Der empfahl ihm bei einem Bier die Philharmonie von Zlin für Aufnahmen seiner neuen Werke.

Schon vier Monate später fuhr er dorthin. Das Orchester hatte eine ganze Woche für ihn reserviert. Sie nahmen mehrere Stücke auf, darunter auch „Movimenti", das Werk, das er Jahre zuvor in den USA und in Teplice dirigiert hatte.

Das Orchester war willig, die Musiker nicht alle gleichwertig. Stück um Stück aufzunehmen erwies sich als schwierig. Am Ende der Woche hätte man manches, was schon am Dienstag aufgenommen worden war, anders gemacht. Das Resultat nicht völlig befriedigend, in Einzelheiten enttäuschend.

Seit dem Besuch im Frühsommer hatte eine schwere Überschwemmung Prag heimgesucht. Die Viertel nahe an der Moldau waren meterhoch unter Wasser gestanden. Die Spuren sah man allenthalben, Etwa in den Läden und Restaurants unter der Karlsbrücke auf der Kleinseite, die völlig ausgeräumt werden mussten.

Die Untergrundbahn fuhr nur auf Teilstrecken. Alle Teile unter der Moldau und in der Innenstadt waren überflutet worden und erforderten monatelange Reparaturen.

Andererseits waren die Gärten unterhalb des Schlosses zugänglich. Die hatte er noch nie gesehen, sie waren erst in den letzten Jahren restauriert worden. Oder sein Lieblingsaufenthalt, der Innenhof von Ungelt hinter der Teinkirche. Dort genoss er unter dem großen Baum Tee und es gab endlich guten Espresso, hausgemachtes Eis, und in einem nahen Antiquariat fand er eine schöne Karte der Westschweiz von 1630 zu einem erschwinglichen Preis.

Seine Musik fand geteilte Aufnahme. Die Musiker spielten sie gerne, beim Publikum kam sie an. Seit er sich wieder der Tonalität angenähert hatte und auch überlieferten rhetorischen und narrativen Strukturen, betrachteten ihn Vertreter der Avantgarde (was das zu Beginn des 21. Jahrhunderts auch immer heißen mochte) als überholt. „Ihre Musik passt nicht in unsere Reihe", erhielt er bündig zur Antwort, als er sich um die Produktion einer CD beworben hatte.

Manuel versuchte eine Synthese. Das war nicht gefragt, manche wollten nur noch das „Unerhörte", das nie Gehörte.

Trotzdem. Manuel musste irgendwo anknüpfen. Sein Stil entwickelte sich weiter. Er fühlte sich frei. War er irgendwem zu etwas verpflichtet?

Zwischen den beiden Aufenthalten in Prag war er in Verbier gewesen. Die Zeitung erlaubte ihm, wichtige Konzerte außerhalb der engeren Region zu besuchen und darüber zu schreiben.

Beim ersten Besuch war er nur wenige Tage geblieben, jeweils mit Angelo hinaufgefahren, hatte einige Tage im Hotel gewohnt und war dann von Angelo wieder abgeholt worden.

Zusammen besuchten sie Proben und Konzerte des Jugendorchesters. James Levine hatte damals die Dritte von Mahler dirigiert, eines der Lieblingswerke von Angelo. Manuel schlich sich in Kammermusikproben von Martha Argerich mit Yuri Bashmet und Mischa Maisky. Er hörte abends in der Kirche Nigel Kennedy mit Lynn Harrell im Duo, die Argerich und Evgeny Kissin spielten vierhändig und an zwei Klavieren Mozart und Milhaud.

Im Pub und Internet-Café, wo viele der jungen Musiker sich mit Hamburgern und Nuggets verpflegten und auch ihre E-Mails in die Heimat sandten, begegneten sie einer Amerikanerin, der Mutter eines Kontrabassisten des Jugendorchesters.

Woher sie stamme? Aus New York. Angelo bohrte ein bisschen. Aus welchem Stadtteil? Es war derselbe Stadtteil, in welchem der immer noch unbekannte Vater Angelos wohnte, die Straße, in welcher die Mutter des Bassisten wohnte, ganz in der Nähe der Straße, in welcher Angelos Vater wohnen sollte.

Mit dem Floß auf einem Fluss fahren und das Ufer beschreiben. Nichts bleibt, alles ändert sich. Zieht vorbei.

Was ist Erinnerung? Was ist vergangen? Was ist noch gegenwärtig? Was tut immer noch weh, wenn es hochkommt?

Das eine ist mit dem anderen verbunden. Glückliche Zeiten sind vermischt mit Trauer. Im glücklichen Moment schwingt Trauer mit.

Wie oft ist Arbeit einfach Ablenkung. Auch das Schreiben ist Ablenkung.

Manchmal ist es die Gegenwart, der man ausweicht. Manchmal flüchtet man vor der Vergangenheit, die uns einholt.

Wohin geht die Fahrt? Den Fluss entlang? Sich treiben lassen. Schauen. Fühlen. Leben. Alles ändert sich ständig, und doch bleibt alles im Grunde immer gleich. Wie auf einer Flussfahrt.

Erinnern ist auch vergessen. Erinnern heißt weglassen. Die Spreu vom Weizen scheiden. Was ist Spreu, was ist Weizen? Im Leben können die Meinungen darüber auseinandergehen.

Erinnern ist weglassen. Manuel erinnerte sich an die Färbung des Himmels eines Abends in Spanien, an Motorradfahrten mit Antonio über Stock und Stein, an den Körpergeruch eines eben aus dem Knast entlassenen ehemaligen Schülers, der bei ihm die erste Nacht nach der Entlassung verbrachte, an abendliche Ausfahrten mit dem weißen Alfa Romeo mit betrunkenen Freunden, Begebenheiten, Nebensächlichkeiten. Was war wichtig, was sollte man aufbehalten in der großen Schuhschachtel des Gehirns? Bilder, Gerüche, Geräusche, Gesprächsfetzen.

Frédéric hatte seinerzeit, als er Manuel beim Aufräumen half, sämtliche Schulaufsätze und Zeichnungen Manuels, viele Briefe und Fotos weggeschmissen. „Wozu brauchst du diesen Kram! Alles Mist, Nostalgie, Vergangenheit, unnötig, Ballast!"

„Was ist der Mensch, dass du ihn groß achtest?", fragte Hiob seinen Gott. „Der Mensch, vom Weibe geboren, ist kurzen Lebens, und voller Unruhe. Wie eine Blume geht er auf und welkt, schwindet dahin wie ein Schatten. Und über einem solchen hältst du die Augen offen und ziehst ihn vor dein Gericht?", sagte er später.

Seit wann beschäftigt sich das Lebewesen Mensch mit sich selbst? Das Leben auf dem Planeten Erde ist ein Nichts im Universum. Der Mensch klammert sich an die Möglichkeit weiteren Lebens in der zeitlichen und räumlichen Beinahe-Unendlichkeit der Welt.

Wie unwirtlich scheinen die fernen Galaxien. Und doch kann ein Staubkorn dort alles enthalten und mehr von dem, woran wir uns laben, uns freuen, woran wir verzweifeln.

Ali hatte angerufen. Manuel erkannte die Stimme gleich. Er war aus Marrakesch zurückgekehrt. „Wie geht's?" „Nicht schlecht. Man muss kämpfen heutzutage." Er hatte in Marrakesch verhandelt für eine Ausstellung, die eine große Galerie mit seinen Bildern durchführen wollte. Und? Klappte es? Zögernd: „Es dürfte klappen."

Er hatte in Nizza ausgestellt, auch in Monaco. „Das Geld reicht nie weit. Eigentlich sollte ich Millionär sein. – Es geht voran, wie eine Schildkröte, langsam." Er würde wieder in Monaco ausstellen. „Auf drei Stockwerken. Wahnsinn." Er hatte eine Dame kennengelernt. Sehr reich. Er hatte sich in sie verliebt. Das war vorbei. Sie unterstützte ihn immer noch. Sie organisierte die Ausstellung. Auf drei Stockwerken in einer Bank. „Du wirst viel verkaufen." „Ich hoffe es."

Er lebte seit zwölf Jahren von seiner Frau getrennt. Seine Tochter studierte Jura, im zweiten Semester. Sie würde in wenigen Tagen heiraten. Ihren Cousin, den Sohn von Alis Bruder Driss. Er hatte auch Recht studiert. Sie lernten sich in Genf kennen. Der Bräutigam arbeitete beim Internationalen Büro für Arbeit.

Der jüngere Sohn war fünfzehn. Er lebte wieder bei der Mutter, seit es ihr besser ging. Sie war lange in der psychiatrischen Klinik gewesen, wegen Depressionen.

Ali hatte eine CD aufgenommen. Solo-Klavier. In einem hochprofessionellen Studio. Der Studiodirektor war angetan und wollte ihn fördern. „Ich müsse üben. Viel üben. Er möchte, dass ich Klavier und Schlagzeug spiele, nacheinander aufgenommen. Ich müsste viel üben, aber ich muss auch malen, ich muss Geld verdienen, ich habe die Familie, und ich muss reisen wegen der Ausstellungen. Ich komme nicht zum Üben."

Ali war einfach erstaunlich. Er hatte nie Klavierunterricht gehabt. Er spielte einfach drauflos. Er hörte Keith Jarret. Er improvisierte. In seiner Galerie in der Autohalle stand ein Flügel. Bei Vernissagen setzte er sich ans Klavier. Es war nicht schlecht, was er spielte. Es war sogar erstaunlich gut.

Manuel würde bald nach Genf reisen. Ali wollte ihn nach Monaco zur Vernissage einladen. „Vielleicht", sagte Manuel.

Jedes Jahr weilte er wieder in Verbier. Die ganze Dauer des Festivals über zwei Wochen mietete er eine kleine Wohnung zu ebener Erde. Wegen der Hündin Shiva. Sie freute sich auch an der Fahrt mit der Luftseilbahn, am Herumtollen in der *Bisse*, dem Wassergraben am Hang entlang. Die Sommerblumen waren schon am Verwelken. Einen Monat früher wäre die Pracht des Alpenflors am schönsten gewesen.

Angelo war die drei letzten Tage auch gekommen. Er saß in jeder Probe von Mahlers Fünfter. Er genoss die Gegenwart großer Künstler. Vom Festival her war er mit einigen befreundet, viel näher als Manuel, mit Krystian Zimmerman zum Beispiel, oder Pascal Rogé oder den Konzertmeistern und Solisten aus Berlin, München, Warschau und Zürich. Er hatte ein gutes Urteil für einen Laien. Selbst Manuel war immer wieder überrascht, obwohl nicht immer einig.

Manuel hatte im Laufe seines Lebens viele Leute kennengelernt, darunter auch viele bekannte Persönlichkeiten. Musikerkollegen aus Prag, Moskau, aus Süd- und Nordamerika. Mit niemandem entstand eine dauerhafte Freundschaft. Mit den meisten riss der Kontakt irgendwann ab. Manuel war unfähig, Beziehungen zu pflegen. Beziehungsunfähigkeit. Manche sprachen gar von Autismus. Es soll eine bestimmte leichte Form von Autismus geben, die zwar die Beziehungsaufnahme nicht verunmöglicht, aber auf wenige, sehr vertraute Menschen beschränkt.

Autistisch, aber unfähig Einsamkeit zu ertragen! So einer war Manuel!

Mit Angelo an einem Tisch zu sitzen, füllte sein Herz immer noch mit Wärme.

Zu Orchestern in Tschechien oder in den USA hatte er einen guten Draht. Er ging mit den Musikern nach Proben ein Bier oder mehrere trinken. Er pflegte einen natürlichen menschlichen Kontakt mit den Musikern während der Proben. Er war nachgiebig und für manche zu wenig fordernd. Er dachte, der ideale Dirigent sei einer, der eine genaue Vorstellung des Werks im Kopf habe, der sich von den Musikern aber auch anregen lasse. Dirigieren sei ein Gleichgewichtsakt zwischen bestimmen und gewähren lassen, zwischen Fordern und Nehmen. Wo musste man eingreifen, wo konnte oder musste man die Zügel lockern? Es gab wenige Dirigenten, die diesen Balanceakt wirklich beherrschten.

In seiner Stadt war man auch wieder freundlicher zu ihm geworden. Seit er wieder in der Zeitung schrieb, hatte er ein gewisses Gewicht im Kulturleben. Sogar die ehemaligen Gegner waren nun froh, wenn er einen guten Bericht über ihre Konzerte schrieb.

Der Malojapass war erreicht, der kleine Felsen, wo seine Schulklasse vor über fünfzig Jahren ein Erinnerungsfoto auf der Schulreise nach Milano und dann von Lugano nach St. Moritz gemacht hatte, stand immer noch neben der jetzt neuen Straße, stellte Manuel lachend fest.

Seine Kammermusikwerke hatten immerhin Erfolg. Das Publikum war mäuschenstill bei der Aufführung seines Streichsextetts in der Stadtkirche. Er spürte die Stille förmlich in seinem Rücken, als er dirigierte. Ein langer, stiller Abgesang schloss das Werk ab, wie oft in seinen Stücken, die fast ausnahmslos im Pianissimo endeten. Danach folgte atemlose Stille.
Die Musiker, alles Solisten des Sinfonieorchesters, hatten wunderbar konzentriert gespielt.

Eine Kantate auf einen geistlichen Text: „Was ist der Mensch, dass du ihn groß achtest" aus dem Buch Hiob hatte ebenfalls große Aufmerksamkeit gefunden. „Das ist ein Satz wie eines der Vokalsoli in den Sinfonien Mahlers. So vollkommen", sagte ein befreundeter Musiker. Das war wohl übertrieben.

Der Silsersee glänzte in der Morgensonne eines prächtigen Tages. Ein helles, aber mildes Licht, wie es nur hier anzutreffen war. Die Berge klar und plastisch mit gleißenden Schneespitzen im blauen Himmel.

In Silvaplana war wieder ein Kaffee fällig.

Manuel erzählte von seinem letzten Konzert.

Stan hatte Manuels Violinkonzert wieder einmal gespielt. Ein befreundeter Mime hatte bei der Uraufführung gesagt, Manuel komme ihm vor wie ein Clown. Das war anerkennend gemeint.

Der Clown. Derjenige, der hinter der Maske etwas anderes, das eigentlich Gemeinte, versteckt.

Manuel liebte Ravel, weil die Musik etwas Künstliches hat, aber tief darunter ganz echt ist. Das ganz Echte muss man oft schützen hinter einer Wand, hinter einem Vorhang, weil es sonst zerbricht oder verblasst.

Mozarts Verletzlichkeit ist auch erst unter der Oberfläche zu finden.

Mozart hat etwas rokokohaft Puppenstubenähnliches. Aber bloß vordergründig. Ravel hatte sich mit Porzellanfiguren umgeben. Das künstliche Leben der Puppe nicht als Ersatz, sondern als Schutz vor der Zerstörung durch das wirkliche Leben.

Die Menschen haben das Natürliche schon lange gefürchtet. Die Künstlichkeit, die Sitte, der Anstand, die Höflichkeit täuschten dem Menschen jahrhundertelang vor, er hätte sich zum Besseren entwickelt.

Es hat nicht geholfen, wenn die Bestie im Menschen sich wieder hervordrängte.

Die Natürlichkeit ist wieder in Mode gekommen. Aber hat sich die dämonisierte Natur veredelt?

Die Natur ist das Teuflische. Das Weib ist das Teuflische. So behaupteten Jahrtausende lang die religiösen Weltverbesserer. Der Teufel hat sich in ganz anderen Bereichen manifestiert.

Er ist eben überall. Gerade auch in hochgeistigen Abstraktionen, welche die Natur verleugnen wollen. Vor allem auch dort, wo behauptet wird, nur das Beste zu wollen. Mephisto ist ein Dreimalkluger, der sich sogar in Theologie perfekt auskennt.

Der Mensch kann seine animalische Natur nicht verleugnen. Er kann sie nur verbergen.

Aber es ist nicht die tierische Natur, die schlecht ist, sondern schlecht ist vor allem die Lüge.

Der Clown lügt nicht. Er sagt die Wahrheit und er schminkt sich, damit er die Wahrheit ungeschminkter sagen darf.

„Ich bin ein Mensch mit seinem Widerspruch", hat Conrad Ferdinand Meyer in „Huttens letzte Tage" gedichtet. Der Satz hatte Manuel, als er siebzehn war, unheimlich gefallen.

Starrsinnig. Ungeduldig. Mit dem Kopf durch die Wand. Ehrgeizig. Selbstbewusst. Arrogant. Kaltblütig. Egoistisch. Alles musste nach seinem Kopf gehen.

Unentschlossen. Zaudernd. Konfliktunfähig. Harmoniebedürftig. Ausgleichend. An sich selbst zweifelnd. Ängstlich, sich öffentlicher Kritik auszusetzen. Verletzlich. Introvertiert. Das ist seine andere Seite.

Wer kennt sich schon selbst?

„Es ist eine Anmaßung, zu behaupten, man kenne mich", hatte Robert Walser sinngemäß und selbstbewusst gesagt.

Lag es daran, dass sie in der gleichen Stadt geboren wurden, dass Manuel sich in manchem mit Walser verwandt fühlte? „Der Nobody aus B.", hatte eine Zeitung einmal über ihn getitelt. Genauso fühlte er sich auch. Wenn man aus dieser Stadt stammte, wurde man einfach nicht beachtet. Im Spaß sagte er gelegentlich, er glaube, er sei unsichtbar, so werde er gar nicht wahrgenommen. Der Unscheinbare. Er machte sich gern noch kleiner, als er war. Einfach verschwinden. Das war auch eine Haltung des Poeten Walser. Einfach verschwinden. Da nichts bleibt, keine Beziehung dauert, keine Liebe währt. Manuel hatte sich ein Leben lang nach Liebe gesehnt. Vielleicht waren alle Anstrengungen und Mühen und Versuche, Erfolge zu erringen, einzig und allein ein Ringen um Liebe.

Doch die Vergänglichkeit macht dem Menschen vor allem zu schaffen. Sie wird ihm erst nicht mehr zu schaffen machen, wenn er den Sinn des Universums kennt. Den wird er nie kennen.

Manuel war der Meinung, vor dem Urknall, also vor der Entstehung der Materie aus reiner Energie, müssten alle Naturgesetze bereits bestanden haben.

„Stopp", sagte hier der Student der theoretischen Physik, der jüngst in einem Gottesdienst über das Thema ‚Naturwissenschaft und Religion' gesprochen hatte: „Es gibt kein Vorher, bevor die Zeit begann, so wenig wie es ein südlich des Südpols gibt."

„Halt, ich spreche auch nicht von ‚vor der Zeit', sondern davon, dass der ‚Logos', das ‚Wort', der Sinn, auch im Zeitlosen sind. Im Raum-Zeitlosen gespeichert. Im reinen Geist. Die Möglichkeiten des Lebens, des Fühlens, Erlebens, des Denkens, der Erkenntnis, so beschränkt sie auch sein mögen, sind nicht an unsere Raum-Zeit gebunden. Das, was wir das Göttliche nennen, was ‚von Ewigkeit zu Ewigkeit' besteht."

Und etwas von diesem Geist ist in jeder Materie wirksam. Je differenzierter die Materie, je mehr „offenbart" sich das Geistige. Das Vermögen des Lebendigen, zu fühlen, das Denkvermögen des Menschen, sind Manifestationen, Emanationen des Geistes, der in der Materie ist, aber auch darüber hinaus.

Will der Urgeist sich in der Materie manifestieren und sich letztlich darin selber spiegeln, in einer Endphase sich damit vereinigen in einem kosmischen Liebesakt? Oder in einer kritischen Reflexion? Ist sich der Urgeist seiner nicht sicher? Will er sich seiner vergewissern?

Sind ja bloß Fragen. Wo wird der Dualismus der Welt aufgehoben? Wir können dieser Spannung zwischen Geist und Materie, zwischen Natur und Kultur, zwischen Gesetz und Freiheit nicht entgehen.

Das Universum kennt kein Mitleid. Die Natur kennt kein Mitleid. Ein Tier kennt kein Mitleid mit der Kreatur, die es lebend verspeist. Die Taube, die ihren Nestgenossen auf dem Fensterbrett der Küche aus dem Nest wirft, um selbst mehr Platz und vielleicht mehr Nahrung zu bekommen, kennt kein Mitgefühl. Eine Überschwemmung kennt kein Mitleid mit den Menschen, die sie ertränkt. Ein Erdbeben kennt kein Mitleid mit den Menschen, die es erschlägt und verschüttet.

Seit wann kennt der Mensch Mitleiden und Mitfühlen? Offenbar nicht seit langem. Und dann bloß im engsten Kreis der Vertrauten. Wie ist der Mensch noch vor kaum hundert Jahren mit Sklaven, mit Gefangenen, mit Feinden, mit Fremden, mit Untergebenen umgegangen? Und geht er heute wirklich besser mit ihnen um?

Ein Hund hat so etwas wie ein schlechtes Gewissen. Manuel hatte noch nie einen Hund gesehen, der so eine Grimasse schneiden konnte wie seine Shiva, wenn sie eine Dummheit angestellt hatte.

Der Mensch ist aufgerufen, die Schöpfung zu vollenden, sagen Theologen. Mit Mitfühlen und Mitleiden die Welt zu beleben. Was ist das für ein Gott, der darauf angewiesen ist, dass sein Geschöpf die Unbarmherzigkeit der Welt überwindet! Wenn uns wirklich diese Aufgabe überbunden wurde, sind wir dann nicht ein Teil dieses Gottes? Oder Gott selbst?

Nacht ist nicht Tag. Am Tag haben uns die Gesetze, und die Gesetze der Welt sind die Gesetze der Materie. Für die heutigen Menschen sind es praktisch die Gesetze des Geldes, der Selbsterhaltung, des täglichen Kampfes ums Überleben.

Was früher Fesseln der Geburt und der Herkunft waren, sind heute die Fesseln des Kapitals. Wer Kapital und damit die Produktionsmittel besitzt, hat die Herrschaft in Händen.

Nacht ist anders. Da herrschen die Geister. Die guten und die bösen. Wer hören und fühlen kann, tritt mit der anderen Welt in Verbindung. Es gibt sie, vielleicht, die andere Welt. Vielleicht ist sie bloß in uns.

Andrea musste in Samedan rasch bei einem Bauern vorbeischauen, einen Weiher in einer biologischen Ausgleichsfläche, der ungenau auf ihrer Karte eingetragen war, mit dem GPS neu vermessen.

„Man muss den Bauern schon genau auf die Finger schauen. Die beziehen Tausende von Franken, damit sie eine Wiese mit seltenen Orchideen oder eine Hecke mit seltenen Weidensträuchern schonen. Dann bringen sie dennoch Jauche aus oder lassen ihre Pferde an die seltenen Weiden heran und glauben, niemand merke etwas. Ich muss oft richtig streng sein und ihnen mit dem Entzug der Ausgleichsbeiträge drohen. Andere sind ehrlicher und wollen halt relativ intensiv wirtschaften und verzichten aber auch auf Beiträge."

Manuel bewunderte seine Tochter für ihren nimmermüden Einsatz, der oft auch körperlich viel forderte und einen starken Charakter abverlangte.

Er saß inzwischen an einem kleinen See, der bei der Umleitung eines Flusses unterhalb des Flugplatzes von Samedan entstanden war. Er genoss die angenehme Wärme und atmete die frische Luft ein, die seiner chronisch entzündeten Luftröhre gut tat. Sieben Leben, sieben Niederlagen. Er konnte die Niederlagen im Rückblick – nahm man es genau – mit seiner Stellung zum Leben, zur Gesellschaft, verbinden. Schon als Kind hatte er sich anders wahrgenommen. Anders als alle anderen. Vielleicht etwas Besonderes, fühlte er anfänglich. Später war das Anderssein ein Makel, eine Belastung, eine Ausgrenzung auch dann, wenn die Ausgrenzung nicht sichtbar war. Eine Hemmung, sich zur Wehr zu setzen, denn war nicht alles von vornherein verloren? Verlierer. Aufgeben, Rückzug, wenn andere kämpfen würden. Beziehungslos, sogar in scheinbaren Beziehungen. Keine

Ansprüche stellen. Bei jedem Beginn das Gefühl es wird irgendwann schief gehen. Es dürfe nicht gelingen. Gelingen wäre gegen das Gesetz seines Lebens.

Wo stand er jetzt? Aus der Distanz will man verklären. Aber auch ohne Verklärung gelingt vielleicht im Alter eine Synthese, dachte er. Wir sind unser Gehirn. Auch wenn er nicht glaubte, dass Gedanken und Empfindungen bloß Ergebnisse der Aktivitäten unserer Neuronen sind, so hatten Hirnfunktionen im Laufe des Lebens eine gewisse individuelle Gestalt angenommen. Der ,Geist' hat wohl auch auf die Physis gewirkt. Was wir erlebt haben, wie wir es erlebt und verarbeitet haben, formt unser Denken und unser Denken formt wiederum die Verarbeitung des Erlebten.

Wie war er in früheren Lebensabschnitten trotz Niederlagen immer hoffnungsfroh! Alles würde besser. Der Krieg zu Ende, der Aufbau Europas, die Befreiung der Kolonien, Rückschläge konnten das Pendel, das sich zum Guten bewegte, nicht aufhalten, Ungarnaufstand, Prager Frühling, Pariser Revolte, der Geist der Freiheit blieb trotz Niederschlagung von Aufständen lebendig, der Fall der Mauer. Glaube an das Fortschreiten guter Kräfte. Erst in den letzten Jahren befielen ihn Zweifel. Manchmal hätte er zweihundert Jahre leben mögen, um die Veränderungen zu erleben. Jetzt dachte er häufiger ans französische Sprichwort: Je mehr sich alles verändert, je mehr bleibt sich alles gleich. Die Wirtschaft und in ihrem Gefolge die Politik verlangten Änderungen, Reformen nennt sich das im üblichen Vokabular, bloß um Herrschaft zu zementieren, alles angeblich zugunsten eines freien Wettbewerbs, letztlich zur Anhäufung von Gewinnen, zur Ausschaltung des „Gegners", für die Dominanz auf dem Weltmarkt. Reformen, um ja nichts Grundlegendes verändern zu müssen. Um die Unhaltbarkeit des Gegenwärtigen hinauszuzögern. Wir stochern im Nebel von Meinungen, Überzeugungen, Glauben und Ideologien wie eh und je.

Angelo sprach seit etlichen Wochen nicht mehr mit ihm. Sie hatten sich wieder einmal verkracht wegen alter Geschichten. Diesmal schien der Riss endgültig. Einige Freunde wunderten sich. Nach jahrelanger Freundschaft der endgültige Bruch. Konnte das wahr sein? Manuel war es schließlich egal. Angelo hatte sich eine eigene Welt aufgebaut, hatte scheinbar eine gewisse Wichtigkeit in der kleinen Welt des kleinen Theaters der kleinen Stadt. Für Manuels Leben, seine Musik, sein Wirken als Musiker blieb anscheinend kein Interesse mehr übrig. Hatte Manuel noch einige Jahre geglaubt, in Angelo den einzigen verlässlichen Freund auf Dauer zu besitzen, so hatte sich auch diese Illusion verflüchtigt. Was soll's! Er war längst gewohnt, dass alle Beziehungen sich irgendwann einmal in Nichts auflösten. Tod, Entfernung, Entfremdung. Frédéric war auch tot. Auch mit ihm hatte Manuel jahrelang nicht mehr gesprochen. Sie waren sich fremd geworden. Aus der Ferne hörte er von der schmerzhaften Krankheit, vom leidvollen Sterben. An der Trauerfeier nahm er nicht teil. Er hatte Pflichten. So viele alte Freunde waren schon gestorben, andere in fremde Städte gezogen, und die wenigen, die blieben, wurden auch zunehmend uninteressant. Jetzt war auch die Geschichte mit Angelo zu Ende. Ohne Abspann.

Er wollte noch zwanzig Jahre leben, mindestens noch zehn Jahre schaffen. Vielleicht doch noch ein Lebenswerk hinterlassen. Doch wozu eigentlich? Alles würde der Vergessenheit anheimfallen. Leute seines Alters hatten Karriere gemacht, und doch waren auch sie schon fast vergessen, wer nicht ständig auf sich aufmerksam machte, ging unter im Strudel der Zeit. Karriere? Ihm war jede Karriere misslungen, aber eine kleine Karriere wäre ihm zu wenig gewesen. Es zu einer bestimmten Stellung gebracht zu haben, bedeutete ihm nichts. Nein, er hatte es zu nichts gebracht, aber er glaubte, in seinem Kopf einen Schatz zu haben. Aber der Schatz gehörte nur ihm. Würden sich seine Enkel dafür interessieren? Nichts war sicher.

Eigentlich hatte er ein Leben auf Probe gelebt. So fühlte er sich. Er brauchte immer mindestens zwei Anläufe, um etwas zu realisieren. Der erste Anlauf endete meist in einem Misserfolg, er brauchte eine zweite Chance. Er müsste ein zweites Leben erhalten, in dem er alle seine Fehler korrigieren könnte. Ob es ihm wirklich gelänge, das war eine andere Frage.

Andreas Auto knirschte auf dem Kiessträßchen. Sie tranken noch einen Saft vor dem kleinen Kiosk und setzten sich auf eine Bank. Wie klar sich die Berge vom luftigen Blau des Himmels abhoben. Wie scharf man die Felsen über den schon braunroten Alpwiesen in der trockenen Luft sah. Der Herbst war früh eingezogen nach dem heißen Sommer.

Dann fuhr ihn Andrea zum Bahnhof von Samedan. Hier konnte Manuel den Zug besteigen und – zum ersten Mal seit fünfzig Jahren – wieder einmal über die Albulastrecke nach Chur und dann über Zürich nach Hause fahren. Er freute sich auf die Fahrt.

Oben ein Himmel so blau wie blau nur sein konnte und unten im Seitental fuhr die knallrote Bahn dem Albulapass zu. Bei spätsommerlicher Hitze leuchteten die Lärchen bereits golden. Der Zug fuhr an Wegen mit gut gelaunten Wanderern entlang und verschwand nach kurzer Zeit im Dunkel des Tunnels.

Nichts ärgert uns so, wie nichts wissen zu können. Zu wissen, dass wir nichts wissen. Nein, es macht nicht gelassen. Ein Tier gibt sich gelassen dem Lauf der Dinge hin. Es hat innere Wurzeln zur Herkunft von allem.

Ein Mensch will wissen. Wissen, woher er kommt, wohin er geht. Zu wissen, dass er nicht wissen kann, ist sein Ärgernis.

„Denn wir sehen jetzt nur wie in einem Spiegel. Jetzt ist mein Erkennen Stückwerk, dann aber werde ich völlig erkennen." Paulus hat manchmal recht, manchmal ist er bloß ein Eiferer.

Es würde uns genügen, zu wissen, dereinst kleiner Teilhaber am allumfassenden Wissen zu sein.

„Oh glaube: Du warst nicht umsonst geboren!
Hast nicht umsonst gelebt, gelitten!
Was erstanden ist, das muss vergehen!
Was vergangen, auferstehen!
Hör auf zu beben!

Bereite dich! Bereite dich, zu leben!"
Klopstock dichtete die Verse, Mahler hat sie vertont.

Forstarbeiter fanden einige Jahre später unter einem steilen, fast unzugänglichen Abhang über der Bahnlinie zwischen Bergün und Filisur menschliche Überreste, dabei ein Rucksack und eine Kamera Nikon D80. Der Chip war noch lesbar und enthielt Bilder vom Tessin, Carona, Morcote, Meride, dem Silsersee und dem spätsommerlichen Engadin. Die letzten Aufnahmen waren Feuerlilien und gelber Fingerhut, die an diesem abschüssigen Hang unterhalb des Dörfchens Stuls wachsen.

Der Autor

Daniel Andres, geboren 1937 in Biel, wuchs als
jüngstes von dreizehn Kindern einer Arbeiterfamilie
auf. Nach der Schule trat er ins Lehrerseminar ein
und arbeitete einige Jahre als Lehrer. Gleichzeitig
absolvierte er eine Ausbildung am Konservatorium
Bern in Orgel, Musiktheorie und Komposition.
Neben seiner Tätigkeit als freischaffender Komponist arbeitete er ebenfalls als Journalist, Kapellmeister und Chorleiter.
Dies ist seine zweite Romanveröffentlichung, nach
dem im Bieler Verlag Die Brotsuppe erschienenen
Werk „Mösli. Roman einer Kindheit." Darüber
hinaus hat er verschiedene historische Werke zur
Bieler Stadtgeschichte veröffentlicht.
In seiner Freizeit genießt er Musik, das Reisen und
Wandern. Er hat zwei erwachsene Töchter.